NOUVELLES

TABLES D'INTÉRÊTS

POUR TOUS LES TAUX.

ERRATA.

Trois erreurs seulement se sont glissées dans l'impression des tables ; les voici :

Page 21, 12ᵉ ligne horizontale, colonne du capital 700 fr.; au lieu de 29 fr. 543247, *lisez* : 29 fr. 534247.
Idem,   24ᵉ   *idem*,   petite colonne de 30 centimes; au lieu de 02 cent.', *lisez* : 01 cent.
Page 23, 15ᵉ *idem*,   colonne du capital 500 fr.; au lieu de 25 fr. 027397, *lisez* : 26 fr. 027397.

TYPOGRAPHIE DE J. PINARD, IMPRIMEUR DU ROI,
RUE D'ANJOU-DAUPHINE, Nᵒ 8, A PARIS.

NOUVELLES
TABLES D'INTÉRÊTS
POUR TOUS LES TAUX,

OU L'ON TROUVE TOUS LES CAPITAUX JUSQU'A 100 MILLIONS DE FRANCS, AVEC LEURS INTÉRÊTS CORRESPONDANS, CALCULÉS PAR ANS ET PAR JOURS, COMME AU TRÉSOR ROYAL ET CHEZ LES BANQUIERS, POUR TOUT NOMBRE D'ANNÉES ET DE JOURS QU'ON DÉSIRE, DEPUIS 1 JOUR JUSQU'A 5 ANS INCLUSIVEMENT;

PRÉCÉDÉES

D'AUTRES TABLES D'UN GENRE NOUVEAU,

QUI DONNENT AU PREMIER COUP-D'OEIL LE TEMPS QU'A COURU UN INTÉRÊT ENTRE DEUX DATES CONNUES,

ET D'UNE INSTRUCTION

SUR LA MANIÈRE DE SE SERVIR DE CES DEUX ESPÈCES DE TABLES, CONTENANT DIVERS MODÈLES DE COMPTES A L'ÉCHELETTE TRÈS ESSENTIELS AUX JEUNES GENS QUI SE DESTINENT AU DROIT, AU CALCUL ET AU COMMERCE.

PAR B. BAJAT,

GÉOMÈTRE, MEMBRE DE LA SOCIÉTÉ D'ENCOURAGEMENT POUR L'INDUSTRIE NATIONALE.

PRIX : 8 FR., BROCHÉ.

PARIS,

RENARD, LIBRAIRIE DU COMMERCE, RUE SAINTE-ANNE, N° 71;
DELAUNAY, LIBRAIRE, PALAIS-ROYAL, GALERIE DE PIERRE, N°s 182 ET 183;
BACHELIER, LIBRAIRIE DES SCIENCES, QUAI DES AUGUSTINS, N° 55;
L'AUTEUR, RUE DE TOURNON, N° 27.

LYON,

LOUIS BABEUF, LIBRAIRE, RUE SAINT-DOMINIQUE, N° 2.

1829.

INTRODUCTION.

Voici de nouvelles tables qui donnent *à vue d'œil et sans calculs :*

1° Le temps compris entre deux dates connues, pendant lequel les intérêts doivent être perçus.

2° Les intérêts de tout capital proposé pour le temps que l'on désire.

Elles se divisent en tables de dates et en tables d'intérêts. Les premières donnent le temps pour lequel les intérêts sont dus ; les secondes donnent la quotité à laquelle s'élèvent ces intérêts.

Au moyen de ces tables, le calcul des intérêts, qui était soumis à des règles longues et compliquées, se trouve réduit à une simple opération, que la vue fait sans le secours de l'intelligence.

Répandues dans le commerce, elles auront encore l'avantage de faciliter l'adoption du système décimal, qui leur a servi de base, sur divers points du royaume où prévalent encore les anciennes méthodes ; système légal, destiné par sa nature à devenir dans le monde entier la règle fondamentale de toutes les opérations de calculs scientifiques et commerciaux.

a

DES TABLES DES DATES.

Les tables des dates sont destinées à donner le temps compris entre deux dates connues, pendant lequel les intérêts doivent être perçus.

Elles sont au nombre de douze, ayant chacune treize colonnes, en tête desquelles sont indiqués les douze mois de l'année.

La première table commence et finit par *janvier*. La seconde commence et finit par *février*; ainsi de suite jusqu'à la douzième qui commence et finit par *décembre*.

Dans la première colonne de chaque table sont indiqués les jours qui composent le mois dont elle porte le nom en tête; et comme les douze mois sont successivement indiqués en tête de cette colonne, il s'ensuit qu'elle présente l'année entière divisée par mois et par jours, comme dans le calendrier actuel.

Les nombres 1, 10, 20, que l'on voit en tête des colonnes suivantes, au-dessous des noms des mois, sont trois quantièmes de chacun de ces mois.

Les jours indiqués dans la première colonne désignent les premières dates des intérêts, c'est-à-dire celles des prêts; et les douze mois avec leurs quantièmes 1, 10, 20, désignent les secondes dates, c'est-à-dire celles des remboursemens.

Les nombres écrits dans les colonnes au-dessous des secondes dates, et vis-à-vis des premières, expriment les jours qui se sont écoulés depuis les premières jusqu'aux secondes dates.

Pour faciliter l'usage de ces tables, on a placé des étiquettes extérieures qui indiquent la page à laquelle on doit s'adresser pour trouver un nombre de jours cherché.

(iv)

PREMIERS EXEMPLES,

DANS LESQUELS LES DATES N'EMBRASSENT PAS PLUS D'UNE ANNÉE. — LA DATE DU PRÊT ÉTANT QUELCONQUE, ET CELLE DU REMBOURSEMENT ÉTANT 1, 10 ou 20.

1. *Trouver le nombre de jours écoulés depuis le 1er janvier jusqu'au 1er février suivant.*

Prenez, page 1, le 1er janvier dans la première colonne qui se trouve sur la première ligne horizontale; voyez à droite, sur la même ligne, dans la colonne suivante, sous le quantième 1 de février, où vous avez 31 pour le nombre de jours cherché.

2. *Trouver le nombre de jours pendant lequel a couru un intérêt depuis le 27 janvier jusqu'au 20 octobre suivant.*

Prenez encore la page 1, et, dans la première colonne, la date 27; suivez la ligne horizontale correspondante à cette date, jusque sous le quantième 20 du mois d'octobre, où vous avez 266 jours.

3. *Un capital ayant été placé le 23 mars et retiré le 20 décembre suivant, trouver le nombre de jours pendant lequel a couru l'intérêt.*

Cherchez dans la première colonne, page 3, le 23 mars, première date, et transportez-vous en regard sous la seconde date, le 20 décembre, vous trouverez 272 jours.

4. *Un intérêt ayant pris cours le 25 juin et expiré le 1er mars suivant, trouver le nombre de jours pour lequel il est dû.*

Voyez dans la première colonne, page 6, le 25 juin, et vis-à-vis, sous le 1er mars, où vous avez 249 jours.

5. *La première date d'un intérêt étant le 26 décembre, et la seconde le 10 octobre suivant, trouver le nombre de jours compris entre elles.*

Voyez de même, page 12, le 26 décembre dans la première colonne, et vis-à-vis, sous la seconde date, le 10 octobre, où vous avez 288 jours.

SECONDS EXEMPLES,

DANS LESQUELS LES DATES N'EMBRASSENT PAS PLUS D'1 AN. — LA DATE DU PRÊT ÉTANT QUELCONQUE, ET CELLE DU REMBOURSEMENT N'ÉTANT PAS 1, 10 ou 20.

Lorsque la seconde des deux dates proposées se trouve exprimée par un quantième autre que ceux indiqués en tête des colonnes, l'on se borne à chercher le nombre de jours qui se sont écoulés depuis la première date jusqu'à celui des quantièmes 1, 10, 20, qui précède la seconde, et l'on ajoute, simplement par la pensée, au nombre de jours trouvé, la différence qu'il y a entre ce quantième et celui de la seconde date proposée.

6. *Une somme a été prêtée le 1er janvier et remboursée le 5 février suivant : combien de jours le prêt a-t-il duré?*

Le 5 février, seconde date, ne se trouvant pas au haut des colonnes, suppléez-y de la manière suivante :

Cherchez d'abord, page 1, le nombre de jours qu'il y a du 1er janvier au 1er février; vous trouverez 31 jours, ci... 31 jours.

Ajoutez, simplement par la pensée, à ce nombre 31, la différence du 1er au 5 février, laquelle est de 4 jours,

ci.. 4

et vous aurez... 35 jours.

7. *On demande combien de jours se sont écoulés du 8 septembre au 26 juin suivant?*

Après avoir trouvé dans ces tables, par la méthode ci-devant indiquée, le nombre de jours écoulés du 8 septembre au 20 juin, ci.. 285 jours.

Ajoutez, par la pensée, comme dans l'exemple précédent, la différence du 20 au 26 juin, ci...................... 6

et vous aurez pour réponse, ci.. 291 jours.

On conçoit que le nombre de jours que l'on ajoute ainsi à ceux des tables, ne pouvant excéder dans aucun cas 10 ou 11, l'addition peut toujours se faire sans écrire.

TROISIÈMES EXEMPLES,

DANS LESQUELS LES DEUX DATES EMBRASSENT PLUSIEURS ANNÉES, PLUS UN NOMBRE QUELCONQUE DE JOURS.

Nota. L'on se borne à chercher le nombre de jours qu'on doit ajouter aux années.

8. *Trouver le nombre d'années et de jours pendant lequel un intérêt a couru du 15 janvier 1826 au 15 mars 1828.*

L'on voit que du 15 janvier 1826 au 15 janvier 1828, il y a 2 ans; il ne faut pas s'en occuper; on cherche seulement dans les tables le nombre de jours écoulés du 15 janvier au 15 mars; ayant trouvé que ce nombre est 59, l'on conclut qu'entre les deux dates données, l'intérêt a couru 2 ans 59 jours.

b

9. *Trouver le nombre d'années et de jours écoulés du 1er juillet 1826 au 25 août 1829.*

Ayant trouvé, par la pensée, 3 ans du 1er juillet 1826 au 1er juillet 1829, on cherchera sur les tables le nombre de jours écoulés du 1er juillet au 25 août, on trouvera 55 jours, et l'on aura, pour le temps cherché, 3 ans 55 jours.

REMARQUE.

Lorsque l'année est bissextile, et que le mois de février se trouve compris entre les deux dates, il faut chercher comme à l'ordinaire, et ajouter 1 au nombre trouvé : cela est évident.

DES TABLES D'INTÉRÊTS.

Les tables d'intérêts sont destinées à donner sur-le-champ et *sans calculs* l'intérêt d'un capital quelconque, soit à 5 pour 100, soit à 6 pour 100, pour le temps que l'on désire; et de plus, au moyen d'une opération fort simple, l'intérêt à un taux quelconque.

Les tables à 5 pour 100 donnent les intérêts des capitaux jusqu'à 100 millions de francs, depuis 1 jour jusqu'à 5 ans.

Celles à 6 pour 100 donnent de même les intérêts des capitaux jusqu'à 100 millions de francs, mais seulement pour tout nombre de jours compris dans une année.

Quand on devra calculer les intérêts à 5 pour 100 pour plus de 5 ans, ou les intérêts à 6 pour 100 pour plus d'1 an, il suffira de partager le temps dont il s'agit en espaces de 5 ans dans le premier cas, et en espaces d'1 an dans le second.

Toutes ces tables sont contenues en 60 pages, ayant chacune 19 colonnes.

Dans la première colonne est indiqué le temps par ans et par jours.

En tête des 9 colonnes qui suivent la première, sont les capitaux représentés par les nombres 100 fr., 200 fr., 300 fr., 400 fr., 500 fr., 600 fr., 700 fr., 800 fr. et 900 fr., et les nombres 10, 20, 30, 40, 50, 60, 70, 80, 90, que l'on voit en tête des 9 petites colonnes suivantes, représentent les centimes lorsqu'il y en a de joints aux capitaux.

On voit ensuite, dans les colonnes en tête desquelles sont les capitaux et les centimes, d'autres nombres qui expriment les intérêts produits par ces capitaux et par ces centimes pendant le temps marqué dans la première colonne.

On conçoit donc qu'en prenant dans la première colonne le nombre qui exprime un temps quelconque, on a sur la ligne horizontale correspondante à ce temps les intérêts des capitaux exprimés en tête des colonnes suivantes.

10. *Quel est l'intérêt de* 100 *fr. pour* 1 *an ?*

Cherchez 1 an dans la première colonne, pag. 22; allez horizontalement dans la colonne au haut de laquelle se trouve le capital 100 fr. , vous trouverez 5 fr. qui est effectivement l'intérêt cherché.

Nota. Ce simple exemple a été pris afin de donner une prompte idée de la facilité avec laquelle on trouve dans ces tables un intérêt cherché.

11. *Quel est l'intérêt d'un capital de* 400 *fr. placé le* 1er *janvier et retiré le* 1er *février suivant ?*

Cherchez d'abord, pag. 1, le nombre de jours qu'a couru l'intérêt; vous trouverez (comme au n° 1 ci-devant) 31 jours.

Cherchez ensuite ce nombre de jours dans la colonne du temps, pag. 13, vous trouverez en regard, dans celle ayant en tête le capital 400 fr. , l'intérêt demandé, qui est 1 fr. 698630, ou plutôt 1 fr. 70 c.

On verra plus loin pourquoi j'ai conservé autant de décimales à la suite des centimes : dans ce moment il suffit de savoir qu'on se borne ordinairement aux centimes, ayant soin d'augmenter ces centimes d'1 centime lorsque le chiffre des millièmes est 5 ou au-dessus, comme dans l'exemple qui précède.

12. *Un capital de* 500 *fr. ayant été prêté le* 27 *janvier, et retiré le* 20 *octobre suivant, trouver l'intérêt ?*

Ayant trouvé (comme au n° 2 ci-devant) 266 jours pour le temps qu'a couru l'intérêt, l'on cherche ce nombre 266 jours dans la colonne du temps, que l'on trouve pag. 20, et l'on a vis-à-vis dans la colonne du capital 500 fr. , 18 fr. 22 cent. pour l'intérêt cherché.

Si le capital dont on cherche l'intérêt n'est pas composé d'un nombre exact de centaines, mais d'un certain nombre d'unités, de dizaines, de centaines, de mille, de dizaines de mille, etc. , on remarquera que les intérêts étant proportionnels aux capitaux, il suffit de dire un capital donne tel intérêt, le dixième de ce capital donnera le dixième de cet intérêt; le centième donnera le centième; ou le décuple, le centuple, etc. , du capital donneront le décuple, le centuple, etc. , de l'intérêt, ce qui exige que l'on sache déplacer convenablement le point décimal.

(ix)

EXEMPLES.

13. *Trouver l'intérêt de* 111 *fr. pendant* 140 *jours.*

Cherchez dans la colonne du temps, page 16, le nombre de jours 140, et prenez vis-à-vis l'intérêt de 100 francs, ci.................... capital 100 f., intérêt........... 1 f. 92 c.
Prenez le dixième............................ 10 .... 0 192
Prenez le centième.......................... 1 .... 0 0192

Additionnez et vous aurez : Capital proposé........ 111 f., intérêt cherché 2 f. 1312
Soit........ 2 f. 13 c.

14. *Trouver l'intérêt de* 235 *fr. pour* 149 *jours?*

Cherchez 149 jours, page 17; et sur la ligne horizontale correspondante à ce nombre de jours, prenez,
1°. L'intérêt de 200 fr. dans la colonne de 200 fr., ci........... 4 f. 08 c.
2°. Celui de 30   *idem*   de 300   ci........... 0 61
3°. Celui de 5   *idem*   de 500   ci........... 0 10

Capital........ 235 fr.   Intérêt........... 4 f. 79 c.

15. *Trouver l'intérêt du capital de* 6453 *fr.* 60 *cent. pour* 2 *ans* 49 *jours.*

Prenez, page 34, vis-à-vis 2 ans 49 jours, c'est-à-dire sur la ligne horizontale correspondante à ce temps,
1°. L'intérêt de 6,000 fr. dans la colonne de 600 fr., ci........... 640 f. 27 c.
2°. L'intérêt de 400   *idem*   de 400   ci........... 42 68
3°. L'intérêt de 50   *idem*   de 500   ci........... 5 34
4°. L'intérêt de 3   *idem*   de 300   ci........... 0 32
5°. L'intérêt de 0 60 c. *idem*   de 0.60 c. 0 06

Capital........ 6,453 f. 60 c.   Intérêt........... 688 f. 67 c.

C'est ainsi que par le déplacement du point décimal on trouve dans ces tables, et sur une même ligne horizontale, l'intérêt d'un capital quelconque jusqu'à 100 millions de francs ; et c'est pour garantir l'exactitude des rapports jusqu'à 100 millions de francs que j'ai conservé six décimales à la suite des francs dans la colonne des intérêts. CETTE REMARQUE EST ESSENTIELLE.

c

COMPTES A L'ÉCHELETTE.

On sait qu'un compte à l'échelette est celui par lequel on impute *à la forme du droit* divers paiemens effectués sur une somme quelconque portant intérêt à des conditions déterminées. Ces sortes de comptes exigent ordinairement de nombreuses opérations plus ou moins compliquées, selon les circonstances, soit pour calculer *exactement* le temps [1] pendant lequel ont couru les intérêts, soit pour calculer ces intérêts.

Les tables ci-jointes sont d'autant plus utiles dans la rédaction de ces comptes, qu'elles donnent sur-le-champ et sans calculs les résultats dont on a besoin avec la précision la plus rigoureuse.

EXEMPLE SUR LES INTÉRÊTS SIMPLES.

16. Le 26 juillet 1821 fut vendu un domaine au prix de 90,000 fr., payable dans le délai de 8 années avec intérêt à 5 pour 100 l'an.

Sur ce prix et sur les intérêts on a fait les paiemens suivans :

Le 24 juin 1822...............	15,000 fr.
Le 20 juillet 1823...............	40,000
Le 20 août 1827...............	8,000
Le 10 février 1828...............	23,000
Total...................	86,000 fr.

On demande quel est le résidu du prix de la vente au 26 juillet 1829, jour auquel expire le délai du paiement?

L'on voit qu'il s'agit de dresser un compte dans lequel on fait entrer les intérêts simples qui sont dus à l'époque de chaque paiement, afin d'imputer ces paiemens, d'abord sur les intérêts, et ensuite sur le capital. En ce cas, les intérêts se retranchent du paiement, et l'excédant, s'il y en a, s'impute sur le capital. Ou bien, lorsque le paiement excède les intérêts échus, l'on joint ceux-ci au capital, et l'on retranche du total le paiement entier, ce qui conduit au même résultat. Le reste est ensuite considéré comme un nouveau capital sur lequel on opère d'après les mêmes principes.

Suit le compte :

---

(1) Je dis *exactement*, parce qu'on se borne quelquefois à supposer chaque année de 12 mois, et chaque mois de 30 jours, ce qui est une erreur évidente.

MOUVEMENS.	INTÉRÊTS.		MOUVEMENT DU CAPITAL.	
	fr.	c.	fr.	c.
Prix de la vente..........	....		90,000	00
Intérêt depuis le 26 juillet 1821 jusqu'au 24 juin 1822 (333 jours (¹)........	4,105	48 (²)	4,105	48
Total.........	....		94,105	48
Le 24 juin 1822, payé.........	....		15,000	00
Reste........	....		79,105	48
Intérêt de ce reste du 24 juin 1822 au 20 juillet 1823 (1 an 26 jours)........	4,237	03 (³)	4,237	03
Total.........	....		83,342	51
Le 20 juillet 1823, payé.........	....		40,000	00
Reste........	....		43,342	51
Intérêts du 20 juillet 1823 au 20 août 1827 (4 ans 31 jours)........	8,852	55		
Le 20 août 1827, payé... (Ce paiement diminue seulement les intérêts)........	8,000	00		
Reste.........	852	55	1,885	64
Intérêts du capital (de 43,342 fr. 51 c.) depuis le 20 août 1827 jusqu'au 10 février 1828 (174 jours)..	1,033	09		
Total.........	....		45,228	15
Le 10 février 1828, payé.........	....		23,000	00
Reste........	....		22,228	15
Intérêt de ce reste du 10 février 1828 au 26 juillet 1829, jour auquel expirent les 8 années du délai, (1 an 166 jours)........	1,616	86	1,616	86
Total.........	....		23,845	01
Ainsi le résidu du prix de la vente sera au 26 juillet 1829, de 23,845 fr. 01 c.				

(¹) Ce nombre de jours a été pris page 7.
(²) Cette somme d'intérêts a été prise page 21.

(³) Cette somme d'intérêts a été prise, page 23, vis-à-vis 1 an 26 jours, en cette manière :

Pour 70,000ᶠ	" ᶜ	3,749ᶠ	32ᶜ
9,000	"	482	05
100	"	5	36
5	"	0	27
0	48	0	03

Capital... 79,105ᶠ 48ᶜ   Intérêts... 4,237ᶠ 03ᶜ

EXEMPLES SUR LES INTÉRÊTS CONVENTIONNELS.

17. Le 8 mai 1824 un propriétaire vendit un immeuble au prix de 20,000 fr., divisible en quatre paiemens égaux de 5,000 fr. chacun, savoir :

Le premier payable le 8 mai 1825;
Le second   *id.*   le 8 mai 1826;
Le troisième *id.*   le 8 mai 1827;
Le quatrième *id.*   le 8 mai 1828.

Et il est stipulé dans le contrat que tous ces paiemens seront ainsi effectués avec l'intérêt au taux légal; mais qu'à défaut par l'acquéreur de les accomplir dans les délais fixés, il sera tenu de payer au vendeur les intérêts des intérêts, conformément à l'article 1154 du Code civil.

Voici maintenant de quelle manière l'acquéreur a effectué ses paiemens :

Le   8   mai   1825 il paie   5,000 fr.
Le   8 juillet 1827 il paie   10,000
Le 25 août   1828 il paie   7,000

Total................ 22,000 fr.

Il demande si le prix de la vente est rempli ?

Pour lui répondre l'on dressera un compte détaillé basé sur les élémens donnés, dans lequel on fera entrer les intérêts simples, plus les intérêts des intérêts qu'il aura laissés arrérager plus d'un an.

Suit le compte :

Nota. Dans ce compte, il faut éviter de cumuler les intérêts avec le capital, parce qu'on ferait fructifier, dans certains cas, les intérêts des intérêts, ce qui serait contraire à l'esprit de l'art. 1154 du Code civil. (*Voyez* COTEL, *Traité des Intérêts.*)

MOUVEMENS.	INTÉRÊTS SIMPLES ET COMPOSÉS.		MOUVEMENT DU CAPITAL.	
	fr.	c.	fr.	c.
Capital dû..	....		20,000	00
Intérêt échu le 8 mai 1825 (1 an)...............................	1,000	00	1,000	00
Total........................	....		21,000	00
Le 8 mai 1825, payé..	....		5,000	00
Reste........................	....		16,000	00
Intérêt de ce reste depuis le 8 mai 1825 jusqu'au 8 mai 1826 (1 an)..........	800	00		
— depuis le 8 mai 1826 jusqu'au 8 mai 1827 (1 an)..........	800	00		
— depuis le 8 mai 1827 jusqu'au 8 juillet suivant (61 jours)............	133	70	1,787	06
Intérêts des intérêts (de 800 fr.) dus depuis le 8 mai 1826 jusqu'à 8 juillet 1827 (1 an 61 jours).....	46	68		
Intérêts des intérêts (autres 800 fr.) dus depuis le 8 mai 1827 jusqu'au 8 juillet suivant (61 jours)....	6	68		
Total........................	....		17,787	06
Le 8 juillet 1827, payé...	....		10,000	00
Reste........................	....		7,787	06
Intérêt de ce reste depuis le 8 juillet 1827 jusqu'au 8 juillet 1828 (1 an)..........	389	35		
— depuis le 8 juillet 1828 jusqu'au 25 août suivant (48 jours)............	51	20	443	10
Intérêts des intérêts (de 389 fr. 35 c.) dus depuis le 8 juillet 1828 jusqu'au 25 août suivant (48 jours).	2	55		
Total........................	....		8,230	16
Le 25 août 1828, payé...	....		7,000	00
Reste........................	....		1,230	16

Il résulte du compte que l'acquéreur redoit du prix de la vente 1,230 fr. 16 c.

18. *Le 5 novembre 1820, Pierre prête à Paul une somme de* 10,000 *fr., à la charge par celui-ci de la rendre au bout de* 5 *ans avec l'intérêt au taux légal, plus les intérêts des intérêts, attendu qu'il jouira des intérêts comme du capital pendant le temps que durera le prêt.*

Il demande quelle sera la somme en capital et intérêts que Paul devra lui rendre après 5 *ans?*

Pour trouver cette somme, l'on pourra établir le compte suivant :

Capital prêté le 5 novembre 1820.. 10,000 f. 00 c.

INTÉRÊTS SIMPLES.

Intérêts de la première année, échus le 5 novembre 1821.................................	500	00
idem de la seconde année, échus le 5 novembre 1822...............................	500	00
idem de la troisième année, échus le 5 novembre 1823...............................	500	00
idem de la quatrième année, échus le 5 novembre 1824...............................	500	00
idem de la cinquième année, échus le 5 novembre 1825...............................	500	00

INTÉRÊTS D'INTÉRÊTS.

Nota. Suivant la nature des conventions, les intérêts produisent de nouveaux intérêts; mais ces nouveaux intérêts n'en produisent pas.

Intérêts des intérêts de la première année, depuis le 5 novembre 1821 jusqu'au 5 novembre 1825 (4 ans)			100	00 c.
idem de la seconde année, depuis le 5 novembre 1822	*idem*	(3 ans)	75	00
idem de la troisième année, depuis le 5 novembre 1823	*idem*	(2 ans)	50	00
idem de la quatrième année, depuis le 5 novembre 1824	*idem*	(1 an)	25	00

Total.................................. 12,750 f. 00 c.

Ainsi la somme que Paul devra rendre à Pierre au bout de 5 ans = 12,750 fr. 00 cent.

19. *Le 5 novembre 1820, Paul prête à Jacques pendant 5 ans, à intérêts à 5 pour 100, les 10,000 fr. qu'il a empruntés ci-dessus de Pierre, sous cette condition que les intérêts annuels seront joints chaque année au capital pour produire de nouveaux intérêts. On demande quelle sera la somme que Jacques devra rendre à Paul après 5 ans ?*

Selon le sens de ces conventions, les intérêts fructifieront chaque année, et successivement les intérêts des intérêts.

Pour trouver la somme dont il s'agit, l'on établira le compte de la manière suivante :

Capital prêté..	10,000 f.	00 c.
Intérêts de la première année......................	500	00
Total.......................	10,500	00
Intérêts de la seconde année......................	525	00
Total.......................	11,025	00
Intérêts de la troisième année.....................	551	25
Total.......................	11,576	25
Intérêts de la quatrième année....................	578	81
Total.......................	12,155	06
Intérêts de la cinquième année....................	607	75
Total.......................	12,762	81

12,762 fr. 81 cent. sera donc la somme que Jacques devra rendre à Paul après 5 ans.

Si l'on compare maintenant le résultat de ce compte avec celui du compte précédent, on trouvera une différence de 12 fr. 81 cent. au profit de Paul; différence qui résulte de ce que le mode de placement adopté par Paul est plus avantageux que celui adopté par Pierre; et ces divers modes de placemens sont ici exposés pour montrer que la base sur laquelle repose le calcul des intérêts conventionnels varie selon les stipulations.

MANIÈRE DE PORTER L'INTÉRÊT AU 5 POUR 100 A TEL TAUX QUE L'ON VOUDRA.

Prenez l'intérêt à 5 pour 100 ; multipliez-le par le double du nouveau taux, et divisez le résultat par 10.

En effet, soit 5 le taux de l'intérêt, T celui du nouvel intérêt; si on représente par i la quotité des intérêts à 5 pour 100, et par x celle des intérêts au taux T, on aura

$$x : i :: T : 5.$$

d'où $x = \dfrac{i \times T}{5} = \dfrac{i \times 2T}{10}$.

20. *Soit proposé de trouver l'intérêt de 600 fr. à 3 pour 100 pour 1 an?*

Cherchez dans les tables à 5 pour 100 l'intérêt de 600 fr. pour 1 an, vous trouverez, page 22............................ 30 f.

Doublez le taux proposé (le 3), ci.. 6

Multipliez 30 par 6, et le produit.. 180 f.

divisé par 10, donnera l'intérêt cherché, ci.. 18 f.

21. *Combien une somme de 300 fr., prêtée à 3 1/2 pour 100, produit-elle d'intérêt en 3 ans 66 jours?*

Cherchez dans la première colonne des tables, page 44, 3 ans 66 jours; et prenez vis-à-vis dans la colonne de 500 fr. l'intérêt

de 5,000 fr., ci.. 795 f. 21 c.

multipliez cet intérêt par le double de 3 1/2, ci... 7

divisez le produit.. 5566 f. 47 c.

par 10 (en reculant le point décimal d'un chiffre), vous aurez.............................. 556 f. 65 c. pour l'intérêt cherché.

MANIÈRE DE CONVERTIR UNE RENTE ANNUELLE QUELCONQUE EN RENTE QUOTIDIENNE, AU MOYEN DES TABLES A 5 POUR 100.

Soit A la rente annuelle, q la rente quotidienne; on aura évidemment

$$q = \frac{A}{365};$$

D'autre part, soit i l'intérêt d'un capital égal à la rente annuelle A, on aura

$$A = 20 \times i, \text{ puisque l'intérêt est au 5 pour 100.}$$

Enfin réduisant la première équation au moyen de la seconde, on aura

$$q = \frac{20 \times i}{365}.$$

Or, $\dfrac{20 \times i}{365}$ = l'intérêt à 5 pour 100 pour 20 jours d'un capital quelconque; l'on pourra donc prendre dans les tables d'intérêts au 5 pour 100, page 13, les capitaux portés en tête de la page, pour des rentes annuelles, et l'on aura sur la ligne horizontale correspondante à 20 jours les rentes quotidiennes.

EXEMPLES.

22. *On propose de convertir la rente annuelle de* 600 *fr. en une rente quotidienne.*

Prenez en tête de la page 13 le capital 600 f., égal à la rente proposée; descendez dans cette colonne jusqu'à la ligne horizontale correspondante à 20 jours; là vous trouverez 1 fr. 643836 qui est la rente quotidienne cherchée.

23. *Un propriétaire jouissant d'une rente de* 1,800,000 *fr. demande combien il a à dépenser par jour?*

Nota. La rente proposée de 1,800,000 fr. ne se trouvant pas en tête des tables, on y supplée par la transposition du point décimal, en cette manière :

Prenez, page 13, sur la ligne horizontale correspondante à 20 jours,

1°. pour	1,000,000 f.	dans la colonne du capital, 100 fr., ci..............................	2,739 f. 73 c.
2°. pour	800,000	dans la colonne du capital, 800 ci................................	2,191 78
rente annuelle	1,800,000 f.	dépense quotidienne.....................	4,931 f. 51 c.

EXEMPLES SUR LES INTÉRÊTS A 6 POUR 100.

Les tables d'intérêts à 6 pour 100, spécialement destinées au commerce, donnent les intérêts des capitaux depuis 1 jusqu'à 365 jours, comme on l'a vu ci-devant, ce qui suffit aux besoins ordinaires; mais, fondées sur le système décimal, elles donnent également les intérêts pour tel nombre d'années et de jours que l'on désire.

24. *Soit proposé de trouver l'intérêt d'un capital de* 800 *fr. pour* 2 *ans* 190 *jours.*

Cherchez l'intérêt de 800 fr.,	1° pour 2 ans,	vous trouverez, page 72, ci..............	96 f. 00 c.
	2° pour 190 jours,	vous trouverez, page 68, ci..............	24 99
temps proposé....... 2 ans 190 jours;		intérêt cherché...........	120 f. 99 c.

Ou autrement, comme 2 ans 190 jours sont la même chose que 920 jours, cherchez, page 65, 92 jours, vous trouverez en regard, sous le capital 800 fr., pour intérêt, 12 fr. 099me. Avancez d'un chiffre le point décimal de cette somme d'intérêt, pour avoir l'intérêt du même capital pour 920 jours, vous aurez, comme ci-dessus, 120 fr. 99 cent. pour l'intérêt cherché.

25. *Soit proposé, en second lieu, de trouver l'intérêt de 5,000 fr. pour 3 ans 136 jours.*

Prenez, comme ci-dessus, l'intérêt pour 3 ans, ci... 900 f. 00 c.

idem pour 136 jours, ci... 111   78

intérêt cherché... 1011 f. 78 c.

Lorsque le capital proposé ne sera pas un de ceux indiqués en tête des tables, l'on trouvera l'intérêt qui lui correspond pour un nombre quelconque de jours, en transposant le point décimal comme dans les exemples 13 et suivans.

TABLES DES DATES.

JANV.	FÉVRIER			MARS			AVRIL			MAI			JUIN			JUILLET			AOUT			SEPTEMB			OCTOBRE			NOVEMBR			DÉCEMBR			JANVIER		
	1.	10.	20.	1.	10.	20.	1.	10.	20.	1.	10.	20.	1.	10.	20.	1.	10.	20.	1.	10.	20.	1.	10.	20.	1.	10.	20.	1.	10.	20.	1.	10.	20.	1.	10.	20.
1.	31	40	50	59	68	78	90	99	109	120	129	139	151	160	170	181	190	200	212	221	231	243	252	262	273	282	292	304	313	323	334	343	353	365		
2.	30	39	49	58	67	77	89	98	108	119	128	138	150	159	169	180	189	199	211	220	230	242	251	261	272	281	291	303	312	322	333	342	352	364		
3.	29	38	48	57	66	76	88	97	107	118	127	137	149	158	168	179	188	198	210	219	229	241	250	260	271	280	290	302	311	321	332	341	351	363		
4.	28	37	47	56	65	75	87	96	106	117	126	136	148	157	167	178	187	197	209	218	228	240	249	259	270	279	289	301	310	320	331	340	350	362		
5.	27	36	46	55	64	74	86	95	105	116	125	135	147	156	166	177	186	196	208	217	227	239	248	258	269	278	288	300	309	319	330	339	349	361		
6.	26	35	45	54	63	73	85	94	104	115	124	134	146	155	165	176	185	195	207	216	226	238	247	257	268	277	287	299	308	318	329	338	348	360		
7.	25	34	44	53	62	72	84	93	103	114	123	133	145	154	164	175	184	194	206	215	225	237	246	256	267	276	286	298	307	317	328	337	347	359		
8.	24	33	43	52	61	71	83	92	102	113	122	132	144	153	163	174	183	193	205	214	224	236	245	255	266	275	285	297	306	316	327	336	346	358		
9.	23	32	42	51	60	70	82	91	101	112	121	131	143	152	162	173	182	192	204	213	223	235	244	254	265	274	284	296	305	315	326	335	345	357		
10.	22	31	41	50	59	69	81	90	100	111	120	130	142	151	161	172	181	191	203	212	222	234	243	253	264	273	283	295	304	314	325	334	344	356	365	
11.	21	30	40	49	58	68	80	89	99	110	119	129	141	150	160	171	180	190	202	211	221	233	242	252	263	272	282	294	303	313	324	333	343	355	364	
12.	20	29	39	48	57	67	79	88	98	109	118	128	140	149	159	170	179	189	201	210	220	232	241	251	262	271	281	293	302	312	323	332	342	354	363	
13.	19	28	38	47	56	66	78	87	97	108	117	127	139	148	158	169	178	188	200	209	219	231	240	250	261	270	280	292	301	311	322	331	341	353	362	
14.	18	27	37	46	55	65	77	86	96	107	116	126	138	147	157	168	177	187	199	208	218	230	239	249	260	269	279	291	300	310	321	330	340	352	361	
15.	17	26	36	45	54	64	76	85	95	106	115	125	137	146	156	167	176	186	198	207	217	229	238	248	259	268	278	290	299	309	320	329	339	351	360	
16.	16	25	35	44	53	63	75	84	94	105	114	124	136	145	155	166	175	185	197	206	216	228	237	247	258	267	277	289	298	308	319	328	338	350	359	
17.	15	24	34	43	52	62	74	83	93	104	113	123	135	144	154	165	174	184	196	205	215	227	236	246	257	266	276	288	297	307	318	327	337	349	358	
18.	14	23	33	42	51	61	73	82	92	103	112	122	134	143	153	164	173	183	195	204	214	226	235	245	256	265	275	287	296	306	317	326	336	348	357	
19.	13	22	32	41	50	60	72	81	91	102	111	121	133	142	152	163	172	182	194	203	213	225	234	244	255	264	274	286	295	305	316	325	335	347	356	
20.	12	21	31	40	49	59	71	80	90	101	110	120	132	141	151	162	171	181	193	202	212	224	233	243	254	263	273	285	294	304	315	324	334	346	355	365
21.	11	20	30	39	48	58	70	79	89	100	109	119	131	140	150	161	170	180	192	201	211	223	232	242	253	262	272	284	293	303	314	323	333	345	354	364
22.	10	19	29	38	47	57	69	78	88	99	108	118	130	139	149	160	169	179	191	200	210	222	231	241	252	261	271	283	292	302	313	322	332	344	353	363
23.	9	18	28	37	46	56	68	77	87	98	107	117	129	138	148	159	168	178	190	199	209	221	230	240	251	260	270	282	291	301	312	321	331	343	352	362
24.	8	17	27	36	45	55	67	76	86	97	106	116	128	137	147	158	167	177	189	198	208	220	229	239	250	259	269	281	290	300	311	320	330	342	351	361
25.	7	16	26	35	44	54	66	75	85	96	105	115	127	136	146	157	166	176	188	197	207	219	228	238	249	258	268	280	289	299	310	319	329	341	350	360
26.	6	15	25	34	43	53	65	74	84	95	104	114	126	135	145	156	165	175	187	196	206	218	227	237	248	257	267	279	288	298	309	318	328	340	349	359
27.	5	14	24	33	42	52	64	73	83	94	103	113	125	134	144	155	164	174	186	195	205	217	226	236	247	256	266	278	287	297	308	317	327	339	348	358
28.	4	13	23	32	41	51	63	72	82	93	102	112	124	133	143	154	163	173	185	194	204	216	225	235	246	255	265	277	286	296	307	316	326	338	347	357
29.	3	12	22	31	40	50	62	71	81	92	101	111	123	132	142	153	162	172	184	193	203	215	224	234	245	254	264	276	285	295	306	315	325	337	346	356
30.	2	11	21	30	39	49	61	70	80	91	100	110	122	131	141	152	161	171	183	192	202	214	223	233	244	253	263	275	284	294	305	314	324	336	345	355
31.	1	10	20	29	38	48	60	69	79	90	99	109	121	130	140	151	160	170	182	191	201	213	222	232	243	252	262	274	283	293	304	313	323	335	344	354

FÉVR.	MARS.			AVRIL.			MAI.			JUIN.			JUILLET.			AOUT.			SEPTEMB.			OCTOBRE.			NOVEMBR.			DECEMBR			JANVIER.			FÉVRIER.		
	1.	10.	20.	1.	10.	20.	1.	10.	20.	1.	10.	20.	1.	10.	20.	1.	10.	20.	1.	10.	20.	1.	10.	20.	1.	10.	20.	1.	10.	20.	1.	10.	20.	1.	10.	20.
1.	28	37	47	59	68	78	89	98	108	120	129	139	150	159	169	181	190	200	212	221	231	242	251	261	273	282	292	303	312	322	334	343	353	365		
2.	27	36	46	58	67	77	88	97	107	119	128	138	149	158	168	180	189	199	211	220	230	241	250	260	272	281	291	302	311	321	333	342	352	364		
3.	26	35	45	57	66	76	87	96	106	118	127	137	148	157	167	179	188	198	210	219	229	240	249	259	271	280	290	301	310	320	332	341	351	363		
4.	25	34	44	56	65	75	86	95	105	117	126	136	147	156	166	178	187	197	209	218	228	239	248	258	270	279	289	300	309	319	331	340	350	362		
5.	24	33	43	55	64	74	85	94	104	116	125	135	146	155	165	177	186	196	208	217	227	238	247	257	269	278	288	299	308	318	330	339	349	361		
6.	23	32	42	54	63	73	84	93	103	115	124	134	145	154	164	176	185	195	207	216	226	237	246	256	268	277	287	298	307	317	329	338	348	360		
7.	22	31	41	53	62	72	83	92	102	114	123	133	144	153	163	175	184	194	206	215	225	236	245	255	267	276	286	297	306	316	328	337	347	359		
8.	21	30	40	52	61	71	82	91	101	113	122	132	143	152	162	174	183	193	205	214	224	235	244	254	266	275	285	296	305	315	327	336	346	358		
9.	20	29	39	51	60	70	81	90	100	112	121	131	142	151	161	173	182	192	204	213	223	234	243	253	265	274	284	295	304	314	326	335	345	357		
10.	19	28	38	50	59	69	80	89	99	111	120	130	141	150	160	172	181	191	203	212	222	233	242	252	264	273	283	294	303	313	325	334	344	356	365	
11.	18	27	37	49	58	68	79	88	98	110	119	129	140	149	159	171	180	190	202	211	221	232	241	251	263	272	282	293	302	312	324	333	343	355	364	
12.	17	26	36	48	57	67	78	87	97	109	118	128	139	148	158	170	179	189	201	210	220	231	240	250	262	271	281	292	301	311	323	332	342	354	363	
13.	16	25	35	47	56	66	77	86	96	108	117	127	138	147	157	169	178	188	200	209	219	230	239	249	261	270	280	291	300	310	322	331	341	353	362	
14.	15	24	34	46	55	65	76	85	95	107	116	126	137	146	156	168	177	187	199	208	218	229	238	248	260	269	279	290	299	309	321	330	340	352	361	
15.	14	23	33	45	54	64	75	84	94	106	115	125	136	145	155	167	176	186	198	207	217	228	237	247	259	268	278	289	298	308	320	329	339	351	360	
16.	13	22	32	44	53	63	74	83	93	105	114	124	135	144	154	166	175	185	197	206	216	227	236	246	258	267	277	288	297	307	319	328	338	350	359	
17.	12	21	31	43	52	62	73	82	92	104	113	123	134	143	153	165	174	184	196	205	215	226	235	245	257	266	276	287	296	306	318	327	337	349	358	
18.	11	20	30	42	51	61	72	81	91	103	112	122	133	142	152	164	173	183	195	204	214	225	234	244	256	265	275	286	295	305	317	326	336	348	357	
19.	10	19	29	41	50	60	71	80	90	102	111	121	132	141	151	163	172	182	194	203	213	224	233	243	255	264	274	285	294	304	316	325	335	347	356	
20.	9	18	28	40	49	59	70	79	89	101	110	120	131	140	150	162	171	181	193	202	212	223	232	242	254	263	273	284	293	303	315	324	334	346	355	365
21.	8	17	27	39	48	58	69	78	88	100	109	119	130	139	149	161	170	180	192	201	211	222	231	241	253	262	272	283	292	302	314	323	333	345	354	364
22.	7	16	26	38	47	57	68	77	87	99	108	118	129	138	148	160	169	179	191	200	210	221	230	240	252	261	271	282	291	301	313	322	332	344	353	363
23.	6	15	25	37	46	56	67	76	86	98	107	117	128	137	147	159	168	178	190	199	209	220	229	239	251	260	270	281	290	300	312	321	331	343	352	362
24.	5	14	24	36	45	55	66	75	85	97	106	116	127	136	146	158	167	177	189	198	208	219	228	238	250	259	269	280	289	299	311	320	330	342	351	361
25.	4	13	23	35	44	54	65	74	84	96	105	115	126	135	145	157	166	176	188	197	207	218	227	237	249	258	268	279	288	298	310	319	329	341	350	360
26.	3	12	22	34	43	53	64	73	83	95	104	114	125	134	144	156	165	175	187	196	206	217	226	236	248	257	267	278	287	297	309	318	328	340	349	359
27.	2	11	21	33	42	52	63	72	82	94	103	113	124	133	143	155	164	174	186	195	205	216	225	235	247	256	266	277	286	296	308	317	327	339	348	358
28.	1	10	20	32	41	51	62	71	81	93	102	112	123	132	142	154	163	173	185	194	204	215	224	234	246	255	265	276	285	295	307	316	326	338	347	357

MARS.	AVRIL.	MAI.	JUIN.	JUILLET.	AOUT.	SEPTEMB.	OCTOBRE.	NOVEMBR.	DÉCEMBR.	JANVIER.	FÉVRIER.	MARS.
	1. 10. 20.	1. 10. 20.	1. 10. 20.	1. 10. 20.	1. 10. 20.	1. 10. 20.	1. 10. 20.	1. 10. 20.	1. 10. 20.	1. 10. 20.	1. 10. 20.	1. 10. 20.
1.	31 40 50	61 70 80	92 101 111	122 131 141	153 162 172	184 193 203	214 223 233	245 254 264	275 284 294	306 315 325	337 346 356	365
2.	30 39 49	60 69 79	91 100 110	121 130 140	152 161 171	183 192 202	213 222 232	244 253 263	274 283 293	305 314 324	336 345 355	364
3.	29 38 48	59 68 78	90 99 109	120 129 139	151 160 170	182 191 201	212 221 231	243 252 262	273 282 292	304 313 323	335 344 354	363
4.	28 37 47	58 67 77	89 98 108	119 128 138	150 159 169	181 190 200	211 220 230	242 251 261	272 281 291	303 312 322	334 343 353	362
5.	27 36 46	57 66 76	88 97 107	118 127 137	149 158 168	180 189 199	210 219 229	241 250 260	271 280 290	302 311 321	333 342 352	361
6.	26 35 45	56 65 75	87 96 106	117 126 136	148 157 167	179 188 198	209 218 228	240 249 259	270 279 289	301 310 320	332 341 351	360
7.	25 34 44	55 64 74	86 95 105	116 125 135	147 156 166	178 187 197	208 217 227	239 248 258	269 278 288	300 309 319	331 340 350	359
8.	24 33 43	54 63 73	85 94 104	115 124 134	146 155 165	177 186 196	207 216 226	238 247 257	268 277 287	299 308 318	330 339 349	358
9.	23 32 42	53 62 72	84 93 103	114 123 133	145 154 164	176 185 195	206 215 225	237 246 256	267 276 286	298 307 317	329 338 348	357
10.	22 31 41	52 61 71	83 92 102	113 122 132	144 153 163	175 184 194	205 214 224	236 245 255	266 275 285	297 306 316	328 337 347	356 365
11.	21 30 40	51 60 70	82 91 101	112 121 131	143 152 162	174 183 193	204 213 223	235 244 254	265 274 284	296 305 315	327 336 346	355 364
12.	20 29 39	50 59 69	81 90 100	111 120 130	142 151 161	173 182 192	203 212 222	234 243 253	264 273 283	295 304 314	326 335 345	354 363
13.	19 28 38	49 58 68	80 89 99	110 119 129	141 150 160	172 181 191	202 211 221	233 242 252	263 272 282	294 303 313	325 334 344	353 362
14.	18 27 37	48 57 67	79 88 98	109 118 128	140 149 159	171 180 190	201 210 220	232 241 251	262 271 281	293 302 312	324 333 343	352 361
15.	17 26 36	47 56 66	78 87 97	108 117 127	139 148 158	170 179 189	200 209 219	231 240 250	261 270 280	292 301 311	323 332 342	351 360
16.	16 25 35	46 55 65	77 86 96	107 116 126	138 147 157	169 178 188	199 208 218	230 239 249	260 269 279	291 300 310	322 331 341	350 359
17.	15 24 34	45 54 64	76 85 95	106 115 125	137 146 156	168 177 187	198 207 217	229 238 248	259 268 278	290 299 309	321 330 340	349 358
18.	14 23 33	44 53 63	75 84 94	105 114 124	136 145 155	167 176 186	197 206 216	228 237 247	258 267 277	289 298 308	320 329 339	348 357
19.	13 22 32	43 52 62	74 83 93	104 113 123	135 144 154	166 175 185	196 205 215	227 236 246	257 266 276	288 297 307	319 328 338	347 356
20.	12 21 31	42 51 61	73 82 92	103 112 122	134 143 153	165 174 184	195 204 214	226 235 245	256 265 275	287 296 306	318 327 337	346 355 365
21.	11 20 30	41 50 60	72 81 91	102 111 121	133 142 152	164 173 183	194 203 213	225 234 244	255 264 274	286 295 305	317 326 336	345 354 364
22.	10 19 29	40 49 59	71 80 90	101 110 120	132 141 151	163 172 182	193 202 212	224 233 243	254 263 273	285 294 304	316 325 335	344 353 363
23.	9 18 28	39 48 58	70 79 89	100 109 119	131 140 150	162 171 181	192 201 211	223 232 242	253 262 272	284 293 303	315 324 334	343 352 362
24.	8 17 27	38 47 57	69 78 88	99 108 118	130 139 149	161 170 180	191 200 210	222 231 241	252 261 271	283 292 302	314 323 333	342 351 361
25.	7 16 26	37 46 56	68 77 87	98 107 117	129 138 148	160 169 179	190 199 209	221 230 240	251 260 270	282 291 301	313 322 332	341 350 360
26.	6 15 25	36 45 55	67 76 86	97 106 116	128 137 147	159 168 178	189 198 208	220 229 239	250 259 269	281 290 300	312 321 331	340 349 359
27.	5 14 24	35 44 54	66 75 85	96 105 115	127 136 146	158 167 177	188 197 207	219 228 238	249 258 268	280 289 299	311 320 330	339 348 358
28.	4 13 23	34 43 53	65 74 84	95 104 114	126 135 145	157 166 176	187 196 206	218 227 237	248 257 267	279 288 298	310 319 329	338 347 357
29.	3 12 22	33 42 52	64 73 83	94 103 113	125 134 144	156 165 175	186 195 205	217 226 236	247 256 266	278 287 297	309 318 328	337 346 356
30.	2 11 21	32 41 51	63 72 82	93 102 112	124 133 143	155 164 174	185 194 204	216 225 235	246 255 265	277 286 296	308 317 327	336 345 355
31.	1 10 20	31 40 50	62 71 81	92 101 111	123 132 142	154 163 173	184 193 203	215 224 234	245 254 264	276 285 295	307 316 326	335 344 354

TABLES DES DATES.

AVRIL.	MAI.			JUIN.			JUILLET.			AOUT.			SEPTEMB.			OCTOBRE.			NOVEMBR.			DÉCEMBR.			JANVIER.			FÉVRIER.			MARS.			AVRIL.		
	1.	10.	20.	1.	10.	20.	1.	10.	20.	1.	10.	20.	1.	10.	20.	1.	10.	20.	1.	10.	20.	1.	10.	20.	1.	10.	20.	1.	10.	20.	1.	10.	20.	1.	10.	20.
1.	30	39	49	61	70	80	91	100	110	122	131	141	153	162	172	183	192	202	214	223	233	244	253	263	275	284	294	306	315	325	334	343	353	365		
2.	29	38	48	60	69	79	90	99	109	121	130	140	152	161	171	182	191	201	213	222	232	243	252	262	274	283	293	305	314	324	333	342	352	364		
3.	28	37	47	59	68	78	89	98	108	120	129	139	151	160	170	181	190	200	212	221	231	242	251	261	273	282	292	304	313	323	332	341	351	363		
4.	27	36	46	58	67	77	88	97	107	119	128	138	150	159	169	180	189	199	211	220	230	241	250	260	272	281	291	303	312	322	331	340	350	362		
5.	26	35	45	57	66	76	87	96	106	118	127	137	149	158	168	179	188	198	210	219	229	240	249	259	271	280	290	302	311	321	330	339	349	361		
6.	25	34	44	56	65	75	86	95	105	117	126	136	148	157	167	178	187	197	209	218	228	239	248	258	270	279	289	301	310	320	329	338	348	360		
7.	24	33	43	55	64	74	85	94	104	116	125	135	147	156	166	177	186	196	208	217	227	238	247	257	269	278	288	300	309	319	328	337	347	359		
8.	23	32	42	54	63	73	84	93	103	115	124	134	146	155	165	176	185	195	207	216	226	237	246	256	268	277	287	299	308	318	327	336	346	358		
9.	22	31	41	53	62	72	83	92	102	114	123	133	145	154	164	175	184	194	206	215	225	236	245	255	267	276	286	298	307	317	326	335	345	357		
10.	21	30	40	52	61	71	82	91	101	113	122	132	144	153	163	174	183	193	205	214	224	235	244	254	266	275	285	297	306	316	325	334	344	356	365	
11.	20	29	39	51	60	70	81	90	100	112	121	131	143	152	162	173	182	192	204	213	223	234	243	253	265	274	284	296	305	315	324	333	343	355	364	
12.	19	28	38	50	59	69	80	89	99	111	120	130	142	151	161	172	181	191	203	212	222	233	242	252	264	273	283	295	304	314	323	332	342	354	363	
13.	18	27	37	49	58	68	79	88	98	110	119	129	141	150	160	171	180	190	202	211	221	232	241	251	263	272	282	294	303	313	322	331	341	353	362	
14.	17	26	36	48	57	67	78	87	97	109	118	128	140	149	159	170	179	189	201	210	220	231	240	250	262	271	281	293	302	312	321	330	340	352	361	
15.	16	25	35	47	56	66	77	86	96	108	117	127	139	148	158	169	178	188	200	209	219	230	239	249	261	270	280	292	301	311	320	329	339	351	360	
16.	15	24	34	46	55	65	76	85	95	107	116	126	138	147	157	168	177	187	199	208	218	229	238	248	260	269	279	291	300	310	319	328	338	350	359	
17.	14	23	33	45	54	64	75	84	94	106	115	125	137	146	156	167	176	186	198	207	217	228	237	247	259	268	278	290	299	309	318	327	337	349	358	
18.	13	22	32	44	53	63	74	83	93	105	114	124	136	145	155	166	175	185	197	206	216	227	236	246	258	267	277	289	298	308	317	326	336	348	357	
19.	12	21	31	43	52	62	73	82	92	104	113	123	135	144	154	165	174	184	196	205	215	226	235	245	257	266	276	288	297	307	316	325	335	347	356	
20.	11	20	30	42	51	61	72	81	91	103	112	122	134	143	153	164	173	183	195	204	214	225	234	244	256	265	275	287	296	306	315	324	334	346	355	365
21.	10	19	29	41	50	60	71	80	90	102	111	121	133	142	152	163	172	182	194	203	213	224	233	243	255	264	274	286	295	305	314	323	333	345	354	364
22.	9	18	28	40	49	59	70	79	89	101	110	120	132	141	151	162	171	181	193	202	212	223	232	242	254	263	273	285	294	304	313	322	332	344	353	363
23.	8	17	27	39	48	58	69	78	88	100	109	119	131	140	150	161	170	180	192	201	211	222	231	241	253	262	272	284	293	303	312	321	331	343	352	362
24.	7	16	26	38	47	57	68	77	87	99	108	118	130	139	149	160	169	179	191	200	210	221	230	240	252	261	271	283	292	302	311	320	330	342	351	361
25.	6	15	25	37	46	56	67	76	86	98	107	117	129	138	148	159	168	178	190	199	209	220	229	239	251	260	270	282	291	301	310	319	329	341	350	360
26.	5	14	24	36	45	55	66	75	85	97	106	116	128	137	147	158	167	177	189	198	208	219	228	238	250	259	269	281	290	300	309	318	328	340	349	359
27.	4	13	23	35	44	54	65	74	84	96	105	115	127	136	146	157	166	176	188	197	207	218	227	237	249	258	268	280	289	299	308	317	327	339	348	358
28.	3	12	22	34	43	53	64	73	83	95	104	114	126	135	145	156	165	175	187	196	206	217	226	236	248	257	267	279	288	298	307	316	326	338	347	357
29.	2	11	21	33	42	52	63	72	82	94	103	113	125	134	144	155	164	174	186	195	205	216	225	235	247	256	266	278	287	297	306	315	325	337	346	356
30.	1	10	20	32	41	51	62	71	81	93	102	112	124	133	143	154	163	173	185	194	204	215	224	234	246	255	265	277	286	296	305	314	324	336	345	355

MAI.	JUIN.			JUILLET.			AOUT.			SEPTEMB.			OCTOBRE.			NOVEMBR.			DÉCEMBR.			JANVIER.			FÉVRIER.			MARS.			AVRIL.			MAI.		
	1.	10.	20.	1.	10.	20.	1.	10.	20.	1.	10.	20.	1.	10.	20.	1.	10.	20.	1.	10.	20.	1.	10.	20.	1.	10.	20.	1.	10.	20.	1.	10.	20.	1.	10.	20.
1.	31	40	50	61	70	80	92	101	111	123	132	142	153	162	172	184	193	203	214	223	233	245	254	264	276	285	295	304	313	323	333	344	354	365		
2.	30	39	49	60	69	79	91	100	110	122	131	141	152	161	171	183	192	202	213	222	232	244	253	263	275	284	294	303	312	322	334	343	353	364		
3.	29	38	48	59	68	78	90	99	109	121	130	140	151	160	170	182	191	201	212	221	231	243	252	262	274	283	293	302	311	321	333	342	352	363		
4.	28	37	47	58	67	77	89	98	108	120	129	139	150	159	169	181	190	200	211	220	230	242	251	261	273	282	292	301	310	320	332	341	351	362		
5.	27	36	46	57	66	76	88	97	107	119	128	138	149	158	168	180	189	199	210	219	229	241	250	260	272	281	291	300	309	319	331	340	350	361		
6.	26	35	45	56	65	75	87	96	106	118	127	137	148	157	167	179	188	198	209	218	228	240	249	259	271	280	290	299	308	318	330	339	349	360		
7.	25	34	44	55	64	74	86	95	105	117	126	136	147	156	166	178	187	197	208	217	227	239	248	258	270	279	289	298	307	317	329	338	348	359		
8.	24	33	43	54	63	73	85	94	104	116	125	135	146	155	165	177	186	196	207	216	226	238	247	257	269	278	288	297	306	316	328	337	347	358		
9.	23	32	42	53	62	72	84	93	103	115	124	134	145	154	164	176	185	195	206	215	225	237	246	256	268	277	287	296	305	315	327	336	346	357		
10.	22	31	41	52	61	71	83	92	102	114	123	133	144	153	163	175	184	194	205	214	224	236	245	255	267	276	286	295	304	314	326	335	345	356	365	
11.	21	30	40	51	60	70	82	91	101	113	122	132	143	152	162	174	183	193	204	213	223	235	244	254	266	275	285	294	303	313	325	334	344	355	364	
12.	20	29	39	50	59	69	81	90	100	112	121	131	142	151	161	173	182	192	203	212	222	234	243	253	265	274	284	293	302	312	324	333	343	354	363	
13.	19	28	38	49	58	68	80	89	99	111	120	130	141	150	160	172	181	191	202	211	221	233	242	252	264	273	283	292	301	311	323	332	342	353	362	
14.	18	27	37	48	57	67	79	88	98	110	119	129	140	149	159	171	180	190	201	210	220	232	241	251	263	272	282	291	300	310	322	331	341	352	361	
15.	17	26	36	47	56	66	78	87	97	109	118	128	139	148	158	170	179	189	200	209	219	231	240	250	262	271	281	290	299	309	321	330	340	351	360	
16.	16	25	35	46	55	65	77	86	96	108	117	127	138	147	157	169	178	188	199	208	218	230	239	249	261	270	280	289	298	308	320	329	339	350	359	
17.	15	24	34	45	54	64	76	85	95	107	116	126	137	146	156	168	177	187	198	207	217	229	238	248	260	269	279	288	297	307	319	328	338	349	358	
18.	14	23	33	44	53	63	75	84	94	106	115	125	136	145	155	167	176	186	197	206	216	228	237	247	259	268	278	287	296	306	318	327	337	348	357	
19.	13	22	32	43	52	62	74	83	93	105	114	124	135	144	154	166	175	185	196	205	215	227	236	246	258	267	277	286	295	305	317	326	336	347	356	
20.	12	21	31	42	51	61	73	82	92	104	113	123	134	143	153	165	174	184	195	204	214	226	235	245	257	266	276	285	294	304	316	325	335	346	355	365
21.	11	20	30	41	50	60	72	81	91	103	112	122	133	142	152	164	173	183	194	203	213	225	234	244	256	265	275	284	293	303	315	324	334	345	354	364
22.	10	19	29	40	49	59	71	80	90	102	111	121	132	141	151	163	172	182	193	202	212	224	233	243	255	264	274	283	292	302	314	323	333	344	353	363
23.	9	18	28	39	48	58	70	79	89	101	110	120	131	140	150	162	171	181	192	201	211	223	232	242	254	263	273	282	291	301	313	322	332	343	352	362
24.	8	17	27	38	47	57	69	78	88	100	109	119	130	139	149	161	170	180	191	200	210	222	231	241	253	262	272	281	290	300	312	321	331	342	351	361
25.	7	16	26	37	46	56	68	77	87	99	108	118	129	138	148	160	169	179	190	199	209	221	230	240	252	261	271	280	289	299	311	320	330	341	350	360
26.	6	15	25	36	45	55	67	76	86	98	107	117	128	137	147	159	168	178	189	198	208	220	229	239	251	260	270	279	288	298	310	319	329	340	349	359
27.	5	14	24	35	44	54	66	75	85	97	106	116	127	136	146	158	167	177	188	197	207	219	228	238	250	259	269	278	287	297	309	318	328	339	348	358
28.	4	13	23	34	43	53	65	74	84	96	105	115	126	135	145	157	166	176	187	196	206	218	227	237	249	258	268	277	286	296	308	317	327	338	347	357
29.	3	12	22	33	42	52	64	73	83	95	104	114	125	134	144	156	165	175	186	195	205	216	226	236	248	257	267	276	285	295	307	316	326	337	346	356
30.	2	11	21	32	41	51	63	72	82	94	103	113	124	133	143	155	164	174	185	194	204	215	225	235	247	256	266	275	284	294	306	315	325	336	345	355
31.	1	10	20	31	40	50	62	71	81	93	102	112	123	132	142	154	163	173	184	193	203	215	224	234	246	255	265	274	283	293	305	314	324	335	344	354

2

TABLES DES DATES.

JUIN.	JUILLET.			AOUT.			SEPTEMB.			OCTOBRE.			NOVEMBR.			DÉCEMBR.			JANVIER.			FÉVRIER.			MARS.			AVRIL.			MAI.			JUIN.		
	1.	10.	20.	1.	10.	20.	1.	10.	20.	1.	10.	20.	1.	10.	20.	1.	10.	20.	1.	10.	20.	1.	10.	20.	1.	10.	20.	1.	10.	20.	1.	10.	20.	1.	10.	20.
1.	30	39	49	61	70	80	92	101	111	122	131	141	153	162	172	183	192	202	214	223	233	245	254	264	273	282	292	304	313	323	334	343	353	365		
2.	29	38	48	60	69	79	91	100	110	121	130	140	152	161	171	182	191	201	213	222	232	244	253	263	272	281	291	303	312	322	333	342	352	364		
3.	28	37	47	59	68	78	90	99	109	120	129	139	151	160	170	181	190	200	212	221	231	243	252	262	271	280	290	302	311	321	332	341	351	363		
4.	27	36	46	58	67	77	89	98	108	119	128	138	150	159	169	180	189	199	211	220	230	242	251	261	270	279	289	301	310	320	331	340	350	362		
5.	26	35	45	57	66	76	88	97	107	118	127	137	149	158	168	179	188	198	210	219	229	241	250	260	269	278	288	300	309	319	330	339	349	361		
6.	25	34	44	56	65	75	87	96	106	117	126	136	148	157	167	178	187	197	209	218	228	240	249	259	268	277	287	299	308	318	329	338	348	360		
7.	24	33	43	55	64	74	86	95	105	116	125	135	147	156	166	177	186	196	208	217	227	239	248	258	267	276	286	298	307	317	328	337	347	359		
8.	23	32	42	54	63	73	85	94	104	115	124	134	146	155	165	176	185	195	207	216	226	238	247	257	266	275	285	297	306	316	327	336	346	358		
9.	22	31	41	53	62	72	84	93	103	114	123	133	145	154	164	175	184	194	206	215	225	237	246	256	265	274	284	296	305	315	326	335	345	357		
10.	21	30	40	52	61	71	83	92	102	113	122	132	144	153	163	174	183	193	205	214	224	236	245	255	264	273	283	295	304	314	325	334	344	356	365	
11.	20	29	39	51	60	70	82	91	101	112	121	131	143	152	162	173	182	192	204	213	223	235	244	254	263	272	282	294	303	313	324	333	343	355	364	
12.	19	28	38	50	59	69	81	90	100	111	120	130	142	151	161	172	181	191	203	212	222	234	243	253	262	271	281	293	302	312	323	332	342	354	363	
13.	18	27	37	49	58	68	80	89	99	110	119	129	141	150	160	171	180	190	202	211	221	233	242	252	261	270	280	292	301	311	322	331	341	353	362	
14.	17	26	36	48	57	67	79	88	98	109	118	128	140	149	159	170	179	189	201	210	220	232	241	251	260	269	279	291	300	310	321	330	340	352	361	
15.	16	25	35	47	56	66	78	87	97	108	117	127	139	148	158	169	178	188	200	209	219	231	240	250	259	268	278	290	299	309	320	329	339	351	360	
16.	15	24	34	46	55	65	77	86	96	107	116	126	138	147	157	168	177	187	199	208	218	230	239	249	258	267	277	289	298	308	319	328	338	350	359	
17.	14	23	33	45	54	64	76	85	95	106	115	125	137	146	156	167	176	186	198	207	217	229	238	248	257	266	276	288	297	307	318	327	337	349	358	
18.	13	22	32	44	53	63	75	84	94	105	114	124	136	145	155	166	175	185	197	206	216	228	237	247	256	265	275	287	296	306	317	326	336	348	357	
19.	12	21	31	43	52	62	74	83	93	104	113	123	135	144	154	165	174	184	196	205	215	227	236	246	255	264	274	286	295	305	316	325	335	347	356	
20.	11	20	30	42	51	61	73	82	92	103	112	122	134	143	153	164	173	183	195	204	214	226	235	245	254	263	273	285	294	304	315	324	334	346	355	365
21.	10	19	29	41	50	60	72	81	91	102	111	121	133	142	152	163	172	182	194	203	213	225	234	244	253	262	272	284	293	303	314	323	333	345	354	364
22.	9	18	28	40	49	59	71	80	90	101	110	120	132	141	151	162	171	181	193	202	212	224	233	243	252	261	271	283	292	302	313	322	332	344	353	363
23.	8	17	27	39	48	58	70	79	89	100	109	119	131	140	150	161	170	180	192	201	211	223	232	242	251	260	270	282	291	301	312	321	331	343	352	362
24.	7	16	26	38	47	57	69	78	88	99	108	118	130	139	149	160	169	179	191	200	210	222	231	241	250	259	269	281	290	300	311	320	330	342	351	361
25.	6	15	25	37	46	56	68	77	87	98	107	117	129	138	148	159	168	178	190	199	209	221	230	240	249	258	268	280	289	299	310	319	329	341	350	360
26.	5	14	24	36	45	55	67	76	86	97	106	116	128	137	147	158	167	177	189	198	208	220	229	239	248	257	267	279	288	298	309	318	328	340	349	359
27.	4	13	23	35	44	54	66	75	85	96	105	115	127	136	146	157	166	176	188	197	207	219	228	238	247	256	266	278	287	297	308	317	327	339	348	358
28.	3	12	22	34	43	53	65	74	84	95	104	114	126	135	145	156	165	175	187	196	206	218	227	237	246	255	265	277	286	296	307	316	326	338	347	357
29.	2	11	21	33	42	52	64	73	83	94	103	113	125	134	144	155	164	174	186	195	205	217	226	236	245	254	264	276	285	295	306	315	325	337	346	356
30.	1	10	20	32	41	51	63	72	82	93	102	112	124	133	143	154	163	173	185	194	204	216	225	235	244	253	263	275	284	294	305	314	324	336	345	355

JUILL.	AOUT.			SEPTEMB.			OCTOBRE.			NOVEMBR.			DÉCEMBR.			JANVIER.			FÉVRIER.			MARS.			AVRIL.			MAI.			JUIN.			JUILLET.		
	1.	10.	20.	1.	10.	20.	1.	10.	20.	1.	10.	20.	1.	10.	20.	1.	10.	20.	1.	10.	20.	1.	10.	20.	1.	10.	20.	1.	10.	20.	1.	10.	20.	1.	10.	20.
1.	31	40	50	62	71	81	92	101	111	123	132	142	153	162	172	184	193	203	215	224	234	243	252	262	274	283	293	304	313	323	335	344	354	365		
2.	30	39	49	61	70	80	91	100	110	122	131	141	152	161	171	183	192	202	214	223	233	242	251	261	273	282	292	303	312	322	334	343	353	364		
3.	29	38	48	60	69	79	90	99	109	121	130	140	151	160	170	182	191	201	213	222	232	241	250	260	272	281	291	302	311	321	333	342	352	363		
4.	28	37	47	59	68	78	89	98	108	120	129	139	150	159	169	181	190	200	212	221	231	240	249	259	271	280	290	301	310	320	332	341	351	362		
5.	27	36	46	58	67	77	88	97	107	119	128	138	149	158	168	180	189	199	211	220	230	239	248	258	270	279	289	300	309	319	331	340	350	361		
6.	26	35	45	57	66	76	87	96	106	118	127	137	148	157	167	179	188	198	210	219	229	238	247	257	269	278	288	299	308	318	330	339	349	360		
7.	25	34	44	56	65	75	86	95	105	117	126	136	147	156	166	178	187	197	209	218	228	237	246	256	268	277	287	298	307	317	329	338	348	359		
8.	24	33	43	55	64	74	85	94	104	116	125	135	146	155	165	177	186	196	208	217	227	236	245	255	267	276	286	297	306	316	328	337	347	358		
9.	23	32	42	54	63	73	84	93	103	115	124	134	145	154	164	176	185	195	207	216	226	235	244	254	266	275	285	296	305	315	327	336	346	357		
10.	22	31	41	53	62	72	83	92	102	114	123	133	144	153	163	175	184	194	206	215	225	234	243	253	265	274	284	295	304	314	326	335	345	356	365	
11.	21	30	40	52	61	71	82	91	101	113	122	132	143	152	162	174	183	193	205	214	224	233	242	252	264	273	283	294	303	313	325	334	344	355	364	
12.	20	29	39	51	60	70	81	90	100	112	121	131	142	151	161	173	182	192	204	213	223	232	241	251	263	272	282	293	302	312	324	333	343	354	363	
13.	19	28	38	50	59	69	80	89	99	111	120	130	141	150	160	172	181	191	203	212	222	231	240	250	262	271	281	292	301	311	323	332	342	353	362	
14.	18	27	37	49	58	68	79	88	98	110	119	129	140	149	159	171	180	190	202	211	221	230	239	249	261	270	280	291	300	310	322	331	341	352	361	
15.	17	26	36	48	57	67	78	87	97	109	118	128	139	148	158	170	179	189	201	210	220	229	238	248	260	269	279	290	299	309	321	330	340	351	360	
16.	16	25	35	47	56	66	77	86	96	108	117	127	138	147	157	169	178	188	200	209	219	228	237	247	259	268	278	289	298	308	320	329	339	350	359	
17.	15	24	34	46	55	65	76	85	95	107	116	126	137	146	156	168	177	187	199	208	218	227	236	246	258	267	277	288	297	307	319	328	338	349	358	
18.	14	23	33	45	54	64	75	84	94	106	115	125	136	145	155	167	176	186	198	207	217	226	235	245	257	266	276	287	296	306	318	327	337	348	357	
19.	13	22	32	44	53	63	74	83	93	105	114	124	135	144	154	166	175	185	197	206	216	225	234	244	256	265	275	286	295	305	317	326	336	347	356	
20.	12	21	31	43	52	62	73	82	92	104	113	123	134	143	153	165	174	184	196	205	215	224	233	243	255	264	274	285	294	304	316	325	335	346	355	365
21.	11	20	30	42	51	61	72	81	91	103	112	122	133	142	152	164	173	183	195	204	214	223	232	242	254	263	273	284	293	303	315	324	334	345	354	364
22.	10	19	29	41	50	60	71	80	90	102	111	121	132	141	151	163	172	182	194	203	213	222	231	241	253	262	272	283	292	302	314	323	333	344	353	363
23.	9	18	28	40	49	59	70	79	89	101	110	120	131	140	150	162	171	181	193	202	212	221	230	240	252	261	271	282	291	301	313	322	332	343	352	362
24.	8	17	27	39	48	58	69	78	88	100	109	119	130	139	149	161	170	180	192	201	211	220	229	239	251	260	270	281	290	300	312	321	331	342	351	361
25.	7	16	26	38	47	57	68	77	87	99	108	118	129	138	148	160	169	179	191	200	210	219	228	238	250	259	269	280	289	299	311	320	330	341	350	360
26.	6	15	25	37	46	56	67	76	86	98	107	117	128	137	147	159	168	178	190	199	209	218	227	237	249	258	268	279	288	298	310	319	329	340	349	359
27.	5	14	24	36	45	55	66	75	85	97	106	116	127	136	146	158	167	177	189	198	208	217	226	236	248	257	267	278	287	297	309	318	328	339	348	358
28.	4	13	23	35	44	54	65	74	84	96	105	115	126	135	145	157	166	176	188	197	207	216	225	235	247	256	266	277	286	296	308	317	327	338	347	357
29.	3	12	22	34	43	53	64	73	83	95	104	114	125	134	144	156	165	175	187	196	206	215	224	234	246	255	265	276	285	295	307	316	326	337	346	356
30.	2	11	21	33	42	52	63	72	82	94	103	113	124	133	143	155	164	174	186	195	205	214	223	233	245	254	264	275	284	294	306	315	325	336	345	355
31.	1	10	20	32	41	51	62	71	81	93	102	112	123	132	142	154	163	173	185	194	204	213	222	232	244	253	263	274	283	293	305	314	324	335	344	354

TABLES DES DATES.

AOUT.	SEPTEMB.			OCTOBRE.			NOVEMBR.			DÉCEMBR.			JANVIER.			FÉVRIER.			MARS.			AVRIL.			MAI.			JUIN.			JUILLET.			AOUT.		
	1.	10.	20.	1.	10.	20.	1.	10.	20.	1.	10.	20.	1.	10.	20.	1.	10.	20.	1.	10.	20.	1.	10.	20.	1.	10.	20.	1.	10.	20.	1.	10.	20.	1.	10.	20.
1.	31	40	50	61	70	80	92	101	111	122	131	141	153	162	172	184	193	203	212	221	231	243	252	262	273	282	292	304	313	323	334	343	353	365		
2.	30	39	49	60	69	79	91	100	110	121	130	140	152	161	171	183	192	202	211	220	230	242	251	261	272	281	291	303	312	322	333	342	352	364		
3.	29	38	48	59	68	78	90	99	109	120	129	139	151	160	170	182	191	201	210	219	229	241	250	260	271	280	290	302	311	321	332	341	351	363		
4.	28	37	47	58	67	77	89	98	108	119	128	138	150	159	169	181	190	200	209	218	228	240	249	259	270	279	289	301	310	320	331	340	350	362		
5.	27	36	46	57	66	76	88	97	107	118	127	137	149	158	168	180	189	199	208	217	227	239	248	258	269	278	288	300	309	319	330	339	349	361		
6.	26	35	45	56	65	75	87	96	106	117	126	136	148	157	167	179	188	198	207	216	226	238	247	257	268	277	287	299	308	318	329	338	348	360		
7.	25	34	44	55	64	74	86	95	105	116	125	135	147	156	166	178	187	197	206	215	225	237	246	256	267	276	286	298	307	317	328	337	347	359		
8.	24	33	43	54	63	73	85	94	104	115	124	134	146	155	165	177	186	196	205	214	224	236	245	255	266	275	285	297	306	316	327	336	346	358		
9.	23	32	42	53	62	72	84	93	103	114	123	133	145	154	164	176	185	195	204	213	223	235	244	254	265	274	284	296	305	315	326	335	345	357		
10.	22	31	41	52	61	71	83	92	102	113	122	132	144	153	163	175	184	194	203	212	222	234	243	253	264	273	283	295	304	314	325	334	344	356	365	
11.	21	30	40	51	60	70	82	91	101	112	121	131	143	152	162	174	183	193	202	211	221	233	242	252	263	272	282	294	303	313	324	333	343	355	364	
12.	20	29	39	50	59	69	81	90	100	111	120	130	142	151	161	173	182	192	201	210	220	232	241	251	262	271	281	293	302	312	323	332	342	354	363	
13.	19	28	38	49	58	68	80	89	99	110	119	129	141	150	160	172	181	191	200	209	219	231	240	250	261	270	280	292	301	311	322	331	341	353	362	
14.	18	27	37	48	57	67	79	88	98	109	118	128	140	149	159	171	180	190	199	208	218	230	239	249	260	269	279	291	300	310	321	330	340	352	361	
15.	17	26	36	47	56	66	78	87	97	108	117	127	139	148	158	170	179	189	198	207	217	229	238	248	259	268	278	290	299	309	320	329	339	351	360	
16.	16	25	35	46	55	65	77	86	96	107	116	126	138	147	157	169	178	188	197	206	216	228	237	247	258	267	277	289	298	308	319	328	338	350	359	
17.	15	24	34	45	54	64	76	85	95	106	115	125	137	146	156	168	177	187	196	205	215	227	236	246	257	266	276	288	297	307	318	327	337	349	358	
18.	14	23	33	44	53	63	75	84	94	105	114	124	136	145	155	167	176	186	195	204	214	226	235	245	256	265	275	287	296	306	317	326	336	348	357	
19.	13	22	32	43	52	62	74	83	93	104	113	123	135	144	154	166	175	185	194	203	213	225	234	244	255	264	274	286	295	305	316	325	335	347	356	
20.	12	21	31	42	51	61	73	82	92	103	112	122	134	143	153	165	174	184	193	202	212	224	233	243	254	263	273	285	294	304	315	324	334	346	355	365
21.	11	20	30	41	50	60	72	81	91	102	111	121	133	142	152	164	173	183	192	201	211	223	232	242	253	262	272	284	293	303	314	323	333	345	354	364
22.	10	19	29	40	49	59	71	80	90	101	110	120	132	141	151	163	172	182	191	200	210	222	231	241	252	261	271	283	292	302	313	322	332	344	353	363
23.	9	18	28	39	48	58	70	79	89	100	109	119	131	140	150	162	171	181	190	199	209	221	230	240	251	260	270	282	291	301	312	321	331	343	352	362
24.	8	17	27	38	47	57	69	78	88	99	108	118	130	139	149	161	170	180	189	198	208	220	229	239	250	259	269	281	290	300	311	320	330	342	351	361
25.	7	16	26	37	46	56	68	77	87	98	107	117	129	138	148	160	169	179	188	197	207	219	228	238	249	258	268	280	289	299	310	319	329	341	350	360
26.	6	15	25	36	45	55	67	76	86	97	106	116	128	137	147	159	168	178	187	196	206	218	227	237	248	257	267	279	288	298	309	318	328	340	349	359
27.	5	14	24	35	44	54	66	75	85	96	105	115	127	136	146	158	167	177	186	195	205	217	226	236	247	256	266	278	287	297	308	317	327	339	348	358
28.	4	13	23	34	43	53	65	74	84	95	104	114	126	135	145	157	166	176	185	194	204	216	225	235	246	255	265	277	286	296	307	316	326	338	347	357
29.	3	12	22	33	42	52	64	73	83	94	103	113	125	134	144	156	165	175	184	193	203	215	224	234	245	254	264	276	285	295	306	315	325	337	346	356
30.	2	11	21	32	41	51	63	72	82	93	102	112	124	133	143	155	164	174	183	192	202	214	223	233	244	253	263	275	284	294	305	314	324	336	345	355
31.	1	10	20	31	40	50	62	71	81	92	101	111	123	132	142	154	163	173	182	191	201	213	222	232	243	252	262	274	283	293	304	313	323	335	344	354

SEPT.	OCTOBRE.			NOVEMBR.			DÉCEMBR.			JANVIER.			FÉVRIER.			MARS.			AVRIL.			MAI.			JUIN.			JUILLET.			AOUT.			SEPTEMB.		
	1.	10.	20.	1.	10.	20.	1.	10.	20.	1.	10.	20.	1.	10.	20.	1.	10.	20.	1.	10.	20.	1.	10.	20.	1.	10.	20.	1.	10.	20.	1.	10.	20.	1.	10.	20.
1.	30	39	49	61	70	80	91	100	110	122	131	141	153	162	172	181	190	200	212	221	231	242	251	261	273	282	292	303	312	322	334	343	353	365		
2.	29	38	48	60	69	79	90	99	109	121	130	140	152	161	171	180	189	199	211	220	230	241	250	260	272	281	291	302	311	321	333	342	352	364		
3.	28	37	47	59	68	78	89	98	108	120	129	139	151	160	170	179	188	198	210	219	229	240	249	259	271	280	290	301	310	320	332	341	351	363		
4.	27	36	46	58	67	77	88	97	107	119	128	138	150	159	169	178	187	197	209	218	228	239	248	258	270	279	289	300	309	319	331	340	350	362		
5.	26	35	45	57	66	76	87	96	106	118	127	137	149	158	168	177	186	196	208	217	227	238	247	257	269	278	288	299	308	318	330	339	349	361		
6.	25	34	44	56	65	75	86	95	105	117	126	136	148	157	167	176	185	195	207	216	226	237	246	256	268	277	287	298	307	317	329	338	348	360		
7.	24	33	43	55	64	74	85	94	104	116	125	135	147	156	166	175	184	194	206	215	225	236	245	255	267	276	286	297	306	316	328	337	347	359		
8.	23	32	42	54	63	73	84	93	103	115	124	134	146	155	165	174	183	193	205	214	224	235	244	254	266	275	285	296	305	315	327	336	346	358		
9.	22	31	41	53	62	72	83	92	102	114	123	133	145	154	164	173	182	192	204	213	223	234	243	253	265	274	284	295	304	314	326	335	345	357		
10.	21	30	40	52	61	71	82	91	101	113	122	132	144	153	163	172	181	191	203	212	222	233	242	252	264	273	283	294	303	313	325	334	344	356	365	
11.	20	29	39	51	60	70	81	90	100	112	121	131	143	152	162	171	180	190	202	211	221	232	241	251	263	272	282	293	302	312	324	333	343	355	364	
12.	19	28	38	50	59	69	80	89	99	111	120	130	142	151	161	170	179	189	201	210	220	231	240	250	262	271	281	292	301	311	323	332	342	354	363	
13.	18	27	37	49	58	68	79	88	98	110	119	129	141	150	160	169	178	188	200	209	219	230	239	249	261	270	280	291	300	310	322	331	341	353	362	
14.	17	26	36	48	57	67	78	87	97	109	118	128	140	149	159	168	177	187	199	208	218	229	238	248	260	269	279	290	299	309	321	330	340	352	361	
15.	16	25	35	47	56	66	77	86	96	108	117	127	139	148	158	167	176	186	198	207	217	228	237	247	259	268	278	289	298	308	320	329	339	351	360	
16.	15	24	34	46	55	65	76	85	95	107	116	126	138	147	157	166	175	185	197	206	216	227	236	246	258	267	277	288	297	307	319	328	338	350	359	
17.	14	23	33	45	54	64	75	84	94	106	115	125	137	146	156	165	174	184	196	205	215	226	235	245	257	266	276	287	296	306	318	327	337	349	358	
18.	13	22	32	44	53	63	74	83	93	105	114	124	136	145	155	164	173	183	195	204	214	225	234	244	256	265	275	286	295	305	317	326	336	348	357	
19.	12	21	31	43	52	62	73	82	92	104	113	123	135	144	154	163	172	182	194	203	213	224	233	243	255	264	274	285	294	304	316	325	335	347	356	
20.	11	20	30	42	51	61	72	81	91	103	112	122	134	143	153	162	171	181	193	202	212	223	232	242	254	263	273	284	293	303	315	324	334	346	355	365
21.	10	19	29	41	50	60	71	80	90	102	111	121	133	142	152	161	170	180	192	201	211	222	231	241	253	262	272	283	292	302	314	323	333	345	354	364
22.	9	18	28	40	49	59	70	79	89	101	110	120	132	141	151	160	169	179	191	200	210	221	230	240	252	261	271	282	291	301	313	322	332	344	353	363
23.	8	17	27	39	48	58	69	78	88	100	109	119	131	140	150	159	168	178	190	199	209	220	229	239	251	260	270	281	290	300	312	321	331	343	352	362
24.	7	16	26	38	47	57	68	77	87	99	108	118	130	139	149	158	167	177	189	198	208	219	228	238	250	259	269	280	289	299	311	320	330	342	351	361
25.	6	15	25	37	46	56	67	76	86	98	107	117	129	138	148	157	166	176	188	197	207	218	227	237	249	258	268	279	288	298	310	319	329	341	350	360
26.	5	14	24	36	45	55	66	75	85	97	106	116	128	137	147	156	165	175	187	196	206	217	226	236	248	257	267	278	287	297	309	318	328	340	349	359
27.	4	13	23	35	44	54	65	74	84	96	105	115	127	136	146	155	164	174	186	195	205	216	225	235	247	256	266	277	286	296	308	317	327	339	348	358
28.	3	12	22	34	43	53	64	73	83	95	104	114	126	135	145	154	163	173	185	194	204	215	224	234	246	255	265	276	285	295	307	316	326	338	347	357
29.	2	11	21	33	42	52	63	72	82	94	103	113	125	134	144	153	162	172	184	193	203	214	223	233	245	254	264	275	284	294	306	315	325	337	346	356
30.	1	10	20	32	41	51	62	71	81	93	102	112	124	133	143	152	161	171	183	192	202	213	222	232	244	253	263	274	283	293	305	314	324	336	345	355

TABLES DES DATES.

OCT.	NOVEMBR.			DÉCEMBR.			JANVIER.			FÉVRIER.			MARS.			AVRIL.			MAI.			JUIN.			JUILLET.			AOUT.			SEPTEMB.			OCTOBRE.		
	1.	10.	20.	1.	10.	20.	1.	10.	20.	1.	10.	20.	1.	10.	20.	1.	10.	20.	1.	10.	20.	1.	10.	20.	1.	10.	20.	1.	10.	20.	1.	10.	20.	1.	10.	20.
1.	31	40	50	61	70	80	92	101	111	123	132	142	151	160	170	182	191	201	212	221	231	243	252	262	273	282	292	304	313	323	335	344	354	365		
2.	30	39	49	60	69	79	91	100	110	122	131	141	150	159	169	181	190	200	211	220	230	242	251	261	272	281	291	303	312	322	334	343	353	364		
3.	29	38	48	59	68	78	90	99	109	121	130	140	149	158	168	180	189	199	210	219	229	241	250	260	271	280	290	302	311	321	333	342	352	363		
4.	28	37	47	58	67	77	89	98	108	120	129	139	148	157	167	179	188	198	209	218	228	240	249	259	270	279	289	301	310	320	332	341	351	362		
5.	27	36	46	57	66	76	88	97	107	119	128	138	147	156	166	178	187	197	208	217	227	239	248	258	269	278	288	300	309	319	331	340	350	361		
6.	26	35	45	56	65	75	87	96	106	118	127	137	146	155	165	177	186	196	207	216	226	238	247	257	268	277	287	299	308	318	330	339	349	360		
7.	25	34	44	55	64	74	86	95	105	117	126	136	145	154	164	176	185	195	206	215	225	237	246	256	267	276	286	298	307	317	329	338	348	359		
8.	24	33	43	54	63	73	85	94	104	116	125	135	144	153	163	175	184	194	205	214	224	236	245	255	266	275	285	297	306	316	328	337	347	358		
9.	23	32	42	53	62	72	84	93	103	115	124	134	143	152	162	174	183	193	204	213	223	235	244	254	265	274	284	296	305	315	327	336	346	357		
10.	22	31	41	52	61	71	83	92	102	114	123	133	142	151	161	173	182	192	203	212	222	234	243	253	264	273	283	295	304	314	326	335	345	356	365	
11.	21	30	40	51	60	70	82	91	101	113	122	132	141	150	160	172	181	191	202	211	221	233	242	252	263	272	282	294	303	313	325	334	344	355	364	
12.	20	29	39	50	59	69	81	90	100	112	121	131	140	149	159	171	180	190	201	210	220	232	241	251	262	271	281	293	302	312	324	333	343	354	363	
13.	19	28	38	49	58	68	80	89	99	111	120	130	139	148	158	170	179	189	200	209	219	231	240	250	261	270	280	292	301	311	323	332	342	353	362	
14.	18	27	37	48	57	67	79	88	98	110	119	129	138	147	157	169	178	188	199	208	218	230	239	249	260	269	279	291	300	310	322	331	341	352	361	
15.	17	26	36	47	56	66	78	87	97	109	118	128	137	146	156	168	177	187	198	207	217	229	238	248	259	268	278	290	299	309	321	330	340	351	360	
16.	16	25	35	46	55	65	77	86	96	108	117	127	136	145	155	167	176	186	197	206	216	228	237	247	258	267	277	289	298	308	320	329	339	350	359	
17.	15	24	34	45	54	64	76	85	95	107	116	126	135	144	154	166	175	185	196	205	215	227	236	246	257	266	276	288	297	307	319	328	338	349	358	
18.	14	23	33	44	53	63	75	84	94	106	115	125	134	143	153	165	174	184	195	204	214	226	235	245	256	265	275	287	296	306	318	327	337	348	357	
19.	13	22	32	43	52	62	74	83	93	105	114	124	133	142	152	164	173	183	194	203	213	225	234	244	255	264	274	286	295	305	317	326	336	347	356	
20.	12	21	31	42	51	61	73	82	92	104	113	123	132	141	151	163	172	182	193	202	212	224	233	243	254	263	273	285	294	304	316	325	335	346	355	365
21.	11	20	30	41	50	60	72	81	91	103	112	122	131	140	150	162	171	181	192	201	211	223	232	242	253	262	272	284	293	303	315	324	334	345	354	364
22.	10	19	29	40	49	59	71	80	90	102	111	121	130	139	149	161	170	180	191	200	210	222	231	241	252	261	271	283	292	302	314	323	333	344	353	363
23.	9	18	28	39	48	58	70	79	89	101	110	120	129	138	148	160	169	179	190	199	209	221	230	240	251	260	270	282	291	301	313	322	332	343	352	362
24.	8	17	27	38	47	57	69	78	88	100	109	119	128	137	147	159	168	178	189	198	208	220	229	239	250	259	269	281	290	300	312	321	331	342	351	361
25.	7	16	26	37	46	56	68	77	87	99	108	118	127	136	146	158	167	177	188	197	207	219	228	238	249	258	268	280	289	299	311	320	330	341	350	360
26.	6	15	25	36	45	55	67	76	86	98	107	117	126	135	145	157	166	176	187	196	206	218	227	237	248	257	267	279	288	298	310	319	329	340	349	359
27.	5	14	24	35	44	54	66	75	85	97	106	116	125	134	144	156	165	175	186	195	205	217	226	236	247	256	266	278	287	297	309	318	328	339	348	358
28.	4	13	23	34	43	53	65	74	84	96	105	115	124	133	143	155	164	174	185	194	204	216	225	235	246	255	265	277	286	296	308	317	327	338	347	357
29.	3	12	22	33	42	52	64	73	83	95	104	114	123	132	142	154	163	173	184	193	203	215	224	234	245	254	264	276	285	295	307	316	326	337	346	356
30.	2	11	21	32	41	51	63	72	82	94	103	113	122	131	141	153	162	172	183	192	202	214	223	233	244	253	263	275	284	294	306	315	325	336	345	355
31.	1	10	20	31	40	50	62	71	81	93	102	112	121	130	140	152	161	171	182	191	201	213	222	232	243	252	262	274	283	293	305	314	324	335	344	354

NOV.	DÉCEMBR.			JANVIER.			FÉVRIER.			MARS.			AVRIL.			MAI.			JUIN.			JUILLET.			AOUT.			SEPTEMB.			OCTOBRE.			NOVEMBR.		
	1.	10.	20.	1.	10.	20.	1.	10.	20.	1.	10.	20.	1.	10.	20.	1.	10.	20.	1.	10.	20.	1.	10.	20.	1.	10.	20.	1.	10.	20.	1.	10.	20.	1.	10.	20.
1.	30	39	49	61	70	80	92	101	111	120	129	139	151	160	170	181	190	200	212	221	231	242	251	261	273	282	292	304	313	323	334	343	353	365		
2.	29	38	48	60	69	79	91	100	110	119	128	138	150	159	169	180	189	199	211	220	230	241	250	260	272	281	291	303	312	322	333	342	352	364		
3.	28	37	47	59	68	78	90	99	109	118	127	137	149	158	168	179	188	198	210	219	229	240	249	259	271	280	290	302	311	321	332	341	351	363		
4.	27	36	46	58	67	77	89	98	108	117	126	136	148	157	167	178	187	197	209	218	228	239	248	258	270	279	289	301	310	320	331	340	350	362		
5.	26	35	45	57	66	76	88	97	107	116	125	135	147	156	166	177	186	196	208	217	227	238	247	257	269	278	288	300	309	319	330	339	349	361		
6.	25	34	44	56	65	75	87	96	106	115	124	134	146	155	165	176	185	195	207	216	226	237	246	256	268	277	287	299	308	318	329	338	348	360		
7.	24	33	43	55	64	74	86	95	105	114	123	133	145	154	164	175	184	194	206	215	225	236	245	255	267	276	286	298	307	317	328	337	347	359		
8.	23	32	42	54	63	73	85	94	104	113	122	132	144	153	163	174	183	193	205	214	224	235	244	254	266	275	285	297	306	316	327	336	346	358		
9.	22	31	41	53	62	72	84	93	103	112	121	131	143	152	162	173	182	192	204	213	223	234	243	253	265	274	284	296	305	315	326	335	345	357		
10.	21	30	40	52	61	71	83	92	102	111	120	130	142	151	161	172	181	191	203	212	222	233	242	252	264	273	283	295	304	314	325	334	344	356	365	
11.	20	29	39	51	60	70	82	91	101	110	119	129	141	150	160	171	180	190	202	211	221	232	241	251	263	272	282	294	303	313	324	333	343	355	364	
12.	19	28	38	50	59	69	81	90	100	109	118	128	140	149	159	170	179	189	201	210	220	231	240	250	262	271	281	293	302	312	323	332	342	354	363	
13.	18	27	37	49	58	68	80	89	99	108	117	127	139	148	158	169	178	188	200	209	219	230	239	249	261	270	280	292	301	311	322	331	341	353	362	
14.	17	26	36	48	57	67	79	88	98	107	116	126	138	147	157	168	177	187	199	208	218	229	238	248	260	269	279	291	300	310	321	330	340	352	361	
15.	16	25	35	47	56	66	78	87	97	106	115	125	137	146	156	167	176	186	198	207	217	228	237	247	259	268	278	290	299	309	320	329	339	351	360	
16.	15	24	34	46	55	65	77	86	96	105	114	124	136	145	155	166	175	185	197	206	216	227	236	246	258	267	277	289	298	308	319	328	338	350	359	
17.	14	23	33	45	54	64	76	85	95	104	113	123	135	144	154	165	174	184	196	205	215	226	235	245	257	266	276	288	297	307	318	327	337	349	358	
18.	13	22	32	44	53	63	75	84	94	103	112	122	134	143	153	164	173	183	195	204	214	225	234	244	256	265	275	287	296	306	317	326	336	348	357	
19.	12	21	31	43	52	62	74	83	93	102	111	121	133	142	152	163	172	182	194	203	213	224	233	243	255	264	274	286	295	305	316	325	335	347	356	
20.	11	20	30	42	51	61	73	82	92	101	110	120	132	141	151	162	171	181	193	202	212	223	232	242	254	263	273	285	294	304	315	324	334	346	355	365
21.	10	19	29	41	50	60	72	81	91	100	109	119	131	140	150	161	170	180	192	201	211	222	231	241	253	262	272	284	293	303	314	323	333	345	354	364
22.	9	18	28	40	49	59	71	80	90	99	108	118	130	139	149	160	169	179	191	200	210	221	230	240	252	261	271	283	292	302	313	322	332	344	353	363
23.	8	17	27	39	48	58	70	79	89	98	107	117	129	138	148	159	168	178	190	199	209	220	229	239	251	260	270	282	291	301	312	321	331	343	352	362
24.	7	16	26	38	47	57	69	78	88	97	106	116	128	137	147	158	167	177	189	198	208	219	228	238	250	259	269	281	290	300	311	320	330	342	351	361
25.	6	15	25	37	46	56	68	77	87	96	105	115	127	136	146	157	166	176	188	197	207	218	227	237	249	258	268	280	289	299	310	319	329	341	350	360
26.	5	14	24	36	45	55	67	76	86	95	104	114	126	135	145	156	165	175	187	196	206	217	226	236	248	257	267	279	288	298	309	318	328	340	349	359
27.	4	13	23	35	44	54	66	75	85	94	103	113	125	134	144	155	164	174	186	195	205	216	225	235	247	256	266	278	287	297	308	317	327	339	348	358
28.	3	12	22	34	43	53	65	74	84	93	102	112	124	133	143	154	163	173	185	194	204	215	224	234	246	255	265	277	286	296	307	316	326	338	347	357
29.	2	11	21	33	42	52	64	73	83	92	101	111	123	132	142	153	162	172	184	193	203	214	223	233	245	254	264	276	285	295	306	315	325	337	346	356
30.	1	10	20	32	41	51	63	72	82	91	100	110	122	131	141	152	161	171	183	192	202	213	222	232	244	253	263	275	284	294	305	314	324	336	345	355

TABLES DES DATES.

DÉC.	JANVIER. 1. 10. 20.	FÉVRIER. 1. 10. 20.	MARS. 1. 10. 20.	AVRIL. 1. 10. 20.	MAI. 1. 10. 20.	JUIN. 1. 10. 20.	JUILLET. 1. 10. 20.	AOUT. 1. 10. 20.	SEPTEMB. 1. 10. 20.	OCTOBRE. 1. 10. 20.	NOVEMBR. 1. 10. 20.	DÉCEMBR. 1. 10. 20.
1.	31 40 50	62 71 81	90 99 109	121 130 140	151 160 170	182 191 201	212 221 231	243 252 262	274 283 293	304 313 323	335 344 354	365
2.	30 39 49	61 70 80	89 98 108	120 129 139	150 159 169	181 190 200	211 220 230	242 251 261	273 282 292	303 312 322	334 343 353	364
3.	29 38 48	60 69 79	88 97 107	119 128 138	149 158 168	180 189 199	210 219 229	241 250 260	272 281 291	302 311 321	333 342 352	363
4.	28 37 47	59 68 78	87 96 106	118 127 137	148 157 167	179 188 198	209 218 228	240 249 259	271 280 290	301 310 320	332 341 351	362
5.	27 36 46	58 67 77	86 95 105	117 126 136	147 156 166	178 187 197	208 217 227	239 248 258	270 279 289	300 309 319	331 340 350	361
6.	26 35 45	57 66 76	85 94 104	116 125 135	146 155 165	177 186 196	207 216 226	238 247 257	269 278 288	299 308 318	330 339 349	360
7.	25 34 44	56 65 75	84 93 103	115 124 134	145 154 164	176 185 195	206 215 225	237 246 256	268 277 287	298 307 317	329 338 348	359
8.	24 33 43	55 64 74	83 92 102	114 123 133	144 153 163	175 184 194	205 214 224	236 245 255	267 276 286	297 306 316	328 337 347	358
9.	23 32 42	54 63 73	82 91 101	113 122 132	143 152 162	174 183 193	204 213 223	235 244 254	266 275 285	296 305 315	327 336 346	357
10.	22 31 41	53 62 72	81 90 100	112 121 131	142 151 161	173 182 192	203 212 222	234 243 253	265 274 284	295 304 314	326 335 345	356 365
11.	21 30 40	52 61 71	80 89 99	111 120 130	141 150 160	172 181 191	202 211 221	233 242 252	264 273 283	294 303 313	325 334 344	355 364
12.	20 29 39	51 60 70	79 88 98	110 119 129	140 149 159	171 180 190	201 210 220	232 241 251	263 272 282	293 302 312	324 333 343	354 363
13.	19 28 38	50 59 69	78 87 97	109 118 128	139 148 158	170 179 189	200 209 219	231 240 250	262 271 281	292 301 311	323 332 342	353 362
14.	18 27 37	49 58 68	77 86 96	108 117 127	138 147 157	169 178 188	199 208 218	230 239 249	261 270 280	291 300 310	322 331 341	352 361
15.	17 26 36	48 57 67	76 85 95	107 116 126	137 146 156	168 177 187	198 207 217	229 238 248	260 269 279	290 299 309	321 330 340	351 360
16.	16 25 35	47 56 66	75 84 94	106 115 125	136 145 155	167 176 186	197 206 216	228 237 247	259 268 278	289 298 308	320 329 339	350 359
17.	15 24 34	46 55 65	74 83 93	105 114 124	135 144 154	166 175 185	196 205 215	227 236 246	258 267 277	288 297 307	319 328 338	349 358
18.	14 23 33	45 54 64	73 82 92	104 113 123	134 143 153	165 174 184	195 204 214	226 235 245	257 266 276	287 296 306	318 327 337	348 357
19.	13 22 32	44 53 63	72 81 91	103 112 122	133 142 152	164 173 183	194 203 213	225 234 244	256 265 275	286 295 305	317 326 336	347 356
20.	12 21 31	43 52 62	71 80 90	102 111 121	132 141 151	163 172 182	193 202 212	224 233 243	255 264 274	285 294 304	316 325 335	346 355 365
21.	11 20 30	42 51 61	70 79 89	101 110 120	131 140 150	162 171 181	192 201 211	223 232 242	254 263 273	284 293 303	315 324 334	345 354 364
22.	10 19 29	41 50 60	69 78 88	100 109 119	130 139 149	161 170 180	191 200 210	222 231 241	253 262 272	283 292 302	314 323 333	344 353 363
23.	9 18 28	40 49 59	68 77 87	99 108 118	129 138 148	160 169 179	190 199 209	221 230 240	252 261 271	282 291 301	313 322 332	343 352 362
24.	8 17 27	39 48 58	67 76 86	98 107 117	128 137 147	159 168 178	189 198 208	220 229 239	251 260 270	281 290 300	312 321 331	342 351 361
25.	7 16 26	38 47 57	66 75 85	97 106 116	127 136 146	158 167 177	188 197 207	219 228 238	250 259 269	280 289 299	311 320 330	341 350 360
26.	6 15 25	37 46 56	65 74 84	96 105 115	126 135 145	157 166 176	187 196 206	218 227 237	249 258 268	279 288 298	310 319 329	340 349 359
27.	5 14 24	36 45 55	64 73 83	95 104 114	125 134 144	156 165 175	186 195 205	217 226 236	248 257 267	278 287 297	309 318 328	339 348 358
28.	4 13 23	35 44 54	63 72 82	94 103 113	124 133 143	155 164 174	185 194 204	216 225 235	247 256 266	277 286 296	308 317 327	338 347 357
29.	3 12 22	34 43 53	62 71 81	93 102 112	123 132 142	154 163 173	184 193 203	215 224 234	246 255 265	276 285 295	307 316 326	337 346 356
30.	2 11 21	33 42 52	61 70 80	92 101 111	122 131 141	153 162 172	183 192 202	214 223 233	245 254 264	275 284 294	306 315 325	336 345 355
31.	1 10 20	32 41 51	60 69 79	91 100 110	121 130 140	152 161 171	182 191 201	213 222 232	244 253 263	274 283 293	305 314 324	335 344 354

TABLES D'INTÉRÊTS.

4

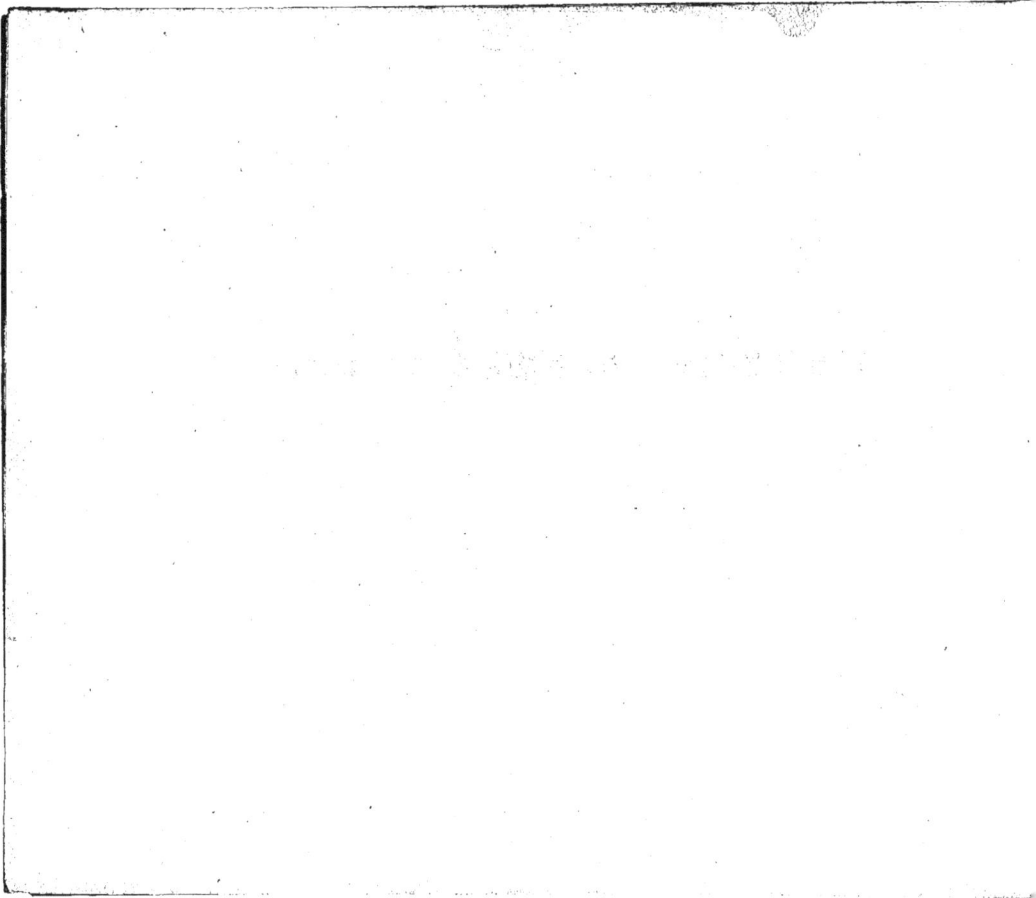

TEMPS. ANS . JOURS	CAPITAUX 100 fr.	200 fr.	300 fr.	400 fr.	500 fr.	600 fr.	700 fr.	800 fr.	900 fr.	CENTIMES 10	20	30	40	50	60	70	80	90
	fr.	fr.	fr.	fr.	fr.	fr.	fr.	fr.	fr.									
0 . 1	0.013699	0.027397	0.041096	0.054795	0.068493	0.082192	0.095890	0.109589	0.123288									
0 . 2	0.027397	0.054795	0.082192	0.109589	0.136986	0.164384	0.191781	0.219178	0.246575									
0 . 3	0.041096	0.082192	0.123288	0.164384	0.205479	0.246575	0.287671	0.328767	0.369863									
0 . 4	0.054795	0.109589	0.164384	0.219178	0.273973	0.328767	0.383562	0.438356	0.493151									
0 . 5	0.068493	0.136986	0.205479	0.273973	0.342466	0.410959	0.479452	0.547945	0.616438									
0 . 6	0.082192	0.164384	0.246575	0.328767	0.410959	0.493151	0.575342	0.657534	0.739726									
0 . 7	0.095890	0.191781	0.287671	0.383562	0.479452	0.575342	0.671233	0.767123	0.863014									
0 . 8	0.109589	0.219178	0.328767	0.438356	0.547945	0.657534	0.767123	0.876712	0.986301									
0 . 9	0.123288	0.246575	0.369863	0.493151	0.616438	0.739726	0.863014	0.986301	1.109589									
0 . 10	0.136986	0.273973	0.410959	0.547945	0.684932	0.821918	0.958904	1.095890	1.232877									
0 . 11	0.150685	0.301370	0.452055	0.602740	0.753425	0.904110	1.054795	1.205479	1.356164									
0 . 12	0.164384	0.328767	0.493151	0.657534	0.821918	0.986301	1.150685	1.315068	1.479452									
0 . 13	0.178082	0.356164	0.534247	0.712329	0.890411	1.068493	1.246575	1.424658	1.602740									
0 . 14	0.191781	0.383562	0.575342	0.767123	0.958904	1.150685	1.342466	1.534247	1.726027									
0 . 15	0.205479	0.410959	0.616438	0.821918	1.027397	1.232877	1.438356	1.643836	1.849315									
0 . 16	0.219178	0.438356	0.657534	0.876712	1.095890	1.315068	1.534247	1.753425	1.972603									
0 . 17	0.232877	0.465753	0.698630	0.931507	1.164384	1.397260	1.630137	1.863014	2.095890									
0 . 18	0.246575	0.493151	0.739726	0.986301	1.232877	1.479452	1.726027	1.972603	2.219178									
0 . 19	0.260274	0.520548	0.780822	1.041096	1.301370	1.561644	1.821918	2.082192	2.342466									
0 . 20	0.273973	0.547945	0.821918	1.095890	1.369863	1.643836	1.917808	2.191781	2.465753									
0 . 21	0.287671	0.575342	0.863014	1.150685	1.438356	1.726027	2.013699	2.301370	2.589041									
0 . 22	0.301370	0.602740	0.904110	1.205479	1.506849	1.808219	2.109589	2.410959	2.712329									
0 . 23	0.315068	0.630137	0.945205	1.260274	1.575342	1.890411	2.205479	2.520548	2.835616									
0 . 24	0.328767	0.657534	0.986301	1.315068	1.643836	1.972603	2.301370	2.630137	2.958904									
0 . 25	0.342466	0.684932	1.027397	1.369863	1.712329	2.054795	2.397260	2.739726	3.082192									
0 . 26	0.356164	0.712329	1.008493	1.424658	1.780822	2.136986	2.493151	2.849315	3.205479									
0 . 27	0.369863	0.739726	1.109589	1.479452	1.849315	2.219178	2.589041	2.958904	3.328767									
0 . 28	0.383562	0.767123	1.150685	1.534247	1.917808	2.301370	2.684932	3.068493	3.452055									
0 . 29	0.397260	0.794521	1.191781	1.589041	1.986301	2.383562	2.780822	3.178082	3.575342									
0 . 30	0.410959	0.821918	1.232877	1.643836	2.054795	2.465753	2.876712	3.287671	3.698630									
0 . 31	0.424658	0.849315	1.273973	1.698630	2.123288	2.547945	2.972603	3.397260	3.821918									
0 . 32	0.438356	0.876712	1.315068	1.753425	2.191781	2.630137	3.068493	3.506849	3.945205									
0 . 33	0.452055	0.904110	1.356164	1.808219	2.260274	2.712329	3.164384	3.616438	4.068493									
0 . 34	0.465753	0.931507	1.397260	1.863014	2.328767	2.794521	3.260274	3.726027	4.191781									
0 . 35	0.479452	0.958904	1.438356	1.917808	2.397260	2.876712	3.356164	3.835616	4.315068									
0 . 36	0.493151	0.986301	1.479452	1.972603	2.465753	2.958904	3.452055	3.945205	4.438356									
0 . 37	0.506849	1.013699	1.520548	2.027397	2.534247	3.041096	3.547945	4.054795	4.561644									

TEMPS. Ans . jours.	CAPITAUX. 100 fr.	200 fr.	300 fr.	400 fr.	500 fr.	600 fr.	700 fr.	800 fr.	900 fr.	CENTIMES. 10	20	30	40	50	60	70	80	90
	fr.	fr.	fr.	fr.	fr.	fr.	fr.	fr.	fr.									
0 . 38	0.520548	1.041096	1.561644	2.082192	2.602740	3.123288	3.643836	4.164384	4.684932	"	"	"	"	"	"	"	"	"
0 . 39	0.534247	1.068493	1.602740	2.136986	2.671233	3.205479	3.739726	4.273973	4.808219	"	"	"	"	"	"	"	"	"
0 . 40	0.547945	1.095890	1.643836	2.191781	2.739726	3.287671	3.835616	4.383562	4.931507	"	"	"	"	"	"	"	"	"
0 . 41	0.561644	1.123288	1.684932	2.246575	2.808219	3.369863	3.931507	4.493151	5.054795	"	"	"	"	"	"	"	"	01
0 . 42	0.575342	1.150685	1.726027	2.301370	2.876712	3.452055	4.027397	4.602740	5.178082	"	"	"	"	"	"	"	"	01
0 . 43	0.589041	1.178082	1.767123	2.356164	2.945205	3.534247	4.123288	4.712329	5.301370	"	"	"	"	"	"	"	"	01
0 . 44	0.602740	1.205479	1.808219	2.410959	3.013699	3.616438	4.219178	4.821918	5.424658	"	"	"	"	"	"	"	"	01
0 . 45	0.616438	1.232877	1.849315	2.465753	3.082192	3.698630	4.315068	4.931507	5.547945	"	"	"	"	"	"	"	01	01
0 . 46	0.630137	1.260274	1.890411	2.520548	3.150685	3.780822	4.410959	5.041096	5.671233	"	"	"	"	"	"	"	01	01
0 . 47	0.643836	1.287671	1.931507	2.575342	3.219178	3.863014	4.506849	5.150685	5.794521	"	"	"	"	"	"	"	01	01
0 . 48	0.657534	1.315068	1.972603	2.630137	3.287671	3.945205	4.602740	5.260274	5.917808	"	"	"	"	"	"	"	01	01
0 . 49	0.671233	1.342466	2.013699	2.684932	3.356164	4.027397	4.698630	5.369863	6.041096	"	"	"	"	"	"	"	01	01
0 . 50	0.684932	1.369863	2.054795	2.739726	3.424658	4.109589	4.794521	5.479452	6.164384	"	"	"	"	"	"	"	01	01
0 . 51	0.698630	1.397260	2.095890	2.794521	3.493151	4.191781	4.890411	5.589041	6.287671	"	"	"	"	"	"	"	01	01
0 . 52	0.712329	1.424658	2.136986	2.849315	3.561644	4.273973	4.986301	5.698630	6.410959	"	"	"	"	"	"	"	01	01
0 . 53	0.726027	1.452055	2.178082	2.904110	3.630137	4.356164	5.082192	5.808219	6.534247	"	"	"	"	"	"	01	01	01
0 . 54	0.739726	1.479452	2.219178	2.958904	3.698630	4.438356	5.178082	5.917808	6.657534	"	"	"	"	"	"	01	01	01
0 . 55	0.753425	1.506849	2.260274	3.013699	3.767123	4.520548	5.273973	6.027397	6.780822	"	"	"	"	"	"	01	01	01
0 . 56	0.767123	1.534247	2.301370	3.068493	3.835616	4.602740	5.369863	6.136986	6.904110	"	"	"	"	"	"	01	01	01
0 . 57	0.780822	1.561644	2.342466	3.123288	3.904110	4.684932	5.465753	6.246575	7.027397	"	"	"	"	"	"	01	01	01
0 . 58	0.794521	1.589041	2.383562	3.178082	3.972603	4.767123	5.561644	6.356164	7.150685	"	"	"	"	"	"	01	01	01
0 . 59	0.808219	1.616438	2.424658	3.232877	4.041096	4.849315	5.657534	6.465753	7.273973	"	"	"	"	"	"	01	01	01
0 . 60	0.821918	1.643836	2.465753	3.287671	4.109589	4.931507	5.753425	6.575342	7.397260	"	"	"	"	"	"	01	01	01
0 . 61	0.835616	1.671233	2.506849	3.342466	4.178082	5.013699	5.849315	6.684932	7.520548	"	"	"	"	"	01	01	01	01
0 . 62	0.849315	1.698630	2.547945	3.397260	4.246575	5.095890	5.945205	6.794521	7.643836	"	"	"	"	"	01	01	01	01
0 . 63	0.863014	1.726027	2.589041	3.452055	4.315068	5.178082	6.041096	6.904110	7.767123	"	"	"	"	"	01	01	01	01
0 . 64	0.876712	1.753425	2.630137	3.506849	4.383562	5.260274	6.136986	7.013699	7.890411	"	"	"	"	"	01	01	01	01
0 . 65	0.890411	1.780822	2.671233	3.561644	4.452055	5.342466	6.232877	7.123288	8.013699	"	"	"	"	"	01	01	01	01
0 . 66	0.904110	1.808219	2.712329	3.616438	4.520548	5.424658	6.328767	7.232877	8.136986	"	"	"	"	"	01	01	01	01
0 . 67	0.917808	1.835616	2.753425	3.671233	4.589041	5.506849	6.424658	7.342466	8.260274	"	"	"	"	"	01	01	01	01
0 . 68	0.931507	1.863014	2.794521	3.726027	4.657534	5.589041	6.520548	7.452055	8.383562	"	"	"	"	"	01	01	01	01
0 . 69	0.945205	1.890411	2.835616	3.780822	4.726027	5.671233	6.616438	7.561644	8.506849	"	"	"	"	"	01	01	01	01
0 . 70	0.958904	1.917808	2.876712	3.835616	4.794521	5.753425	6.712329	7.671233	8.630137	"	"	"	"	"	01	01	01	01
0 . 71	0.972603	1.945205	2.917808	3.890411	4.863014	5.835616	6.808219	7.780822	8.753425	"	"	"	"	"	01	01	01	01
0 . 72	0.986301	1.972603	2.958904	3.945205	4.931507	5.917808	6.904110	7.890411	8.876712	"	"	"	"	"	01	01	01	01
0 . 73	1.000000	2.000000	3.000000	4.000000	5.000000	6.000000	7.000000	8.000000	9.000000	"	"	"	"	01	01	01	01	01
0 . 74	1.013699	2.027397	3.041096	4.054795	5.068493	6.082192	7.095890	8.109589	9.123288	"	"	"	"	01	01	01	01	01

TEMPS. ANS . JOURS.	CAPITAUX. 100 fr.	200 fr.	300 fr.	400 fr.	500 fr.	600 fr.	700 fr.	800 fr.	900 fr.	CENTIMES. 10	20	30	40	50	60	70	80	90
	fr.	fr.	fr.	fr.	fr.	fr.	fr.	fr.	fr.									
0 . 75	1.027397	2.054795	3.082192	4.109589	5.136986	6.164384	7.191781	8.219178	9.246575	"	"	"	"	01	01	01	01	01
0 . 76	1.041096	2.082192	3.123288	4.164384	5.205479	6.246575	7.287671	8.328767	9.369863	"	"	"	"	01	01	01	01	01
0 . 77	1.054795	2.109589	3.164384	4.219178	5.273973	6.328767	7.383562	8.438356	9.493151	"	"	"	"	01	01	01	01	01
0 . 78	1.068493	2.136986	3.205479	4.273973	5.342466	6.410959	7.479452	8.547945	9.616438	"	"	"	"	01	01	01	01	01
0 . 79	1.082192	2.164384	3.246575	4.328767	5.410959	6.493151	7.575342	8.657534	9.739726	"	"	"	"	01	01	01	01	01
0 . 80	1.095890	2.191781	3.287671	4.383562	5.479452	6.575342	7.671233	8.767123	9.863014	"	"	"	"	01	01	01	01	01
0 . 81	1.109589	2.219178	3.328767	4.438356	5.547945	6.657534	7.767123	8.876712	9.986301	"	"	"	"	01	01	01	01	01
0 . 82	1.123288	2.246575	3.369863	4.493151	5.616438	6.739726	7.863014	8.986301	10.109589	"	"	"	"	01	01	01	01	01
0 . 83	1.136986	2.273973	3.410959	4.547945	5.684932	6.821916	7.958904	9.095890	10.232877	"	"	"	"	01	01	01	01	01
0 . 84	1.150685	2.301370	3.452055	4.602740	5.753425	6.904110	8.054795	9.205479	10.356164	"	"	"	"	01	01	01	01	01
0 . 85	1.164384	2.328767	3.493151	4.657534	5.821918	6.986301	8.150685	9.315068	10.479452	"	"	"	"	01	01	01	01	01
0 . 86	1.178082	2.356164	3.534247	4.712329	5.890411	7.068493	8.246575	9.424658	10.602740	"	"	"	"	01	01	01	01	01
0 . 87	1.191781	2.383562	3.575342	4.767123	5.958904	7.150685	8.342466	9.534247	10.726027	"	"	"	"	01	01	01	01	01
0 . 88	1.205479	2.410959	3.616438	4.821918	6.027397	7.232877	8.438356	9.643836	10.849315	"	"	"	"	01	01	01	01	01
0 . 89	1.219178	2.438356	3.657534	4.876712	6.095890	7.315068	8.534247	9.753425	10.972603	"	"	"	"	01	01	01	01	01
0 . 90	1.232877	2.465753	3.698630	4.931507	6.164384	7.397260	8.630137	9.863014	11.095890	"	"	"	"	01	01	01	01	01
0 . 91	1.246575	2.493151	3.739726	4.986301	6.232877	7.479452	8.726027	9.972603	11.219178	"	"	"	"	01	01	01	01	01
0 . 92	1.260274	2.520548	3.780822	5.041096	6.301370	7.561644	8.821918	10.082192	11.342466	"	"	01	01	01	01	01	01	01
0 . 93	1.273973	2.547945	3.821918	5.095890	6.369863	7.643836	8.917808	10.191781	11.465753	"	"	01	01	01	01	01	01	01
0 . 94	1.287671	2.575342	3.863014	5.150685	6.438356	7.726027	9.013699	10.301370	11.589041	"	"	01	01	01	01	01	01	01
0 . 95	1.301370	2.602740	3.904110	5.205479	6.506849	7.808219	9.109589	10.410959	11.712329	"	"	01	01	01	01	01	01	01
0 . 96	1.315068	2.630137	3.945205	5.260274	6.575342	7.890411	9.205479	10.520548	11.835616	"	"	01	01	01	01	01	01	01
0 . 97	1.328767	2.657534	3.986301	5.315068	6.643836	7.972603	9.301370	10.630137	11.958904	"	"	01	01	01	01	01	01	01
0 . 98	1.342466	2.684932	4.027397	5.369863	6.712329	8.054795	9.397260	10.739726	12.082192	"	"	01	01	01	01	01	01	01
0 . 99	1.356164	2.712329	4.068493	5.424658	6.780822	8.136986	9.493151	10.849315	12.205479	"	"	01	01	01	01	01	01	01
0 . 100	1.369863	2.739726	4.109589	5.479452	6.849315	8.219178	9.589041	10.958904	12.328767	"	"	01	01	01	01	01	01	01
0 . 101	1.383562	2.767123	4.150685	5.534247	6.917808	8.301370	9.684932	11.068493	12.452055	"	"	01	01	01	01	01	01	01
0 . 102	1.397260	2.794521	4.191781	5.589041	6.986301	8.383562	9.780822	11.178082	12.575342	"	"	01	01	01	01	01	01	01
0 . 103	1.410959	2.821918	4.232877	5.643836	7.054795	8.465753	9.876712	11.287671	12.698630	"	"	01	01	01	01	01	01	01
0 . 104	1.424658	2.849315	4.273973	5.698630	7.123288	8.547945	9.972603	11.397260	12.821918	"	"	01	01	01	01	01	01	01
0 . 105	1.438356	2.876712	4.315068	5.753425	7.191781	8.630137	10.068493	11.506849	12.945205	"	"	01	01	01	01	01	01	01
0 . 106	1.452055	2.904110	4.356164	5.808219	7.260274	8.712329	10.164384	11.616438	13.068493	"	"	01	01	01	01	01	01	01
0 . 107	1.465753	2.931507	4.397260	5.863014	7.328767	8.794521	10.260274	11.726027	13.191781	"	"	01	01	01	01	01	01	01
0 . 108	1.479452	2.958904	4.438356	5.917808	7.397260	8.876712	10.356164	11.835616	13.315068	"	"	01	01	01	01	01	01	01
0 . 109	1.493151	2.986301	4.479452	5.972603	7.465753	8.958904	10.452055	11.945205	13.438356	"	"	01	01	01	01	01	01	01
0 . 110	1.500849	3.013699	4.520548	6.027397	7.534247	9.041096	10.547945	12.054795	13.561644	"	"	01	01	01	01	01	01	01
0 . 111	1.520548	3.041096	4.561644	6.082192	7.602740	9.123288	10.643836	12.164384	13.684932	"	"	01	01	01	01	01	01	01

5

TEMPS. ANS . JOURS.	CAPITAUX. 100 fr.	200 fr.	300 fr.	400 fr.	500 fr.	600 fr.	700 fr.	800 fr.	900 fr.	CENTIMES. 10	20	30	40	50	60	70	80	90
0 . 112	1.534247	3.068403	4.602740	6.136986	7.671233	9.205479	10.739726	12.273973	13.808219	»	»	»	01	01	01	01	01	01
0 . 113	1.547945	3.095890	4.643836	6.191781	7.739726	9.287671	10.835616	12.383562	13.931507	»	»	»	01	01	01	01	01	01
0 . 114	1.561644	3.123288	4.684932	6.246575	7.808219	9.369863	10.931507	12.493151	14.054795	»	»	»	01	01	01	01	01	01
0 . 115	1.575342	3.150685	4.726027	6.301370	7.876712	9.452055	11.027397	12.602740	14.178082	»	»	»	01	01	01	01	01	01
0 . 116	1.589041	3.178082	4.767123	6.356164	7.945205	9.534247	11.123288	12.712329	14.301370	»	»	»	01	01	01	01	01	01
0 . 117	1.602740	3.205479	4.808219	6.410959	8.013699	9.616438	11.219178	12.821918	14.424658	»	»	»	01	01	01	01	01	01
0 . 118	1.616438	3.232877	4.849315	6.465753	8.082192	9.698630	11.315068	12.931507	14.547945	»	»	»	01	01	01	01	01	01
0 . 119	1.630137	3.260274	4.890411	6.520548	8.150685	9.780822	11.410959	13.041096	14.671233	»	»	»	01	01	01	01	01	01
0 . 120	1.643836	3.287671	4.931507	6.575342	8.219178	9.863014	11.506849	13.150685	14.794521	»	»	»	01	01	01	01	01	01
0 . 121	1.657534	3.315068	4.972603	6.630137	8.287671	9.945205	11.602740	13.260274	14.917808	»	»	»	01	01	01	01	01	01
0 . 122	1.671233	3.342466	5.013699	6.684932	8.356164	10.027397	11.698630	13.369863	15.041096	»	»	01	01	01	01	01	01	02
0 . 123	1.684932	3.369863	5.054795	6.739726	8.424658	10.109589	11.794521	13.479452	15.164384	»	»	01	01	01	01	01	01	02
0 . 124	1.698630	3.397260	5.095890	6.794521	8.493151	10.191781	11.890411	13.589041	15.287671	»	»	01	01	01	01	01	01	02
0 . 125	1.712329	3.424658	5.136986	6.849315	8.561644	10.273973	11.986301	13.698630	15.410959	»	»	01	01	01	01	01	01	02
0 . 126	1.726027	3.452055	5.178082	6.904110	8.630137	10.356164	12.082192	13.808219	15.534247	»	»	01	01	01	01	01	01	02
0 . 127	1.739726	3.479452	5.219178	6.958904	8.698630	10.438356	12.178082	13.917808	15.657534	»	»	01	01	01	01	01	01	02
0 . 128	1.753425	3.506849	5.260274	7.013699	8.767123	10.520548	12.273973	14.027397	15.780822	»	»	01	01	01	01	01	01	02
0 . 129	1.767123	3.534247	5.301370	7.068493	8.835616	10.602740	12.369863	14.136986	15.904110	»	»	01	01	01	01	01	01	02
0 . 130	1.780822	3.561644	5.342466	7.123288	8.904110	10.684932	12.465753	14.246575	16.027397	»	»	01	01	01	01	01	01	02
0 . 131	1.794521	3.589041	5.383562	7.178082	8.972603	10.767123	12.561644	14.356164	16.150685	»	»	01	01	01	01	01	01	02
0 . 132	1.808219	3.616438	5.424658	7.232877	9.041096	10.849315	12.657534	14.465753	16.273973	»	»	01	01	01	01	01	01	02
0 . 133	1.821918	3.643836	5.465753	7.287671	9.109589	10.931507	12.753425	14.575342	16.397260	»	»	01	01	01	01	01	01	02
0 . 134	1.835616	3.671233	5.506849	7.342466	9.178082	11.013699	12.849315	14.684932	16.520548	»	»	01	01	01	01	01	01	02
0 . 135	1.849315	3.698630	5.547945	7.397260	9.246575	11.095890	12.945205	14.794521	16.643836	»	»	01	01	01	01	01	01	02
0 . 136	1.863014	3.726027	5.589041	7.452055	9.315068	11.178082	13.041096	14.904110	16.767123	»	»	01	01	01	01	01	01	02
0 . 137	1.876712	3.753425	5.630137	7.506849	9.383562	11.260274	13.136986	15.013699	16.890411	»	»	01	01	01	01	01	02	02
0 . 138	1.890411	3.780822	5.671233	7.561644	9.452055	11.342466	13.232877	15.123288	17.013699	»	»	01	01	01	01	01	02	02
0 . 139	1.904110	3.808219	5.712329	7.616438	9.520548	11.424658	13.328767	15.232877	17.136986	»	01	01	01	01	01	01	02	02
0 . 140	1.917808	3.835616	5.753425	7.671233	9.589041	11.506849	13.424658	15.342466	17.260274	»	01	01	01	01	01	01	02	02
0 . 141	1.931507	3.863014	5.794521	7.726027	9.657534	11.589041	13.520548	15.452055	17.383562	»	01	01	01	01	01	01	02	02
0 . 142	1.945205	3.890411	5.835616	7.780822	9.726027	11.671233	13.616438	15.561644	17.506849	»	01	01	01	01	01	01	02	02
0 . 143	1.958904	3.917808	5.876712	7.835616	9.794521	11.753425	13.712329	15.671233	17.630137	»	01	01	01	01	01	01	02	02
0 . 144	1.972603	3.945205	5.917808	7.890411	9.863014	11.835616	13.808219	15.780822	17.753425	»	01	01	01	01	01	01	02	02
0 . 145	1.986301	3.972603	5.958904	7.945205	9.931507	11.917808	13.904110	15.890411	17.876712	»	01	01	01	01	01	01	02	02
0 . 146	2.000000	4.000000	6.000000	8.000000	10.000000	12.000000	14.000000	16.000000	18.000000	»	01	01	01	01	01	01	02	02
0 . 147	2.013699	4.027397	6.041096	8.054795	10.068493	12.082192	14.095890	16.109589	18.123288	»	01	01	01	01	01	01	02	02
0 . 148	2.027397	4.054795	6.082192	8.109589	10.136986	12.164384	14.191781	16.219178	18.246575	»	01	01	01	01	01	01	02	02

TEMPS.	CAPITAUX.									CENTIMES.								
ANS . JOURS	100 fr.	200 fr.	300 fr.	400 fr.	500 fr.	600 fr.	700 fr.	800 fr.	900 fr.	10	20	30	40	50	60	70	80	90
	fr.	fr.	fr.	fr.	fr.	fr.	fr.	fr.	fr.									
0 . 149	2.041096	4.082192	6.123288	8.164384	10.205479	12.246575	14.287671	16.328767	18.369863			01	01	01	01	01	02	02
0 . 150	2.054795	4.109589	6.164384	8.219178	10.273973	12.328767	14.383562	16.438356	18.493151			01	01	01	01	01	02	02
0 . 151	2.068493	4.136986	6.205479	8.273973	10.342466	12.410959	14.479452	16.547945	18.616438			01	01	01	01	01	02	02
0 . 152	2.082192	4.164384	6.246575	8.328767	10.410959	12.493151	14.575342	16.657534	18.739726			01	01	01	01	01	02	02
0 . 153	2.095890	4.191781	6.287671	8.383562	10.479452	12.575342	14.671233	16.767123	18.863014			01	01	01	01	01	02	02
0 . 154	2.109589	4.219178	6.328767	8.438356	10.547945	12.657534	14.767123	16.876712	18.986301			01	01	01	01	01	02	02
0 . 155	2.123288	4.246575	6.369863	8.493151	10.616438	12.739726	14.863014	16.986301	19.109589			01	01	01	01	01	02	02
0 . 156	2.136986	4.273973	6.410959	8.547945	10.684932	12.821918	14.958904	17.095890	19.232877			01	01	01	01	01	02	02
0 . 157	2.150685	4.301370	6.452055	8.602740	10.753425	12.904110	15.054795	17.205479	19.356164			01	01	01	01	01	02	02
0 . 158	2.164384	4.328767	6.493151	8.657534	10.821918	12.986301	15.150685	17.315068	19.479452			01	01	01	01	02	02	02
0 . 159	2.178082	4.356164	6.534247	8.712329	10.890411	13.068493	15.246575	17.424658	19.602740			01	01	01	01	02	02	02
0 . 160	2.191781	4.383562	6.575342	8.767123	10.958904	13.150685	15.342466	17.534247	19.726027			01	01	01	01	02	02	02
0 . 161	2.205479	4.410959	6.616438	8.821918	11.027397	13.232877	15.438356	17.643836	19.849315			01	01	01	01	02	02	02
0 . 162	2.219178	4.438356	6.657534	8.876712	11.095890	13.315068	15.534247	17.753425	19.972603			01	01	01	01	02	02	02
0 . 163	2.232877	4.465753	6.698630	8.931507	11.164384	13.397260	15.630137	17.863014	20.095890			01	01	01	01	02	02	02
0 . 164	2.246575	4.493151	6.739726	8.986301	11.232877	13.479452	15.726027	17.972603	20.219178			01	01	01	01	02	02	02
0 . 165	2.260274	4.520548	6.780822	9.041096	11.301370	13.561644	15.821918	18.082192	20.342466			01	01	01	01	02	02	02
0 . 166	2.273973	4.547945	6.821918	9.095890	11.369863	13.643836	15.917808	18.191781	20.465753			01	01	01	01	02	02	02
0 . 167	2.287671	4.575342	6.863014	9.150685	11.438356	13.726027	16.013699	18.301370	20.589041			01	01	01	02	02	02	02
0 . 168	2.301370	4.602740	6.904110	9.205479	11.506849	13.808219	16.109589	18.410959	20.712329			01	01	01	02	02	02	02
0 . 169	2.315068	4.630137	6.945205	9.260274	11.575342	13.890411	16.205479	18.520548	20.835616			01	01	01	02	02	02	02
0 . 170	2.328767	4.657534	6.986301	9.315068	11.643836	13.972603	16.301370	18.630137	20.958904			01	01	01	02	02	02	02
0 . 171	2.342466	4.684932	7.027397	9.369863	11.712329	14.054795	16.397260	18.739726	21.082192			01	01	01	02	02	02	02
0 . 172	2.356164	4.712329	7.068493	9.424658	11.780822	14.136986	16.493151	18.849315	21.205479			01	01	01	02	02	02	02
0 . 173	2.369863	4.739726	7.109589	9.479452	11.849315	14.219178	16.589041	18.958904	21.328767			01	01	01	02	02	02	02
0 . 174	2.383562	4.767123	7.150685	9.534247	11.917808	14.301370	16.684932	19.068493	21.452055			01	01	01	02	02	02	02
0 . 175	2.397260	4.794521	7.191781	9.589041	11.986301	14.383562	16.780822	19.178082	21.575342			01	01	01	02	02	02	02
0 . 176	2.410959	4.821918	7.232877	9.643836	12.054795	14.465753	16.876712	19.287671	21.698630			01	01	01	02	02	02	02
0 . 177	2.424658	4.849315	7.273973	9.698630	12.123288	14.547945	16.972603	19.397260	21.821918			01	01	01	02	02	02	02
0 . 178	2.438356	4.876712	7.315068	9.753425	12.191781	14.630137	17.068493	19.506849	21.945205			01	01	01	02	02	02	02
0 . 179	2.452055	4.904110	7.356164	9.808219	12.260274	14.712329	17.164384	19.616438	22.068493			01	01	01	02	02	02	02
0 . 180	2.465753	4.931507	7.397260	9.863014	12.328767	14.794521	17.260274	19.726027	22.191781			01	01	01	02	02	02	02
0 . 181	2.479452	4.958904	7.438356	9.917808	12.397260	14.876712	17.356164	19.835616	22.315068			01	01	01	02	02	02	02
0 . 182	2.493151	4.986301	7.479452	9.972603	12.465753	14.958904	17.452055	19.945205	22.438356			01	01	01	02	02	02	02
0 . 183	2.506849	5.013699	7.520548	10.027397	12.534247	15.041096	17.547945	20.054795	22.561644		01	01	01	02	02	02	02	02
0 . 184	2.520548	5.041096	7.561644	10.082192	12.602740	15.123288	17.643836	20.164384	22.684932		01	01	01	02	02	02	02	02
0 . 185	2.534247	5.068493	7.602740	10.136986	12.671233	15.205479	17.739726	20.273973	22.808219		01	01	01	02	02	02	02	02

| TEMPS. | CAPITAUX. | | | | | | | | | CENTIMES. | | | | | | | | |
ANS. JOURS.	100 fr.	200 fr.	300 fr.	400 fr.	500 fr.	600 fr.	700 fr.	800 fr.	900 fr.	10	20	30	40	50	60	70	80	90
0 . 186	2.547945	5.095890	7.643836	10.191781	12.739726	15.287671	17.835616	20.383562	22.931507	«	01	01	01	01	02	02	02	02
0 . 187	2.561644	5.123288	7.684932	10.246575	12.808219	15.369863	17.931507	20.493151	23.054795	«	01	01	01	01	02	02	02	02
0 . 188	2.575342	5.150685	7.726027	10.301370	12.876712	15.452055	18.027397	20.602740	23.178082	«	01	01	01	01	02	02	02	02
0 . 189	2.589041	5.178082	7.767123	10.356164	12.945205	15.534247	18.123288	20.712329	23.301370	«	01	01	01	01	02	02	02	02
0 . 190	2.602740	5.205479	7.808219	10.410959	13.013699	15.616438	18.219178	20.821918	23.424658	«	01	01	01	01	02	02	02	02
0 . 191	2.616438	5.232877	7.849315	10.465753	13.082192	15.698630	18.315068	20.931507	23.547945	«	01	01	01	01	02	02	02	02
0 . 192	2.630137	5.260274	7.890411	10.520548	13.150685	15.780822	18.410959	21.041096	23.671233	«	01	01	01	01	02	02	02	02
0 . 193	2.643836	5.287671	7.931507	10.575342	13.219178	15.863014	18.506849	21.150685	23.794521	«	01	01	01	01	02	02	02	02
0 . 194	2.657534	5.315068	7.972603	10.630137	13.287671	15.945205	18.602740	21.260274	23.917808	«	01	01	01	01	02	02	02	02
0 . 195	2.671233	5.342466	8.013699	10.684932	13.356164	16.027397	18.698630	21.369863	24.041096	«	01	01	01	01	02	02	02	02
0 . 196	2.684932	5.369863	8.054795	10.739726	13.424658	16.109589	18.794521	21.479452	24.164384	«	01	01	01	01	02	02	02	02
0 . 197	2.698630	5.397260	8.095890	10.794521	13.493151	16.191781	18.890411	21.589041	24.287671	«	01	01	01	01	02	02	02	02
0 . 198	2.712329	5.424658	8.136986	10.849315	13.561644	16.273973	18.986301	21.698630	24.410959	«	01	01	01	01	02	02	02	02
0 . 199	2.726027	5.452055	8.178082	10.904110	13.630137	16.356164	19.082192	21.808219	24.534247	«	01	01	01	01	02	02	02	02
0 . 200	2.739726	5.479452	8.219178	10.958904	13.698630	16.438356	19.178082	21.917808	24.657534	«	01	01	01	01	02	02	02	02
0 . 201	2.753425	5.506849	8.260274	11.013699	13.767123	16.520548	19.273973	22.027397	24.780822	«	01	01	01	01	02	02	02	02
0 . 202	2.767123	5.534247	8.301370	11.068493	13.835616	16.602740	19.369863	22.136986	24.904110	«	01	01	01	01	02	02	02	03
0 . 203	2.780822	5.561644	8.342466	11.123288	13.904110	16.684932	19.465753	22.246575	25.027397	«	01	01	01	01	02	02	02	03
0 . 204	2.794521	5.589041	8.383562	11.178082	13.972603	16.767123	19.561644	22.356164	25.150685	«	01	01	01	01	02	02	02	03
0 . 205	2.808219	5.616438	8.424658	11.232877	14.041096	16.849315	19.657534	22.465753	25.273973	«	01	01	01	01	02	02	02	03
0 . 206	2.821918	5.643836	8.465753	11.287671	14.109589	16.931507	19.753425	22.575342	25.397260	«	01	01	01	01	02	02	02	03
0 . 207	2.835616	5.671233	8.506849	11.342466	14.178082	17.013699	19.849315	22.684932	25.520548	«	01	01	01	01	02	02	02	03
0 . 208	2.849315	5.698630	8.547945	11.397260	14.246575	17.095890	19.945205	22.794521	25.643836	«	01	01	01	01	02	02	02	03
0 . 209	2.863014	5.726027	8.589041	11.452055	14.315068	17.178082	20.041096	22.904110	25.767123	«	01	01	01	01	02	02	02	03
0 . 210	2.876712	5.753425	8.630137	11.506849	14.383562	17.260274	20.136986	23.013699	25.890411	«	01	01	01	01	02	02	02	03
0 . 211	2.890411	5.780822	8.671233	11.561644	14.452055	17.342466	20.232877	23.123288	26.013699	«	01	01	01	01	02	02	02	03
0 . 212	2.904110	5.808219	8.712329	11.616438	14.520548	17.424658	20.328767	23.232877	26.136986	«	01	01	01	01	02	02	02	03
0 . 213	2.917808	5.835616	8.753425	11.671233	14.589041	17.506849	20.424658	23.342466	26.260274	«	01	01	01	01	02	02	02	03
0 . 214	2.931507	5.863014	8.794521	11.726027	14.657534	17.589041	20.520548	23.452055	26.383562	«	01	01	01	01	02	02	02	03
0 . 215	2.945205	5.890411	8.835616	11.780822	14.726027	17.671233	20.616438	23.561644	26.506849	«	01	01	01	01	02	02	02	03
0 . 216	2.958904	5.917808	8.876712	11.835616	14.794521	17.753425	20.712329	23.671233	26.630137	«	01	01	01	01	02	02	02	03
0 . 217	2.972603	5.945205	8.917808	11.890411	14.863014	17.835616	20.808219	23.780822	26.753425	«	01	01	01	01	02	02	02	03
0 . 218	2.986301	5.972603	8.958904	11.945205	14.931507	17.917808	20.904110	23.890411	26.876712	«	01	01	01	01	02	02	02	03
0 . 219	3.000000	6.000000	9.000000	12.000000	15.000000	18.000000	21.000000	24.000000	27.000000	«	01	01	01	02	02	02	02	03
0 . 220	3.013699	6.027397	9.041096	12.054795	15.068493	18.082192	21.095890	24.109589	27.123288	«	01	01	01	02	02	02	02	03
0 . 221	3.027397	6.054795	9.082192	12.109589	15.136986	18.164384	21.191781	24.219178	27.246575	«	01	01	01	02	02	02	02	03
0 . 222	3.041096	6.082192	9.123288	12.164384	15.205479	18.246575	21.287671	24.328767	27.369863	«	01	01	01	02	02	02	02	03

TEMPS. ANS . JOURS	CAPITAUX 100 fr.	200 fr.	300 fr.	400 fr.	500 fr.	600 fr.	700 fr.	800 fr.	900 fr.	CENTIMES 10	20	30	40	50	60	70	80	90
0 . 223	3.054795	6.109589	9.164384	12.219178	15.273973	18.326767	21.383562	24.438356	27.493151	»	01	01	01	02	02	02	02	03
0 . 224	3.068493	6.136986	9.205479	12.273973	15.342466	18.410959	21.479452	24.547945	27.616438	»	01	01	01	02	02	02	02	03
0 . 225	3.082192	6.164384	9.246575	12.328767	15.410959	18.493151	21.575342	24.657534	27.739726	»	01	01	01	02	02	02	02	03
0 . 226	3.095890	6.191781	9.287671	12.383562	15.479452	18.575342	21.611233	24.767123	27.863014	»	01	01	01	02	02	02	02	03
0 . 227	3.109589	6.219178	9.328767	12.438356	15.547945	18.657534	21.767123	24.876712	27.986301	»	01	01	01	02	02	02	02	03
0 . 228	3.123288	6.246575	9.369863	12.493151	15.616438	18.739726	21.863014	24.986301	28.109589	»	01	01	01	02	02	02	02	03
0 . 229	3.136986	6.273973	9.410959	12.547945	15.684932	18.821918	21.958904	25.095890	28.232877	»	01	01	01	02	02	02	03	03
0 . 230	3.150685	6.301370	9.452055	12.602740	15.753425	18.904110	22.054795	25.205479	28.356164	»	01	01	01	02	02	02	03	03
0 . 231	3.164384	6.328767	9.493151	12.657534	15.821918	18.986301	22.150685	25.315068	28.479452	»	01	01	01	02	02	02	03	03
0 . 232	3.178082	6.356164	9.534247	12.712329	15.890411	19.068493	22.246575	25.424658	28.602740	»	01	01	01	02	02	02	03	03
0 . 233	3.191781	6.383562	9.575342	12.767123	15.958904	19.150685	22.342466	25.534247	28.726027	»	01	01	01	02	02	02	03	03
0 . 234	3.205479	6.410959	9.616438	12.821918	16.027397	19.232877	22.438356	25.643836	28.849315	»	01	01	01	02	02	02	03	03
0 . 235	3.219178	6.438356	9.657534	12.876712	16.095890	19.315068	22.534247	25.753425	28.972603	»	01	01	01	02	02	02	03	03
0 . 236	3.232877	6.465753	9.698630	12.931507	16.164384	19.397260	22.630137	25.863014	29.095890	»	01	01	01	02	02	02	03	03
0 . 237	3.246575	6.493151	9.739726	12.986301	16.232877	19.479452	22.720027	25.972603	29.219178	»	01	01	01	02	02	02	03	03
0 . 238	3.260274	6.520548	9.780822	13.041096	16.301370	19.561644	22.821918	26.082192	29.342466	»	01	01	01	02	02	02	03	03
0 . 239	3.273913	6.547945	9.821918	13.095890	16.369863	19.643836	22.917808	26.191781	29.465753	»	01	01	01	02	02	02	03	03
0 . 240	3.287671	6.575342	9.863014	13.150685	16.438356	19.726027	23.013699	26.301370	29.589041	»	01	01	01	02	02	02	03	03
0 . 241	3.301370	6.602740	9.904110	13.205479	16.506849	19.808219	23.109589	26.410959	29.712329	»	01	01	01	02	02	02	03	03
0 . 242	3.315068	6.630137	9.945205	13.260274	16.575342	19.890411	23.205479	26.520548	29.835616	»	01	01	01	02	02	02	03	03
0 . 243	3.328767	6.657534	9.986301	13.315068	16.643835	19.972603	23.301370	26.630137	29.958904	»	01	01	01	02	02	02	03	03
0 . 244	3.342466	6.684932	10.027397	13.369863	16.712329	20.054795	23.397260	26.739726	30.082192	»	01	01	01	02	02	02	03	03
0 . 245	3.356164	6.712329	10.068493	13.424658	16.780822	20.136986	23.493151	26.849315	30.205479	»	01	01	01	02	02	02	03	03
0 . 246	3.369863	6.739726	10.109589	13.479452	16.849315	20.219178	23.589041	26.958904	30.328767	»	01	01	01	02	02	02	03	03
0 . 247	3.383562	6.767123	10.150685	13.534247	16.917808	20.301370	23.684932	27.068493	30.452055	»	01	01	01	02	02	02	03	03
0 . 248	3.397260	6.794521	10.191781	13.589041	16.986301	20.383562	23.780822	27.178082	30.575342	»	01	01	01	02	02	02	03	03
0 . 249	3.410959	6.821918	10.232877	13.643836	17.054795	20.465753	23.876712	27.287671	30.698630	»	01	01	01	02	02	02	03	03
0 . 250	3.424658	6.849315	10.273973	13.698630	17.123286	20.547945	23.972603	27.397260	30.821918	»	01	01	01	02	02	02	03	03
0 . 251	3.438356	6.876712	10.315068	13.753425	17.191781	20.630137	24.068493	27.506849	30.945205	»	01	01	01	02	02	02	03	03
0 . 252	3.452055	6.904110	10.356164	13.808219	17.260274	20.712329	24.164384	27.616438	31.068493	»	01	01	01	02	02	02	03	03
0 . 253	3.465753	6.931507	10.397260	13.863014	17.328767	20.794521	24.260274	27.726027	31.191781	»	01	01	01	02	02	02	03	03
0 . 254	3.479452	6.958904	10.438356	13.917808	17.397260	20.876712	24.356164	27.835616	31.315068	»	01	01	01	02	02	02	03	03
0 . 255	3.493151	6.986301	10.479452	13.972603	17.465753	20.958904	24.452055	27.945205	31.438356	»	01	01	01	02	02	02	03	03
0 . 256	3.506849	7.013699	10.520548	14.027397	17.534247	21.041096	24.547945	28.054795	31.561644	»	01	01	01	02	02	02	03	03
0 . 257	3.520548	7.041096	10.561644	14.082192	17.602740	21.123288	24.643836	28.164384	31.684932	»	01	01	01	02	02	02	03	03
0 . 258	3.534247	7.068493	10.602740	14.136986	17.671233	21.205479	24.739726	28.273973	31.808219	»	01	01	01	02	02	02	03	03
0 . 259	3.547945	7.095890	10.643836	14.191781	17.739726	21.287671	24.835616	28.383562	31.931507	»	01	01	01	02	02	02	03	03

6

INTÉRÊT AU 5 POUR 100.

TEMPS.	CAPITAUX.									CENTIMES.								
ANS . JOURS.	100 fr.	200 fr.	300 fr.	400 fr.	500 fr.	600 fr.	700 fr.	800 fr.	900 fr.	10	20	30	40	50	60	70	80	90
	fr.	fr.	fr.	fr.	fr.	fr.	fr.	fr.	fr.									
0 . 260	3.561644	7.123288	10.684932	14.246575	17.808219	21.369863	24.931507	28.493151	32.054795	»	01	01	01	02	02	02	03	03
0 . 261	3.575342	7.150685	10.726027	14.301370	17.876712	21.452055	25.027397	28.602740	32.178082	»	01	01	01	02	02	02	03	03
0 . 262	3.589041	7.178082	10.767123	14.356164	17.945205	21.534247	25.123288	28.712329	32.301370	»	01	01	01	02	02	03	03	03
0 . 263	3.602740	7.205479	10.808219	14.410959	18.013699	21.616438	25.219178	28.821918	32.424658	»	01	01	01	02	02	03	03	03
0 . 264	3.616438	7.232877	10.849315	14.465753	18.082192	21.698630	25.315068	28.931507	32.547945	»	01	01	01	02	02	03	03	03
0 . 265	3.630137	7.260274	10.890411	14.520548	18.150685	21.780822	25.410959	29.041096	32.671233	»	01	01	01	02	02	03	03	03
0 . 266	3.643836	7.287671	10.931507	14.575342	18.219178	21.863014	25.506849	29.150685	32.794521	»	01	01	02	02	03	03	03	03
0 . 267	3.657534	7.315068	10.972603	14.630137	18.287671	21.945205	25.602740	29.260274	32.917808	»	01	01	02	02	03	03	03	03
0 . 268	3.671233	7.342466	11.013699	14.684932	18.356164	22.027397	25.698630	29.369863	33.041096	»	01	01	02	02	03	03	03	03
0 . 269	3.684932	7.369863	11.054795	14.739726	18.424658	22.109589	25.794521	29.479452	33.164384	»	01	01	02	02	03	03	03	03
0 . 270	3.698630	7.397260	11.095890	14.794521	18.493151	22.191781	25.890411	29.589041	33.287671	»	01	01	02	02	03	03	03	03
0 . 271	3.712329	7.424658	11.136986	14.849315	18.561644	22.273973	25.986301	29.698630	33.410959	»	01	01	02	02	03	03	03	03
0 . 272	3.726027	7.452055	11.178082	14.904110	18.630137	22.356164	26.082192	29.808219	33.534247	»	01	01	02	02	03	03	03	03
0 . 273	3.739726	7.479452	11.219178	14.958904	18.698630	22.438356	26.178082	29.917808	33.657534	»	01	01	02	02	03	03	03	03
0 . 274	3.753425	7.506849	11.260274	15.013699	18.767123	22.520548	26.273973	30.027397	33.780822	»	01	01	02	02	03	03	03	03
0 . 275	3.767123	7.534247	11.301370	15.068493	18.835616	22.602740	26.369863	30.136986	33.904110	»	01	01	02	02	03	03	03	03
0 . 276	3.780822	7.561644	11.342466	15.123288	18.904110	22.684932	26.465753	30.246575	34.027397	»	01	01	02	02	03	03	03	03
0 . 277	3.794521	7.589041	11.383562	15.178082	18.972603	22.767123	26.561644	30.356164	34.150685	»	01	01	02	02	03	03	03	03
0 . 278	3.808219	7.616438	11.424658	15.232877	19.041096	22.849315	26.657534	30.465753	34.273973	»	01	01	02	02	03	03	03	03
0 . 279	3.821918	7.643836	11.465753	15.287671	19.109589	22.931507	26.753425	30.575342	34.397260	»	01	01	02	02	03	03	03	03
0 . 280	3.835616	7.671233	11.506849	15.342466	19.178082	23.013699	26.849315	30.684932	34.520548	»	01	01	02	02	03	03	03	03
0 . 281	3.849315	7.698630	11.547945	15.397260	19.246575	23.095890	26.945205	30.794521	34.643836	»	01	01	02	02	03	03	03	03
0 . 282	3.863014	7.726027	11.589041	15.452055	19.315068	23.178082	27.041096	30.904110	34.767123	»	01	01	02	02	03	03	03	03
0 . 283	3.876712	7.753425	11.630137	15.506849	19.383562	23.260274	27.136986	31.013699	34.890411	»	01	01	02	02	03	03	03	03
0 . 284	3.890411	7.780822	11.671233	15.561644	19.452055	23.342466	27.232877	31.123288	35.013699	»	01	01	02	02	03	03	03	04
0 . 285	3.904110	7.808219	11.712329	15.616438	19.520548	23.424658	27.328767	31.232877	35.136986	»	01	01	02	02	03	03	03	04
0 . 286	3.917808	7.835616	11.753425	15.671233	19.589041	23.506849	27.424658	31.342466	35.260274	»	01	01	02	02	03	03	03	04
0 . 287	3.931507	7.863014	11.794521	15.726027	19.657534	23.589041	27.520548	31.452055	35.383562	»	01	02	02	02	03	03	03	04
0 . 288	3.945205	7.890411	11.835616	15.780822	19.726027	23.671233	27.616438	31.561644	35.506849	»	01	02	02	02	03	03	03	04
0 . 289	3.958904	7.917808	11.876712	15.835616	19.794521	23.753425	27.712329	31.671233	35.630137	»	01	02	02	02	03	03	03	04
0 . 290	3.972603	7.945205	11.917808	15.890411	19.863014	23.835616	27.808219	31.780822	35.753425	»	01	02	02	02	03	03	03	04
0 . 291	3.986301	7.972603	11.958904	15.945205	19.931507	23.917808	27.904110	31.890411	35.876712	»	01	02	02	02	03	03	03	04
0 . 292	4.000000	8.000000	12.000000	16.000000	20.000000	24.000000	28.000000	32.000000	36.000000	»	01	02	02	02	03	03	03	04
0 . 293	4.013699	8.027397	12.041096	16.054795	20.068493	24.082192	28.095890	32.109589	36.123288	»	01	02	02	02	03	03	03	04
0 . 294	4.027397	8.054795	12.082192	16.109589	20.136986	24.164384	28.191781	32.219178	36.246575	»	01	02	02	02	03	03	03	04
0 . 295	4.041096	8.082192	12.123288	16.164384	20.205479	24.246575	28.287671	32.328767	36.369863	»	01	02	02	02	03	03	03	04
0 . 296	4.054795	8.109589	12.164384	16.219178	20.273973	24.328767	28.383562	32.438356	36.493151	»	01	02	02	02	03	03	03	04

TEMPS.		CAPITAUX.									CENTIMES.								
ANS . JOURS.	100 fr.	200 fr.	300 fr.	400 fr.	500 fr.	600 fr.	700 fr.	800 fr.	900 fr.	10	20	30	40	50	60	70	80	90
0 . 297	4.068493	8.136986	12.205479	16.273973	20.342466	24.410959	28.479452	32.547945	36.616438	«	01	01	02	02	02	03	03	04
0 . 298	4.082192	8.164384	12.246575	16.328767	20.410959	24.493151	28.575342	32.657534	36.739726	»	01	01	02	02	02	03	03	04
0 . 299	4.095890	8.191781	12.287671	16.383562	20.479452	24.575342	28.671233	32.767123	36.863014	»	01	01	02	02	02	03	03	04
0 . 300	4.109589	8.219178	12.328767	16.438356	20.547945	24.657534	28.767123	32.876712	36.986301	«	01	01	02	02	02	03	03	04
0 . 301	4.123288	8.246575	12.369863	16.493151	20.616438	24.739726	28.863014	32.986301	37.109589	»	01	01	02	02	02	03	03	04
0 . 302	4.136986	8.273973	12.410959	16.547945	20.684932	24.821918	28.958904	33.095890	37.232877	»	01	01	02	02	02	03	03	04
0 . 303	4.150685	8.301370	12.452055	16.602740	20.753425	24.904110	29.054795	33.205479	37.356164	«	01	01	02	02	02	03	03	04
0 . 304	4.164384	8.328767	12.493151	16.657534	20.821918	24.986301	29.150685	33.315068	37.479452	»	01	01	02	02	02	03	03	04
0 . 305	4.178082	8.356164	12.534247	16.712329	20.890411	25.068493	29.246575	33.424656	37.602740	»	01	01	02	02	03	03	03	04
0 . 306	4.191781	8.383562	12.575342	16.767123	20.958904	25.150685	29.342405	33.534247	37.726027	«	01	01	02	02	03	03	03	04
0 . 307	4.205479	8.410959	12.616438	16.821918	21.027397	25.232877	29.438356	33.643836	37.849315	»	01	01	02	02	03	03	03	04
0 . 308	4.219178	8.438356	12.657534	16.876712	21.095890	25.315068	29.543247	33.753425	37.972603	»	01	01	02	02	03	03	03	04
0 . 309	4.232877	8.465753	12.698630	16.931507	21.164384	25.397260	29.630137	33.863014	38.095890	«	01	01	02	02	03	03	03	04
0 . 310	4.246575	8.493151	12.739726	16.986301	21.232877	25.479452	29.726027	33.972603	38.219178	»	01	01	02	02	03	03	03	04
0 . 311	4.260274	8.520548	12.780822	17.041096	21.301370	25.561644	29.821918	34.082192	38.342466	»	01	01	02	02	03	03	03	04
0 . 312	4.273973	8.547945	12.821918	17.095890	21.369863	25.643836	29.917808	34.191781	38.465753	«	01	01	02	02	03	03	03	04
0 . 313	4.287671	8.575342	12.863014	17.150685	21.438356	25.726027	30.013699	34.301370	38.589041	»	01	01	02	02	03	03	03	04
0 . 314	4.301370	8.602740	12.904110	17.205479	21.506849	25.808219	30.109589	34.410959	38.712329	»	01	01	02	02	03	03	03	04
0 . 315	4.315068	8.630137	12.945205	17.260274	21.575342	25.890411	30.205479	34.520548	38.835616	«	01	01	02	02	03	03	03	04
0 . 316	4.328767	8.657534	12.986301	17.315068	21.643836	25.972603	30.301370	34.630137	38.958904	»	01	01	02	02	03	03	03	04
0 . 317	4.342466	8.684932	13.027397	17.369863	21.712329	26.054795	30.397260	34.739726	39.082192	»	01	01	02	02	03	03	03	04
0 . 318	4.356164	8.712329	13.068493	17.424658	21.780822	26.136986	30.493151	34.849315	39.205479	«	01	01	02	02	03	03	03	04
0 . 319	4.369863	8.739726	13.109589	17.479452	21.849315	26.219178	30.589041	34.958904	39.328767	»	01	01	02	02	03	03	04	04
0 . 320	4.383562	8.767123	13.150685	17.534247	21.917808	26.301370	30.684932	35.068493	39.452055	»	01	02	02	02	03	03	04	04
0 . 321	4.397260	8.794521	13.191781	17.589041	21.986301	26.383562	30.780822	35.178082	39.575342	«	01	01	02	02	03	03	04	04
0 . 322	4.410959	8.821918	13.232877	17.643836	22.054795	26.465753	30.876712	35.287671	39.698630	»	01	01	02	02	03	03	04	04
0 . 323	4.424658	8.849315	13.273973	17.698630	22.123288	26.547945	30.972603	35.397260	39.821918	»	01	01	02	02	03	03	04	04
0 . 324	4.438356	8.876712	13.315068	17.753425	22.191781	26.630137	31.068493	35.506849	39.945205	«	01	01	02	02	03	03	04	04
0 . 325	4.452055	8.904110	13.356164	17.808219	22.260274	26.712329	31.164384	35.616438	40.068493	»	01	01	02	02	03	03	04	04
0 . 326	4.465753	8.931507	13.397260	17.863014	22.328767	26.794521	31.260274	35.726027	40.191781	»	01	01	02	02	03	03	04	04
0 . 327	4.479452	8.958904	13.438356	17.917806	22.397260	26.876712	31.356164	35.835610	40.313068	«	01	01	02	02	03	03	04	04
0 . 328	4.493151	8.986301	13.479452	17.972603	22.465753	26.958904	31.452055	35.945205	40.438356	»	01	01	02	02	03	03	04	04
0 . 329	4.506849	9.013699	13.520548	18.027397	22.534247	27.041096	31.547945	36.054795	40.561644	»	01	01	02	02	03	03	04	04
0 . 330	4.520548	9.041096	13.561644	18.082192	22.602740	27.123288	31.643836	36.164384	40.684932	«	01	01	02	02	03	03	04	04
0 . 331	4.534247	9.068493	13.602740	18.136986	22.671233	27.205479	31.739726	36.273973	40.808219	»	01	01	02	02	03	03	04	04
0 . 332	4.547945	9.095890	13.643836	18.191781	22.739726	27.287671	31.835616	36.383562	40.931507	»	01	01	02	02	03	03	04	04
0 . 333	4.561644	9.123288	13.684932	18.246575	22.808219	27.369863	31.931507	36.493151	41.054795	»	01	01	02	02	03	03	04	04

TEMPS. ANS . JOURS.	CAPITAUX. 100 fr.	200 fr.	300 fr.	400 fr.	500 fr.	600 fr.	700 fr.	800 fr.	900 fr.	CENTIMES. 10	20	30	40	50	60	70	80	90
	fr.	fr.	fr.	fr.	fr.	fr.	fr.	fr.	fr.									
0 . 334	4.575342	9.150085	13.726027	18.301370	22.876712	27.452055	32.027397	36.602740	41.178082	»	01	01	02	02	03	03	04	04
0 . 335	4.589041	9.178082	13.767123	18.356164	22.945205	27.534247	32.123288	36.712329	41.301370	»	01	01	02	02	03	03	04	04
0 . 336	4.602740	9.205479	13.808219	18.410959	23.013699	27.616438	32.219178	36.821918	41.424658	»	01	01	02	02	03	03	04	04
0 . 337	4.616438	9.232877	13.849315	18.465753	23.082192	27.698630	32.315068	36.931507	41.547945	»	01	01	02	02	03	03	04	04
0 . 338	4.630137	9.260274	13.890411	18.520548	23.150685	27.780822	32.410959	37.041096	41.671233	»	01	01	02	02	03	03	04	04
0 . 339	4.643836	9.287671	13.931507	18.575342	23.219178	27.863014	32.506849	37.150685	41.794521	»	01	01	02	02	03	03	04	04
0 . 340	4.657534	9.315068	13.972603	18.630137	23.287671	27.945205	32.602740	37.260274	41.917808	»	01	01	02	02	03	03	04	04
0 . 341	4.671233	9.342466	14.013699	18.684932	23.356164	28.027397	32.698630	37.369863	42.041096	»	01	01	02	02	03	03	04	04
0 . 342	4.684932	9.309863	14.054795	18.739726	23.424658	28.109589	32.794521	37.479452	42.164384	»	01	01	02	02	03	03	04	04
0 . 343	4.698630	9.397260	14.095890	18.794521	23.493151	28.191781	32.890411	37.589041	42.287671	»	01	01	02	02	03	03	04	04
0 . 344	4.712329	9.424658	14.136986	18.849315	23.561644	28.273973	32.986301	37.698630	42.410959	»	01	01	02	02	03	03	04	04
0 . 345	4.726027	9.452055	14.178082	18.904110	23.630137	28.356164	33.082192	37.808219	42.534247	»	01	01	02	02	03	03	04	04
0 . 346	4.739726	9.479452	14.219178	18.958904	23.698630	28.438356	33.178082	37.917808	42.657534	»	01	01	02	02	03	03	04	04
0 . 347	4.753425	9.506849	14.260274	19.013699	23.767123	28.520548	33.273973	38.027397	42.780822	»	01	01	02	02	03	03	04	04
0 . 348	4.767123	9.534247	14.301370	19.068493	23.835616	28.602740	33.369863	38.136986	42.904110	»	01	01	02	02	03	03	04	04
0 . 349	4.780822	9.561644	14.342466	19.123288	23.904110	28.684932	33.465753	38.246575	43.027397	»	01	01	02	02	03	03	04	04
0 . 350	4.794521	9.589041	14.383562	19.178082	23.972603	28.767123	33.561644	38.356164	43.150685	»	01	01	02	02	03	03	04	04
0 . 351	4.808219	9.616438	14.424658	19.232877	24.041096	28.849315	33.657534	38.465753	43.273973	»	01	01	02	02	03	03	04	04
0 . 352	4.821918	9.643836	14.465753	19.287671	24.109589	28.931507	33.753425	38.575342	43.397260	»	01	01	02	02	03	03	04	04
0 . 353	4.835616	9.671233	14.506849	19.342466	24.178082	29.013699	33.849315	38.684932	43.520548	»	01	01	02	02	03	03	04	04
0 . 354	4.849315	9.698630	14.547945	19.397260	24.246575	29.095890	33.945205	38.794521	43.643836	»	01	01	02	02	03	03	04	04
0 . 355	4.863014	9.726027	14.589041	19.452055	24.315068	29.178082	34.041096	38.904110	43.767123	»	01	01	02	02	03	03	04	04
0 . 356	4.876712	9.753425	14.630137	19.506849	24.383562	29.260274	34.136986	39.013699	43.890411	»	01	01	02	02	03	03	04	04
0 . 357	4.890411	9.780822	14.671233	19.561644	24.452055	29.342466	34.232877	39.123288	44.013699	»	01	01	02	02	03	03	04	04
0 . 358	4.904110	9.808219	14.712329	19.616438	24.520548	29.424658	34.328767	39.232877	44.136986	»	01	01	02	02	03	03	04	04
0 . 359	4.917808	9.835616	14.753425	19.671233	24.589041	29.506849	34.424658	39.342466	44.260274	»	01	01	02	02	03	03	04	04
0 . 360	4.931507	9.863014	14.794521	19.726027	24.657534	29.589041	34.520548	39.452055	44.383562	»	01	01	02	02	03	03	04	04
0 . 361	4.945205	9.890411	14.835616	19.780822	24.726027	29.671233	34.616438	39.561644	44.506849	»	01	01	02	02	03	03	04	04
0 . 362	4.958904	9.917808	14.876712	19.835616	24.794521	29.753425	34.712329	39.671233	44.630137	»	01	01	02	02	03	03	04	04
0 . 363	4.972603	9.945205	14.917808	19.890411	24.863014	29.835616	34.808219	39.780822	44.753425	»	01	01	02	02	03	03	04	04
0 . 364	4.986301	9.972603	14.958904	19.945205	24.931507	29.917808	34.904110	39.890411	44.876712	»	01	01	02	02	03	03	04	04
1 . . .	5.000000	10.000000	15.000000	20.000000	25.000000	30.000000	35.000000	40.000000	45.000000	01	01	01	02	02	03	03	04	04	05

TEMPS.		CAPITAUX.									CENTIMES.								
ANS , JOURS.	100 fr.	200 fr.	300 fr.	400 fr.	500 fr.	600 fr.	700 fr.	800 fr.	900 fr.	10	20	30	40	50	60	70	80	90
	fr.	fr.	fr.	fr.	fr.	fr.	fr.	fr.	fr.									
1 . 1	5.013699	10.027397	15.041096	20.054795	25.068493	30.082192	35.095890	40.109589	45.123288	01	01	02	02	03	03	04	04	05
1 . 2	5.027397	10.054795	15.082192	20.109589	25.136986	30.164384	35.191781	40.219178	45.246575	01	01	02	02	03	03	04	04	05
1 . 3	5.041096	10.082192	15.123288	20.164384	25.205479	30.246575	35.287671	40.328767	45.369863	01	01	02	02	03	03	04	04	05
1 . 4	5.054795	10.109589	15.164384	20.219178	25.273973	30.328767	35.383562	40.438356	45.493151	01	01	02	02	03	03	04	04	05
1 . 5	5.068493	10.136986	15.205479	20.273973	25.342466	30.410959	35.479452	40.547945	45.616438	01	01	02	02	03	03	04	04	05
1 . 6	5.082192	10.164384	15.246575	20.328767	25.410959	30.493151	35.575342	40.657534	45.739726	01	01	02	02	03	03	04	04	05
1 . 7	5.095890	10.191781	15.287671	20.383562	25.479452	30.575342	35.671233	40.767123	45.863014	01	01	02	02	03	03	04	04	05
1 . 8	5.109589	10.219178	15.328767	20.438356	25.547945	30.657534	35.767123	40.876712	45.986301	01	01	02	02	03	03	04	04	05
1 . 9	5.123288	10.246575	15.369863	20.493151	25.616438	30.739726	35.863014	40.986301	46.109589	01	01	02	02	03	03	04	04	05
1 . 10	5.136986	10.273973	15.410959	20.547945	25.684932	30.821918	35.958904	41.095890	46.232877	01	01	02	02	03	03	04	04	05
1 . 11	5.150685	10.301370	15.452055	20.602740	25.753425	30.904110	36.054795	41.205479	46.356164	01	01	02	02	03	03	04	04	05
1 . 12	5.164384	10.328767	15.493151	20.657534	25.821918	30.986301	36.150685	41.315068	46.479452	01	01	02	02	03	03	04	04	05
1 . 13	5.178082	10.356164	15.534247	20.712329	25.890411	31.068493	36.246575	41.424658	46.602740	01	01	02	02	03	03	04	04	05
1 . 14	5.191781	10.383562	15.575342	20.767123	25.958904	31.150685	36.342466	41.534247	46.726027	01	01	02	02	03	03	04	04	05
1 . 15	5.205479	10.410959	15.616438	20.821918	26.027397	31.232877	36.438356	41.643836	46.849315	01	01	02	02	03	03	04	04	05
1 . 16	5.219178	10.438356	15.657534	20.876712	26.095890	31.315068	36.534247	41.753425	46.972603	01	01	02	02	03	03	04	04	05
1 . 17	5.232877	10.465753	15.698630	20.931507	26.164384	31.397260	36.630137	41.863014	47.095890	01	01	02	02	03	03	04	04	05
1 . 18	5.246575	10.493151	15.739726	20.986301	26.232877	31.479452	36.726027	41.972603	47.219178	01	01	02	02	03	03	04	04	05
1 . 19	5.260274	10.520548	15.780822	21.041096	26.301370	31.561644	36.821918	42.082192	47.342466	01	01	02	02	03	03	04	04	05
1 . 20	5.273973	10.547945	15.821918	21.095890	26.369863	31.643836	36.917808	42.191781	47.465753	01	01	02	02	03	03	04	04	05
1 . 21	5.287671	10.575342	15.863014	21.150685	26.438356	31.726027	37.013699	42.301370	47.589041	01	01	02	02	03	03	04	04	05
1 . 22	5.301370	10.602740	15.904110	21.205479	26.506849	31.808219	37.109589	42.410959	47.712329	01	01	02	02	03	03	04	04	05
1 . 23	5.315068	10.630137	15.945205	21.260274	26.575342	31.890411	37.205479	42.520548	47.835616	01	01	02	02	03	03	04	04	05
1 . 24	5.328767	10.657534	15.986301	21.315068	26.643836	31.972603	37.301370	42.630137	47.958904	01	01	02	02	03	03	04	04	05
1 . 25	5.342466	10.684932	16.027397	21.369863	26.712329	32.054795	37.397260	42.739726	48.082192	01	01	02	02	03	03	04	04	05
1 . 26	5.356164	10.712329	16.068493	21.424658	26.780822	32.136986	37.493151	42.849315	48.205479	01	01	02	02	03	03	04	04	05
1 . 27	5.369863	10.739726	16.109589	21.479452	26.849315	32.219178	37.589041	42.958904	48.328767	01	01	02	02	03	03	04	04	05
1 . 28	5.383562	10.767123	16.150685	21.534247	26.917808	32.301370	37.684932	43.068493	48.452055	01	01	02	02	03	03	04	04	05
1 . 29	5.397260	10.794521	16.191781	21.589041	26.986301	32.383562	37.780822	43.178082	48.575342	01	01	02	02	03	03	04	04	05
1 . 30	5.410959	10.821918	16.232877	21.643836	27.054795	32.465753	37.876712	43.287671	48.698630	01	01	02	02	03	03	04	04	05
1 . 31	5.424658	10.849315	16.273973	21.698630	27.123288	32.547945	37.972603	43.397260	48.821918	01	01	02	02	03	03	04	04	05
1 . 32	5.438356	10.876712	16.315068	21.753425	27.191781	32.630137	38.068493	43.506849	48.945205	01	01	02	02	03	03	04	04	05
1 . 33	5.452055	10.904110	16.356164	21.808219	27.260274	32.712329	38.164384	43.616438	49.068493	01	01	02	02	03	03	04	04	05
1 . 34	5.465753	10.931507	16.397260	21.863014	27.328767	32.794521	38.260274	43.726027	49.191781	01	01	02	02	03	03	04	04	05
1 . 35	5.479452	10.958904	16.438356	21.917808	27.397260	32.876712	38.356164	43.835616	49.315068	01	01	02	02	03	03	04	04	05
1 . 36	5.493151	10.986301	16.479452	21.972603	27.465753	32.958904	38.452055	43.945205	49.438356	01	01	02	02	03	03	04	04	05
1 . 37	5.506849	11.013699	16.520548	22.027397	27.534247	33.041096	38.547945	44.054795	49.561644	01	01	02	02	03	03	04	04	05

TEMPS. ANS. JOURS.	CAPITAUX 100 fr.	200 fr.	300 fr.	400 fr.	500 fr.	600 fr.	700 fr.	800 fr.	900 fr.	CENTIMES 10	20	30	40	50	60	70	80	90
1 . 38	5.520548	11.041096	16.561644	22.082192	27.602740	33.123288	38.643836	44.164384	49.684932	01	01	02	02	03	03	04	04	05
1 . 39	5.534247	11.068493	16.602740	22.136986	27.671233	33.205479	38.739726	44.273973	49.808219	01	01	02	02	03	03	04	04	05
1 . 40	5.547945	11.095890	16.643836	22.191781	27.739726	33.287671	38.835616	44.383562	49.931507	01	01	02	02	03	03	04	04	05
1 . 41	5.561644	11.123288	16.684932	22.246575	27.808219	33.369863	38.931507	44.493151	50.054795	01	01	02	02	03	03	04	04	05
1 . 42	5.575342	11.150685	16.726027	22.301370	27.876712	33.452055	39.027397	44.602740	50.178082	01	01	02	02	03	03	04	04	05
1 . 43	5.589041	11.178082	16.767123	22.356164	27.945205	33.534247	39.123288	44.712329	50.301370	01	01	02	02	03	03	04	04	05
1 . 44	5.602740	11.205479	16.808219	22.410959	28.013699	33.616438	39.219178	44.821918	50.424656	01	01	02	02	03	03	04	04	05
1 . 45	5.616438	11.232877	16.849315	22.465753	28.082192	33.698630	39.315068	44.931507	50.547945	01	01	02	02	03	03	04	04	05
1 . 46	5.630137	11.260274	16.890411	22.520548	28.150685	33.780822	39.410959	45.041096	50.671233	01	01	02	02	03	03	04	05	05
1 . 47	5.643836	11.287671	16.931507	22.575342	28.219178	33.863014	39.506849	45.150685	50.794521	01	01	02	02	03	03	04	05	05
1 . 48	5.657534	11.315068	16.972603	22.630137	28.287671	33.945205	39.602740	45.260274	50.917808	01	01	02	02	03	03	04	05	05
1 . 49	5.671233	11.342466	17.013699	22.684932	28.356164	34.027397	39.698630	45.369863	51.041096	01	01	02	02	03	03	04	05	05
1 . 50	5.684932	11.369863	17.054795	22.739726	28.424658	34.109589	39.794521	45.479458	51.164384	01	01	02	02	03	03	04	05	05
1 . 51	5.698630	11.397260	17.095890	22.794521	28.493151	34.191781	39.890411	45.589041	51.287671	01	01	02	02	03	03	04	05	05
1 . 52	5.712329	11.424658	17.136986	22.849315	28.561644	34.273973	39.986301	45.698630	51.410959	01	01	02	02	03	03	04	05	05
1 . 53	5.726027	11.452055	17.178082	22.904110	28.630137	34.356164	40.082192	45.808219	51.534247	01	01	02	02	03	03	04	05	05
1 . 54	5.739726	11.479452	17.219178	22.958904	28.698630	34.438356	40.178082	45.917808	51.657534	01	01	02	02	03	03	04	05	05
1 . 55	5.753425	11.506849	17.260274	23.013699	28.767123	34.520548	40.273973	46.027397	51.780822	01	01	02	02	03	03	04	05	05
1 . 56	5.767123	11.534247	17.301370	23.068493	28.835616	34.602740	40.369863	46.136986	51.904110	01	01	02	02	03	03	04	05	05
1 . 57	5.780822	11.561644	17.342466	23.123288	28.904110	34.684932	40.465753	46.246575	52.027397	01	01	02	02	03	03	04	05	05
1 . 58	5.794521	11.589041	17.383562	23.178082	28.972603	34.767123	40.561644	46.356164	52.150685	01	01	02	02	03	03	04	05	05
1 . 59	5.808219	11.616438	17.424658	23.232877	29.041096	34.849315	40.657534	46.465753	52.273973	01	01	02	02	03	03	04	05	05
1 . 60	5.821918	11.643836	17.465753	23.287671	29.109589	34.931507	40.753425	46.575342	52.397260	01	01	02	02	03	03	04	05	05
1 . 61	5.835616	11.671233	17.506849	23.342466	29.178082	35.013699	40.849315	46.684932	52.520548	01	01	02	02	03	03	04	05	05
1 . 62	5.849315	11.698630	17.547945	23.397260	29.246575	35.095890	40.945205	46.794521	52.643836	01	01	02	02	03	04	04	05	05
1 . 63	5.863014	11.726027	17.589041	23.452055	29.315068	35.178082	41.041096	46.904110	52.767123	01	01	02	02	03	04	04	05	05
1 . 64	5.876712	11.753425	17.630137	23.506849	29.383562	35.260274	41.136986	47.013699	52.890411	01	01	02	02	03	04	04	05	05
1 . 65	5.890411	11.780822	17.671233	23.561644	29.452055	35.342466	41.232877	47.123288	53.013699	01	01	02	02	03	04	04	05	05
1 . 66	5.904110	11.808219	17.712329	23.616438	29.520548	35.424658	41.328767	47.232877	53.136986	01	01	02	02	03	04	04	05	05
1 . 67	5.917808	11.835616	17.753425	23.671233	29.589041	35.506849	41.424658	47.342466	53.260274	01	01	02	02	03	04	04	05	05
1 . 68	5.931507	11.863014	17.794521	23.726027	29.657534	35.589041	41.520548	47.452055	53.383562	01	01	02	02	03	04	04	05	05
1 . 69	5.945205	11.890411	17.835616	23.780822	29.726027	35.671233	41.616438	47.561644	53.506849	01	01	02	02	03	04	04	05	05
1 . 70	5.958904	11.917808	17.876712	23.835616	29.794521	35.753425	41.712329	47.671233	53.630137	01	01	02	02	03	04	04	05	05
1 . 71	5.972603	11.945205	17.917808	23.890411	29.863014	35.835616	41.808219	47.780822	53.753425	01	01	02	02	03	04	04	05	05
1 . 72	5.986301	11.972603	17.958904	23.945205	29.931507	35.917808	41.904110	47.890411	53.876712	01	01	02	02	03	04	04	05	05
1 . 73	6.000000	12.000000	18.000000	24.000000	30.000000	36.000000	42.000000	48.000000	54.000000	01	01	02	02	03	04	04	05	05
1 . 74	6.013699	12.027397	18.041096	24.054795	30.068493	36.082192	42.095890	48.105589	54.123288	01	01	02	02	03	04	04	05	05

TEMPS.	CAPITAUX.									CENTIMES.								
ANS . JOURS.	100 fr.	200 fr.	300 fr.	400 fr.	500 fr.	600 fr.	700 fr.	800 fr.	900 fr.	10	20	30	40	50	60	70	80	90
	fr.	fr.	fr.	fr.	fr.	fr.	fr.	fr.	fr.									
1 . 75	6.027397	12.054795	18.082192	24.109589	30.136986	36.164384	42.191781	48.219178	54.246575	01	01	02	02	03	04	04	05	05
1 . 76	6.041096	12.082192	18.123288	24.164384	30.205479	36.246575	42.287671	48.328767	54.309863	01	01	02	02	03	04	04	05	05
1 . 77	6.054795	12.109589	18.164384	24.219178	30.273973	36.328767	42.383562	48.438356	54.493151	01	01	02	02	03	04	04	05	05
1 . 78	6.068493	12.136986	18.205479	24.273973	30.342466	36.410959	42.479452	48.547945	54.616438	01	01	02	02	03	04	04	05	06
1 . 79	6.082192	12.164384	18.246575	24.328767	30.410959	36.493151	42.575342	48.657534	54.739726	01	01	02	02	03	04	04	05	05
1 . 80	6.095890	12.191781	18.287671	24.383562	30.479452	36.575342	42.671233	48.767123	54.863014	01	01	02	02	03	04	04	05	05
1 . 81	6.109589	12.219178	18.328767	24.438356	30.547945	36.657534	42.767123	48.876712	54.986301	01	01	02	02	03	04	04	05	06
1 . 82	6.123288	12.246575	18.369863	24.493151	30.616438	36.739726	42.863014	48.986301	55.109589	01	01	02	02	03	04	04	05	06
1 . 83	6.136986	12.273973	18.410959	24.547945	30.684932	36.821918	42.958904	49.095890	55.232877	01	01	02	02	03	04	04	05	06
1 . 84	6.150685	12.301370	18.452055	24.602740	30.753425	36.904110	43.054795	49.205479	55.356164	01	01	02	02	03	04	04	05	06
1 . 85	6.164384	12.328767	18.493151	24.657534	30.821918	36.986301	43.150685	49.315068	55.479452	01	01	02	02	03	04	04	05	06
1 . 86	6.178082	12.356164	18.534247	24.712329	30.890411	37.068493	43.246575	49.424658	55.602740	01	01	02	02	03	04	04	05	06
1 . 87	6.191781	12.383562	18.575342	24.767123	30.958904	37.150685	43.342406	49.534247	55.726027	01	01	02	02	03	04	04	05	06
1 . 88	6.205479	12.410959	18.616438	24.821918	31.027397	37.232877	43.438356	49.643836	55.849315	01	01	02	02	03	04	04	05	06
1 . 89	6.219178	12.438356	18.657534	24.876712	31.095890	37.315068	43.534247	49.753425	55.972603	01	01	02	02	03	04	04	05	06
1 . 90	6.232877	12.465753	18.698630	24.931507	31.164384	37.397260	43.630137	49.863014	56.095890	01	01	02	02	03	04	04	05	06
1 . 91	6.246575	12.493151	18.739726	24.986301	31.232877	37.479452	43.726027	49.972603	56.219178	01	01	02	02	03	04	04	05	06
1 . 92	6.260274	12.520548	18.780822	25.041096	31.301370	37.561644	43.821918	50.082192	56.342466	01	01	02	03	03	04	04	05	06
1 . 93	6.273973	12.547945	18.821918	25.095890	31.369863	37.643836	43.917808	50.191781	56.465753	01	01	02	03	03	04	04	05	06
1 . 94	6.287671	12.575342	18.863014	25.150685	31.438356	37.726027	44.013699	50.301370	56.589041	01	01	02	03	03	04	04	05	06
1 . 95	6.301370	12.602740	18.904110	25.205479	31.506849	37.808219	44.109589	50.410959	56.712329	01	01	02	03	03	04	04	05	06
1 . 96	6.315068	12.630137	18.945205	25.260274	31.575342	37.890411	44.205479	50.520548	56.835616	01	01	02	03	03	04	04	05	06
1 . 97	6.328767	12.657534	18.986301	25.315068	31.643836	37.972603	44.301370	50.630137	56.958904	01	01	02	03	03	04	04	05	06
1 . 98	6.342466	12.684932	19.027397	25.369863	31.712329	38.054795	44.397260	50.739726	57.082192	01	01	02	03	03	04	04	05	06
1 . 99	6.356164	12.712329	19.068493	25.424658	31.780822	38.136986	44.493151	50.849315	57.205479	01	01	02	03	03	04	04	05	06
1 . 100	6.369863	12.739726	19.109589	25.479452	31.849315	38.219178	44.589041	50.958904	57.328767	01	01	02	03	03	04	04	05	06
1 . 101	6.383562	12.767123	19.150685	25.534247	31.917808	38.301370	44.684932	51.068493	57.452055	01	01	02	03	03	04	04	05	06
1 . 102	6.397260	12.794521	19.191781	25.589041	31.986301	38.383562	44.780822	51.178082	57.575342	01	01	02	03	03	04	04	05	06
1 . 103	6.410959	12.821918	19.232877	25.643836	32.054795	38.465753	44.876712	51.287671	57.698630	01	01	02	03	03	04	04	05	06
1 . 104	6.424658	12.849315	19.273973	25.698630	32.123288	38.547945	44.972603	51.397260	57.821918	01	01	02	03	03	04	04	05	06
1 . 105	6.438356	12.876712	19.315068	25.753425	32.191781	38.630137	45.068493	51.506849	57.945205	01	01	02	03	03	04	05	05	06
1 . 106	6.452055	12.904110	19.356164	25.808219	32.260274	38.712329	45.164384	51.616438	58.068493	01	01	02	03	03	04	05	05	06
1 . 107	6.465753	12.931507	19.397260	25.863014	32.328767	38.794521	45.260274	51.726027	58.191781	01	01	02	03	03	04	05	05	06
1 . 108	6.479452	12.958904	19.438356	25.917808	32.397260	38.876712	45.356164	51.835616	58.315068	01	01	02	03	03	04	05	05	06
1 . 109	6.493151	12.986301	19.479452	25.972603	32.465753	38.958904	45.452055	51.945205	58.438356	01	01	02	03	03	04	05	05	06
1 . 110	6.506849	13.013699	19.520548	26.027397	32.534247	39.041096	45.547945	52.054795	58.561644	01	01	02	03	03	04	05	05	06
1 . 111	6.520548	13.041096	19.561644	26.082192	32.602740	39.123288	45.643836	52.164384	58.684932	01	01	02	03	03	04	05	05	06

TEMPS. ANS . JOURS.	CAPITAUX. 100 fr.	200 fr.	300 fr.	400 fr.	500 fr.	600 fr.	700 fr.	800 fr.	900 fr.	CENTIMES. 10	20	30	40	50	60	70	80	90
	fr.	fr.	fr.	fr.	fr.	fr.	fr.	fr.	fr.									
1 . 112	6.534247	13.068493	19.602740	26.136986	32.671233	39.205479	45.739726	52.273973	58.808219	01	01	02	03	03	04	05	05	06
1 . 113	6.547945	13.095890	19.643836	26.191781	32.739726	39.287671	45.835616	52.383562	58.931507	01	01	02	03	03	04	05	05	06
1 . 114	6.561644	13.123288	19.684932	26.246575	32.808219	39.369863	45.931507	52.493151	59.054795	01	01	02	03	03	04	05	05	06
1 . 115	6.575342	13.150685	19.726027	26.301370	32.876712	39.452055	46.027397	52.602740	59.178082	01	01	02	03	03	04	05	05	06
1 . 116	6.589041	13.178082	19.767123	26.356164	32.945205	39.534247	46.123288	52.712329	59.301370	01	01	02	03	03	04	05	05	06
1 . 117	6.602740	13.205479	19.808219	26.410959	33.013699	39.616438	46.219178	52.821918	59.424658	01	01	02	03	03	04	05	05	06
1 . 118	6.616438	13.232877	19.849315	26.465753	33.082192	39.698630	46.315068	52.931507	59.547945	01	01	02	03	03	04	05	05	06
1 . 119	6.630137	13.260274	19.890411	26.520548	33.150685	39.780822	46.410959	53.041096	59.671233	01	01	02	03	03	04	05	05	06
1 . 120	6.643836	13.287671	19.931507	26.575342	33.219178	39.863014	46.506849	53.150685	59.794521	01	01	02	03	03	04	05	05	06
1 . 121	6.657534	13.315068	19.972603	26.630137	33.287671	39.945205	46.602740	53.260274	59.917808	01	01	02	03	03	04	05	05	06
1 . 122	6.671233	13.342466	20.013699	26.684932	33.356164	40.027397	46.698630	53.369863	60.041096	01	01	02	03	03	04	05	05	06
1 . 123	6.684932	13.369863	20.054795	26.739726	33.424658	40.109589	46.794521	53.479452	60.164384	01	01	02	03	03	04	05	05	06
1 . 124	6.698630	13.397260	20.095890	26.794521	33.493151	40.191781	46.890411	53.589041	60.287671	01	01	02	03	03	04	05	05	06
1 . 125	6.712329	13.424658	20.136986	26.849315	33.561644	40.273973	46.986301	53.698630	60.410959	01	01	02	03	03	04	05	05	06
1 . 126	6.726027	13.452055	20.178082	26.904110	33.630137	40.356164	47.082192	53.808219	60.534247	01	01	02	03	03	04	05	05	06
1 . 127	6.739726	13.479452	20.219178	26.958904	33.698630	40.438356	47.178082	53.917808	60.657534	01	01	02	03	03	04	05	05	06
1 . 128	6.753425	13.506849	20.260274	27.013699	33.767123	40.520548	47.273973	54.027397	60.780822	01	01	02	03	03	04	05	05	06
1 . 129	6.767123	13.534247	20.301370	27.068493	33.835616	40.602740	47.369863	54.136986	60.904110	01	01	02	03	03	04	05	05	06
1 . 130	6.780822	13.561644	20.342466	27.123288	33.904110	40.684932	47.465753	54.246575	61.027397	01	01	02	03	03	04	05	05	06
1 . 131	6.794521	13.589041	20.383562	27.178082	33.972603	40.767123	47.561644	54.356164	61.150685	01	01	02	03	03	04	05	05	06
1 . 132	6.808219	13.616438	20.424658	27.232877	34.041096	40.849315	47.657534	54.465753	61.273973	01	01	02	03	03	04	05	05	06
1 . 133	6.821918	13.643836	20.465753	27.287671	34.109589	40.931507	47.753425	54.575342	61.397260	01	01	02	03	03	04	05	05	06
1 . 134	6.835616	13.671233	20.506849	27.342466	34.178082	41.013699	47.849315	54.684932	61.520548	01	01	02	03	03	04	05	05	06
1 . 135	6.849315	13.698630	20.547945	27.397260	34.246575	41.095890	47.945205	54.794521	61.643836	01	01	02	03	03	04	05	05	06
1 . 136	6.863014	13.726027	20.589041	27.452055	34.315068	41.178082	48.041096	54.904110	61.767123	01	01	02	03	03	04	05	06	06
1 . 137	6.876712	13.753425	20.630137	27.506849	34.383562	41.260274	48.136986	55.013699	61.890411	01	01	02	03	03	04	05	06	06
1 . 138	6.890411	13.780822	20.671233	27.561644	34.452055	41.342466	48.232877	55.123288	62.013699	01	01	02	03	03	04	05	06	06
1 . 139	6.904110	13.808219	20.712329	27.616438	34.520548	41.424658	48.328767	55.232877	62.136986	01	01	02	03	03	04	05	06	06
1 . 140	6.917808	13.835616	20.753425	27.671233	34.589041	41.506849	48.424658	55.342466	62.260274	01	01	02	03	03	04	05	06	06
1 . 141	6.931507	13.863014	20.794521	27.726027	34.657534	41.589041	48.520548	55.452055	62.383562	01	01	02	03	03	04	05	06	06
1 . 142	6.945205	13.890411	20.835616	27.780822	34.726027	41.671233	48.616438	55.561644	62.506849	01	01	02	03	03	04	05	06	06
1 . 143	6.958904	13.917808	20.876712	27.835616	34.794521	41.753425	48.712329	55.671233	62.630137	01	01	02	03	03	04	05	06	06
1 . 144	6.972603	13.945205	20.917808	27.890411	34.863014	41.835616	48.808219	55.780822	62.753425	01	01	02	03	03	04	05	06	06
1 . 145	6.986301	13.972603	20.958904	27.945205	34.931507	41.917808	48.904110	55.890411	62.876712	01	01	02	03	04	04	05	06	06
1 . 146	7.000000	14.000000	21.000000	28.000000	35.000000	42.000000	49.000000	56.000000	63.000000	01	01	02	03	04	04	05	06	06
1 . 147	7.013699	14.027397	21.041096	28.054795	35.068493	42.082192	49.095890	56.109589	63.123288	01	01	02	03	04	04	05	06	06
1 . 148	7.027397	14.054795	21.082192	28.109589	35.136986	42.164384	49.191781	56.219178	63.246575	01	01	02	03	04	04	05	06	06

TEMPS.	CAPITAUX.									CENTIMES.								
ANS . JOURS.	100 fr.	200 fr.	300 fr.	400 fr.	500 fr.	600 fr.	700 fr.	800 fr.	900 fr.	10	20	30	40	50	60	70	80	90
	fr.	fr.	fr.	fr.	fr.	fr.	fr.	fr.	fr.									
1 . 149	7.041096	14.082192	21.123288	28.164384	35.205479	42.246575	49.287671	56.328767	63.369863	01	01	02	03	04	04	05	06	06
1 . 150	7.034795	14.109589	21.164384	28.219178	35.273973	42.328767	49.383562	56.438356	63.493151	01	01	02	03	04	04	05	06	06
1 . 151	7.068493	14.136986	21.205479	28.273973	35.342466	42.410959	49.479452	56.547945	63.616438	01	01	02	03	04	04	05	06	06
1 . 152	7.082192	14.164384	21.246575	28.328767	35.410959	42.493151	49.575342	56.655534	63.739726	01	01	02	03	04	04	05	06	06
1 . 153	7.095890	14.191781	21.287671	28.383562	35.479452	42.575342	49.671233	56.767123	63.863014	01	01	02	03	04	04	05	06	06
1 . 154	7.109589	14.219178	21.328767	28.438356	35.547945	42.657534	49.767123	56.876712	63.986301	01	01	02	03	04	04	05	06	06
1 . 155	7.123288	14.246575	21.369863	28.493151	35.616438	42.739726	49.863014	56.986301	64.109589	01	01	02	03	04	04	05	06	06
1 . 156	7.136986	14.273973	21.410959	28.547945	35.684932	42.821918	49.958904	57.095890	64.232877	01	01	02	03	04	04	05	06	06
1 . 157	7.150685	14.301370	21.452055	28.602740	35.753425	42.904110	50.054795	57.205479	64.356164	01	01	02	03	04	04	05	06	06
1 . 158	7.164384	14.328767	21.493151	28.657534	35.821918	42.986301	50.150685	57.315068	64.479452	01	01	02	03	04	04	05	06	06
1 . 159	7.178082	14.356164	21.534247	28.712329	35.890411	43.068493	50.246575	57.424658	64.602740	01	01	02	03	04	04	05	06	06
1 . 160	7.191781	14.383562	21.575342	28.767123	35.958904	43.150685	50.342466	57.534247	64.726027	01	01	02	03	04	04	05	06	06
1 . 161	7.205479	14.410959	21.616438	28.821918	36.027397	43.232877	50.438356	57.643836	64.849315	01	01	02	03	04	04	05	06	06
1 . 162	7.219178	14.438356	21.657534	28.876712	36.095890	43.315068	50.534247	57.753425	64.972603	01	01	02	03	04	04	05	06	06
1 . 163	7.232877	14.465753	21.698630	28.931507	36.164384	43.397260	50.630137	57.863014	65.095890	01	01	02	03	04	04	05	06	07
1 . 164	7.246575	14.493151	21.739726	28.986301	36.232877	43.479452	50.726027	57.972603	65.219178	01	01	02	03	04	04	05	06	07
1 . 165	7.260274	14.520548	21.780822	29.041096	36.301370	43.561644	50.821916	58.082192	65.342466	01	01	02	03	04	04	05	06	07
1 . 166	7.273973	14.547945	21.821918	29.095890	36.369863	43.643836	50.917808	58.191781	65.465753	01	01	02	03	04	04	05	06	07
1 . 167	7.287671	14.575342	21.863014	29.150685	36.438356	43.726027	51.013699	58.301370	65.589041	01	01	02	03	04	04	05	06	07
1 . 168	7.301370	14.602740	21.904110	29.205479	36.506849	43.808219	51.109589	58.410959	65.712329	01	01	02	03	04	04	05	06	07
1 . 169	7.315068	14.630137	21.945205	29.260274	36.575342	43.890411	51.205479	58.520548	65.835616	01	01	02	03	04	04	05	06	07
1 . 170	7.328767	14.657534	21.986301	29.315068	36.643836	43.972603	51.301370	58.630137	65.958904	01	01	02	03	04	04	05	06	07
1 . 171	7.342466	14.684932	22.027397	29.369863	36.712329	44.054795	51.397260	58.739726	66.082192	01	01	02	03	04	04	05	06	07
1 . 172	7.356164	14.712329	22.068493	29.424658	36.780822	44.136986	51.493151	58.849315	66.205479	01	01	02	03	04	04	05	06	07
1 . 173	7.369863	14.739726	22.109589	29.479452	36.849315	44.219178	51.589041	58.958904	66.328767	01	01	02	03	04	04	05	06	07
1 . 174	7.383562	14.767123	22.150685	29.534247	36.917808	44.301370	51.684932	59.068493	66.452055	01	01	02	03	04	04	05	06	07
1 . 175	7.397260	14.794521	22.191781	29.589041	36.986301	44.383562	51.780822	59.178082	66.575342	01	01	02	03	04	04	05	06	07
1 . 176	7.410959	14.821918	22.232877	29.643836	37.054795	44.465753	51.876712	59.287671	66.698630	01	01	02	03	04	04	05	06	07
1 . 177	7.424658	14.849315	22.273973	29.698630	37.123288	44.547945	51.972603	59.397260	66.821918	01	01	02	03	04	04	05	06	07
1 . 178	7.438356	14.876712	22.315068	29.753425	37.191781	44.630137	52.068493	59.506849	66.945205	01	01	02	03	04	04	05	06	07
1 . 179	7.452055	14.904110	22.356164	29.808219	37.260274	44.712329	52.164384	59.616438	67.068493	01	01	02	03	04	04	05	06	07
1 . 180	7.465753	14.931507	22.397260	29.863014	37.328767	44.794521	52.260274	59.726027	67.191781	01	01	02	03	04	04	05	06	07
1 . 181	7.479452	14.958904	22.438356	29.917808	37.397260	44.876712	52.356164	59.835616	67.315068	01	01	02	03	04	04	05	06	07
1 . 182	7.493151	14.986301	22.479452	29.972603	37.465753	44.958904	52.452055	59.945205	67.438356	01	01	02	03	04	04	05	06	07
1 . 183	7.506849	15.013699	22.520548	30.027397	37.534247	45.041096	52.547945	60.054795	67.561644	01	02	02	03	04	05	05	06	07
1 . 184	7.520548	15.041096	22.561644	30.082192	37.602740	45.123288	52.643836	60.164384	67.684932	01	02	02	03	04	05	05	06	07
1 . 185	7.534247	15.068493	22.602740	30.136986	37.671233	45.205479	52.739726	60.273973	67.808219	01	02	02	03	04	05	05	06	07

8

TEMPS.	CAPITAUX.									CENTIMES.								
ANS . JOURS.	100 fr.	200 fr.	300 fr.	400 fr.	500 fr.	600 fr.	700 fr.	800 fr.	900 fr.	10	20	30	40	50	60	70	80	90
	fr.	fr.	fr.	fr.	fr.	fr.	fr.	fr.	fr.									
1 . 186	7.547945	15.095890	22.643836	30.191781	37.739726	45.287671	52.835616	60.383562	67.931507	01	02	02	03	04	05	05	06	07
1 . 187	7.561644	15.123288	22.684932	30.246575	37.808219	45.369863	52.931507	60.493151	68.054795	01	02	02	03	04	05	05	06	07
1 . 188	7.575342	15.150685	22.726027	30.301370	37.876712	45.452055	53.027397	60.602740	68.178082	01	02	02	03	04	05	05	06	07
1 . 189	7.589041	15.178082	22.767123	30.356164	37.945205	45.534247	53.123288	60.712329	68.301370	01	02	02	03	04	05	05	06	07
1 . 190	7.602740	15.205479	22.808219	30.410959	38.013699	45.616438	53.219178	60.821918	68.424658	01	02	02	03	04	05	05	06	07
1 . 191	7.616438	15.232877	22.849315	30.465753	38.082192	45.698630	53.315068	60.931507	68.547945	01	02	02	03	04	05	05	06	07
1 . 192	7.630137	15.260274	22.890411	30.520548	38.150685	45.780822	53.410959	61.041096	68.671233	01	02	02	03	04	05	05	06	07
1 . 193	7.643836	15.287671	22.931507	30.575342	38.219178	45.863014	53.506849	61.150685	68.794521	01	02	02	03	04	05	05	06	07
1 . 194	7.657534	15.315068	22.972603	30.630137	38.287671	45.945205	53.602740	61.260274	68.917806	01	02	02	03	04	05	05	06	07
1 . 195	7.671233	15.342466	23.013699	30.684932	38.356164	46.027397	53.698630	61.369863	69.041096	01	02	02	03	04	05	05	06	07
1 . 196	7.684932	15.369863	23.054795	30.739726	38.424658	46.109589	53.794521	61.479452	69.164384	01	02	02	03	04	05	05	06	07
1 . 197	7.698630	15.397260	23.095890	30.794521	38.493151	46.191781	53.890411	61.589041	69.287671	01	02	02	03	04	05	05	06	07
1 . 198	7.712329	15.424658	23.136986	30.849315	38.561644	46.273973	53.986301	61.698630	69.410959	01	02	02	03	04	05	05	06	07
1 . 199	7.726027	15.452055	23.178082	30.904110	38.630137	46.356164	54.082192	61.808219	69.534247	01	02	02	03	04	05	05	06	07
1 . 200	7.739726	15.479452	23.219178	30.958904	38.698630	46.438356	54.178082	61.917808	69.657534	01	02	02	03	04	05	05	06	07
1 . 201	7.753425	15.506849	23.260274	31.013699	38.767123	46.520548	54.273973	62.027397	69.780822	01	02	02	03	04	05	05	06	07
1 . 202	7.767123	15.534247	23.301370	31.068493	38.835616	46.602740	54.369863	62.136986	69.904110	01	02	02	03	04	05	05	06	07
1 . 203	7.780822	15.561644	23.342466	31.123288	38.904110	46.684932	54.465753	62.246575	70.027397	01	02	02	03	04	05	05	06	07
1 . 204	7.794521	15.589041	23.383562	31.178082	38.972603	46.767123	54.561644	62.356164	70.150685	01	02	02	03	04	05	05	06	07
1 . 205	7.808219	15.616438	23.424658	31.232877	39.041096	46.849315	54.657534	62.465753	70.273973	01	02	02	03	04	05	05	06	07
1 . 206	7.821918	15.643836	23.465753	31.287671	39.109589	46.931507	54.753425	62.575342	70.397260	01	02	02	03	04	05	05	06	07
1 . 207	7.835616	15.671233	23.506849	31.342466	39.178082	47.013699	54.849315	62.684932	70.520548	01	02	02	03	04	05	05	06	07
1 . 208	7.849315	15.698630	23.547945	31.397260	39.246575	47.095890	54.945205	62.794521	70.643836	01	02	02	03	04	05	05	06	07
1 . 209	7.863014	15.726027	23.589041	31.452055	39.315068	47.178082	55.041096	62.904110	70.767123	01	02	02	03	04	05	05	06	07
1 . 210	7.876712	15.753425	23.630137	31.506849	39.383562	47.260274	55.136986	63.013699	70.890411	01	02	02	03	04	05	06	06	07
1 . 211	7.890411	15.780822	23.671233	31.561644	39.452055	47.342466	55.232877	63.123288	71.013699	01	02	02	03	04	05	06	06	07
1 . 212	7.904110	15.808219	23.712329	31.616438	39.520548	47.424658	55.328767	63.232877	71.136986	01	02	02	03	04	05	06	06	07
1 . 213	7.917808	15.835616	23.753425	31.671233	39.589041	47.506849	55.424658	63.342466	71.260274	01	02	02	03	04	05	06	06	07
1 . 214	7.931507	15.863014	23.794521	31.726027	39.657534	47.589041	55.520548	63.452055	71.383562	01	02	02	03	04	05	06	06	07
1 . 215	7.945205	15.890411	23.835616	31.780822	39.726027	47.671233	55.616438	63.561644	71.506849	01	02	02	03	04	05	06	06	07
1 . 216	7.958904	15.917808	23.876712	31.835616	39.794521	47.753425	55.712329	63.671233	71.630137	01	02	02	03	04	05	06	06	07
1 . 217	7.972603	15.945205	23.917808	31.890411	39.863014	47.835616	55.808219	63.780822	71.753425	01	02	03	03	04	05	06	06	07
1 . 218	7.986301	15.972603	23.958904	31.945205	39.931507	47.917808	55.904110	63.890411	71.876712	01	02	03	03	04	05	06	06	07
1 . 219	8.000000	16.000000	24.000000	32.000000	40.000000	48.000000	56.000000	64.000000	72.000000	01	02	02	03	04	05	06	06	07
1 . 220	8.013699	16.027397	24.041096	32.054795	40.068493	48.082192	56.095890	64.109589	72.123288	01	02	02	03	04	05	06	06	07
1 . 221	8.027397	16.054795	24.082192	32.109589	40.136986	48.164384	56.191781	64.219178	72.246575	01	02	02	03	04	05	06	06	07
1 . 222	8.041096	16.082192	24.123288	32.164384	40.205479	48.246575	56.287671	64.328767	72.369863	01	02	03	03	04	05	06	06	07

TEMPS.	CAPITAUX.									CENTIMES.								
ANS . JOURS.	100 fr.	200 fr.	300 fr.	400 fr.	500 fr.	600 fr.	700 fr.	800 fr.	900 fr.	10	20	30	40	50	60	70	80	90
	fr.	fr.	fr.	fr.	fr.	fr.	fr.	fr.	fr.									
1 . 223	8.054795	16.109589	24.164384	32.219178	40.273973	48.328767	56.383562	64.438356	72.493151	01	02	02	03	04	05	06	06	07
1 . 224	8.068493	16.136986	24.205479	32.273973	40.342466	48.410959	56.479452	64.547945	72.616438	01	02	02	03	04	05	06	06	07
1 . 225	8.082192	16.164384	24.246575	32.328767	40.410959	48.493151	56.575342	64.657534	72.739726	01	02	02	03	04	05	06	06	07
1 . 226	8.095890	16.191781	24.287671	32.383562	40.479452	48.575342	56.671233	64.767123	72.863014	01	02	02	03	04	05	06	06	07
1 . 227	8.109589	16.219178	24.328767	32.438356	40.547945	48.657534	56.767123	64.876712	72.986301	01	02	02	03	04	05	06	07	07
1 . 228	8.123288	16.246575	24.369863	32.493151	40.616438	48.730726	56.863014	64.986391	73.109589	01	02	02	03	04	05	06	07	07
1 . 229	8.136986	16.273973	24.410959	32.547945	40.684932	48.821918	56.958904	65.095890	73.232877	01	02	02	03	04	05	06	07	07
1 . 230	8.150685	16.301370	24.452055	32.602740	40.753425	48.904110	57.054795	65.205479	73.356164	01	02	02	03	04	05	06	07	07
1 . 231	8.164384	16.328767	24.493151	32.657534	40.821918	48.986301	57.150685	65.315068	73.479452	01	02	02	03	04	05	06	07	07
1 . 232	8.178082	16.356164	24.534247	32.712329	40.890411	49.068493	57.246575	65.494658	73.602740	01	02	02	03	04	05	06	07	07
1 . 233	8.191781	16.383562	24.575342	32.767123	40.958904	49.150685	57.342466	65.534247	73.726027	01	02	02	03	04	05	06	07	07
1 . 234	8.205479	16.410959	24.616438	32.821918	41.027397	49.232877	57.438356	65.643836	73.849315	01	02	02	03	04	05	06	07	07
1 . 235	8.219178	16.438356	24.657534	32.876712	41.095890	49.315068	57.534247	65.753425	73.972603	01	02	02	03	04	05	06	07	07
1 . 236	8.232877	16.465753	24.698630	32.931507	41.164384	49.397260	57.630137	65.863014	74.095890	01	02	02	03	04	05	06	07	07
1 . 237	8.246575	16.493151	24.739726	32.986301	41.232877	49.479452	57.726027	65.972603	74.219178	01	02	02	03	04	05	06	07	07
1 . 238	8.260274	16.520548	24.780822	33.041096	41.301370	49.561644	57.821918	66.082192	74.342466	01	02	02	03	04	05	06	07	07
1 . 239	8.273973	16.547945	24.821918	33.095890	41.369863	49.643836	57.917808	66.191781	74.465753	01	02	02	03	04	05	06	07	07
1 . 240	8.287671	16.575342	24.863014	33.150685	41.438356	49.726027	58.013699	66.301370	74.589041	01	02	02	03	04	05	06	07	07
1 . 241	8.301370	16.602740	24.904110	33.205479	41.506849	49.808219	58.109589	66.410959	74.712329	01	02	02	03	04	05	06	07	07
1 . 242	8.315068	16.630137	24.945205	33.260274	41.575342	49.890411	58.205479	66.520548	74.835616	01	02	02	03	04	05	06	07	07
1 . 243	8.328767	16.657534	24.986301	33.315068	41.643836	49.972603	58.301370	66.630137	74.958904	01	02	02	03	04	05	06	07	07
1 . 244	8.342466	16.684932	25.027397	33.369863	41.712329	50.054795	58.397260	66.739726	75.082192	01	02	03	03	04	05	06	07	08
1 . 245	8.356164	16.712329	25.068493	33.424658	41.780822	50.136986	58.493151	66.849315	75.205479	01	02	03	03	04	05	06	07	08
1 . 246	8.369863	16.739726	25.109589	33.479452	41.849315	50.219178	58.589041	66.958904	75.328767	01	02	03	03	04	05	06	07	08
1 . 247	8.383562	16.767123	25.150685	33.534247	41.917808	50.301370	58.684932	67.068493	75.452055	01	02	03	03	04	05	06	07	08
1 . 248	8.397260	16.794521	25.191781	33.589041	41.986301	50.383562	58.780822	67.178082	75.575342	01	02	03	03	04	05	06	07	08
1 . 249	8.410959	16.821918	25.232877	33.643836	42.054795	50.465753	58.876712	67.287671	75.698630	01	02	03	03	04	05	06	07	08
1 . 250	8.424658	16.849315	25.273973	33.698630	42.123288	50.547945	58.972603	67.397260	75.821918	01	02	03	03	04	05	06	07	08
1 . 251	8.438356	16.876712	25.315068	33.753425	42.191781	50.630137	59.068493	67.506849	75.945205	01	02	03	03	04	05	06	07	08
1 . 252	8.452055	16.904110	25.356164	33.808219	42.260274	50.712329	59.164384	67.616438	76.068493	01	02	03	03	04	05	06	07	08
1 . 253	8.465753	16.931507	25.397260	33.863014	42.328767	50.794521	59.260274	67.726027	76.191781	01	02	03	03	04	05	07	07	08
1 . 254	8.479452	16.958904	25.438356	33.917808	42.397260	50.876712	59.356164	67.835616	76.315068	01	02	03	03	04	05	07	07	08
1 . 255	8.493151	16.986301	25.479452	33.972603	42.465753	50.958904	59.452055	67.945205	76.438356	01	02	03	03	04	05	07	07	08
1 . 256	8.506849	17.013699	25.520548	34.027397	42.534247	51.041096	59.547945	68.054795	76.561644	01	02	03	03	04	05	06	07	08
1 . 257	8.520548	17.041096	25.561644	34.082192	42.602740	51.123288	59.643836	68.164384	76.684932	01	02	03	03	04	05	06	07	08
1 . 258	8.534247	17.068493	25.602740	34.136986	42.671233	51.205479	59.739726	68.273973	76.808219	01	02	03	03	04	05	06	07	08
1 . 259	8.547945	17.095890	25.643836	34.191781	42.739726	51.287671	59.835616	68.383562	76.931507	01	02	03	03	04	05	06	07	08

INTÉRÊT AU 5 POUR 100.

TEMPS.	CAPITAUX.									CENTIMES.								
ANS . JOURS.	100 fr.	200 fr.	300 fr.	400 fr.	500 fr.	600 fr.	700 fr.	800 fr.	900 fr.	10	20	30	40	50	60	70	80	90
	fr.	fr.	fr.	fr.	fr.	fr.	fr.	fr.	fr.									
1 . 260	8.561644	17.123288	25.684932	34.246575	42.808219	51.369863	59.931507	68.493151	77.054795	01	02	03	03	04	05	06	07	08
1 . 261	8.575342	17.150685	25.726027	34.301370	42.876712	51.452055	60.027397	68.602740	77.178082	01	02	03	03	04	05	06	07	08
1 . 262	8.589041	17.178082	25.767123	34.356164	42.945205	51.534247	60.123288	68.712329	77.301370	01	02	03	03	04	05	06	07	08
1 . 263	8.602740	17.205479	25.808219	34.410959	43.013699	51.616438	60.219178	68.821918	77.424658	01	02	03	03	04	05	06	07	08
1 . 264	8.616438	17.232877	25.849315	34.465753	43.082192	51.698630	60.315068	68.931507	77.547945	01	02	03	03	04	05	06	07	08
1 . 265	8.630137	17.260274	25.890411	34.520548	43.150685	51.780822	60.410959	69.041096	77.671233	01	02	03	03	04	05	06	07	08
1 . 266	8.643836	17.287671	25.931507	34.575342	43.219178	51.863014	60.506849	69.150685	77.794521	01	02	03	04	05	05	06	07	08
1 . 267	8.657534	17.315068	25.972603	34.630137	43.287671	51.945205	60.602740	69.260274	77.917808	01	02	03	04	05	05	06	07	08
1 . 268	8.671233	17.342466	26.013699	34.684932	43.356164	52.027397	60.698630	69.369863	78.041096	01	02	03	04	05	05	06	07	08
1 . 269	8.684932	17.369863	26.054795	34.739726	43.424658	52.109589	60.794521	69.479452	78.164384	01	02	03	04	05	05	06	07	08
1 . 270	8.698630	17.397260	26.095890	34.794521	43.493151	52.191781	60.890411	69.589041	78.287671	01	02	03	04	05	05	06	07	08
1 . 271	8.712329	17.424658	26.136986	34.849315	43.561644	52.273973	60.986301	69.698630	78.410959	01	02	03	04	05	05	06	07	08
1 . 272	8.726027	17.452055	26.178082	34.904110	43.630137	52.356164	61.082192	69.808219	78.534247	01	02	03	04	05	05	06	07	08
1 . 273	8.739726	17.479452	26.219178	34.958904	43.698630	52.438356	61.178082	69.917808	78.657534	01	02	03	04	05	05	06	07	08
1 . 274	8.753425	17.506849	26.260274	35.013699	43.767123	52.520548	61.273973	70.027397	78.780822	01	02	03	04	05	05	06	07	08
1 . 275	8.767123	17.534247	26.301370	35.068493	43.835616	52.602740	61.369863	70.136986	78.904110	01	02	03	04	04	05	06	07	08
1 . 276	8.780822	17.561644	26.342466	35.123288	43.904110	52.684932	61.465753	70.246575	79.027397	01	02	03	04	04	05	06	07	08
1 . 277	8.794521	17.589041	26.383562	35.178082	43.972603	52.767123	61.561644	70.356164	79.150685	01	02	03	04	04	05	06	07	08
1 . 278	8.808219	17.616438	26.424658	35.232877	44.041096	52.849315	61.657534	70.465753	79.273973	01	02	03	04	04	05	06	07	08
1 . 279	8.821918	17.643836	26.465753	35.287671	44.109589	52.931507	61.753425	70.575342	79.397260	01	02	03	04	04	05	06	07	08
1 . 280	8.835616	17.671233	26.506849	35.342466	44.178082	53.013699	61.849315	70.684932	79.520548	01	02	03	04	04	05	06	07	08
1 . 281	8.849315	17.698630	26.547945	35.397260	44.246575	53.095890	61.945205	70.794521	79.643836	01	02	03	04	04	05	06	07	08
1 . 282	8.863014	17.726027	26.589041	35.452055	44.315068	53.178082	62.041096	70.904110	79.767123	01	02	03	04	04	05	06	07	08
1 . 283	8.876712	17.753425	26.630137	35.506849	44.383562	53.260274	62.136986	71.013699	79.890411	01	02	03	04	04	05	06	07	08
1 . 284	8.890411	17.780822	26.671233	35.561644	44.452055	53.342466	62.232877	71.123288	80.013699	01	02	03	04	04	05	06	07	08
1 . 285	8.904110	17.808219	26.712329	35.616438	44.520548	53.424658	62.328767	71.232877	80.136986	01	02	03	04	04	05	06	07	08
1 . 286	8.917808	17.835616	26.753425	35.671233	44.589041	53.506849	62.424658	71.342466	80.260274	01	02	03	04	04	05	06	07	08
1 . 287	8.931507	17.863014	26.794521	35.726027	44.657534	53.589041	62.520548	71.452055	80.383562	01	02	03	04	05	05	06	07	08
1 . 288	8.945205	17.890411	26.835616	35.780822	44.726027	53.671233	62.616438	71.561644	80.506849	01	02	03	04	05	05	06	07	08
1 . 289	8.958904	17.917808	26.876712	35.835616	44.794521	53.753425	62.712329	71.671233	80.630137	01	02	03	04	05	05	06	07	08
1 . 290	8.972603	17.945205	26.917808	35.890411	44.863014	53.835616	62.808219	71.780822	80.753425	01	02	03	04	05	05	06	07	08
1 . 291	8.986301	17.972603	26.958904	35.945205	44.931507	53.917808	62.904110	71.890411	80.876712	01	02	03	04	05	05	06	07	08
1 . 292	9.000000	18.000000	27.000000	36.000000	45.000000	54.000000	63.000000	72.000000	81.000000	01	02	03	04	05	05	06	07	08
1 . 293	9.013699	18.027397	27.041096	36.054795	45.068493	54.082192	63.095890	72.109589	81.123288	01	02	03	04	05	05	06	07	08
1 . 294	9.027397	18.054795	27.082192	36.109589	45.136986	54.164384	63.191781	72.219178	81.246575	01	02	03	04	05	05	06	07	08
1 . 295	9.041096	18.082192	27.123288	36.164384	45.205479	54.246575	63.287671	72.328767	81.369863	01	02	03	04	05	05	06	07	08
1 . 296	9.054795	18.109589	27.164384	36.219178	45.273973	54.328767	63.383562	72.438356	81.493151	01	02	03	04	05	05	06	07	08

TEMPS. ANS. JOURS.	CAPITAUX 100 fr.	200 fr.	300 fr.	400 fr.	500 fr.	600 fr.	700 fr.	800 fr.	900 fr.	CENTIMES 10	20	30	40	50	60	70	80	90
1 . 297	9.068493	18.136986	27.205479	36.273973	45.342466	54.410959	63.479452	72.547945	81.616438	01	02	03	04	05	05	06	07	08
1 . 298	9.082192	18.164384	27.246575	36.328767	45.410959	54.493151	63.575342	72.657534	81.739726	01	02	03	04	05	05	06	07	08
1 . 299	9.095890	18.191781	27.287671	36.383562	45.479452	54.575342	63.671233	72.767123	81.863014	01	02	03	04	05	05	06	07	08
1 . 300	9.109589	18.219178	27.328767	36.438356	45.547945	54.657534	63.767123	72.876712	81.986301	01	02	03	04	05	05	06	07	08
1 . 301	9.123288	18.246575	27.369863	36.493151	45.616438	54.739726	63.863014	72.986301	82.109589	01	02	03	04	05	05	06	07	08
1 . 302	9.136986	18.273973	27.410959	36.547945	45.684932	54.821918	63.958904	73.095890	82.232877	01	02	03	04	05	05	06	07	08
1 . 303	9.150685	18.301370	27.452055	36.602740	45.753425	54.904110	64.054795	73.205479	82.356164	01	02	03	04	05	05	06	07	08
1 . 304	9.164384	18.328767	27.493151	36.657534	45.821918	54.986301	64.150685	73.315068	82.479452	01	02	03	04	05	05	06	07	08
1 . 305	9.178082	18.356164	27.534247	36.712329	45.890411	55.068493	64.246575	73.424658	82.602740	01	02	03	04	05	06	06	07	08
1 . 306	9.191781	18.383562	27.575342	36.767123	45.958904	55.150685	64.342466	73.534247	82.726027	01	02	03	04	05	06	06	07	08
1 . 307	9.205479	18.410950	27.616438	36.821918	46.027307	55.232877	64.438356	73.643836	82.849315	01	02	03	04	05	06	06	07	08
1 . 308	9.219178	18.438356	27.657534	36.876712	46.095890	55.315068	64.534247	73.753425	82.972603	01	02	03	04	05	06	06	07	08
1 . 309	9.232877	18.465753	27.698630	36.931507	46.164384	55.397260	64.630137	73.863014	83.095890	01	02	03	04	05	06	06	07	08
1 . 310	9.246575	18.493151	27.739726	36.986301	46.238877	55.479452	64.726027	73.972603	83.219178	01	02	03	04	05	06	06	07	08
1 . 311	9.260274	18.520548	27.780822	37.041096	46.301370	55.561644	64.821918	74.082192	83.342466	01	02	03	04	05	06	06	07	08
1 . 312	9.273973	18.547945	27.821918	37.095890	46.369863	55.643836	64.917808	74.191781	83.465753	01	02	03	04	05	06	06	07	08
1 . 313	9.287671	18.575342	27.863014	37.150685	46.438356	55.726027	65.013699	74.301370	83.589041	01	02	03	04	05	06	07	07	08
1 . 314	9.301370	18.602740	27.904110	37.205479	46.506849	55.808219	65.109589	74.410959	83.712329	01	02	03	04	05	06	07	07	08
1 . 315	9.315068	18.630137	27.945205	37.260274	46.575342	55.890411	65.205479	74.520548	83.835616	01	02	03	04	05	06	07	07	08
1 . 316	9.328767	18.657534	27.986301	37.315068	46.643836	55.972603	65.301370	74.630137	83.958904	01	02	03	04	05	06	07	07	08
1 . 317	9.342466	18.684932	28.027397	37.369863	46.712329	56.054795	65.397260	74.739726	84.082192	01	02	03	04	05	06	07	07	08
1 . 318	9.356164	18.712329	28.068493	37.424658	46.780822	56.136986	65.493151	74.849315	84.205479	01	02	03	04	05	06	07	07	08
1 . 319	9.369863	18.739726	28.109589	37.479452	46.849315	56.219178	65.589041	74.958904	84.328767	01	02	03	04	05	06	07	07	08
1 . 320	9.383562	18.767123	28.150685	37.534247	46.917808	56.301370	65.684932	75.068493	84.452055	01	02	03	04	05	06	07	08	08
1 . 321	9.397260	18.794521	28.191781	37.589041	46.986301	56.383562	65.780822	75.178082	84.575342	01	02	03	04	05	06	07	08	08
1 . 322	9.410959	18.821918	28.232877	37.643836	47.054795	56.465753	65.876712	75.287671	84.698630	01	02	03	04	05	06	07	08	08
1 . 323	9.424658	18.849315	28.273973	37.698630	47.123288	56.547945	65.972603	75.397260	84.821918	01	02	03	04	05	06	07	08	08
1 . 324	9.438356	18.876712	28.315068	37.753425	47.191781	56.630137	66.068493	75.506849	84.945205	01	02	03	04	05	06	07	08	08
1 . 325	9.452055	18.904110	28.356164	37.808219	47.260274	56.712329	66.164384	75.616438	85.068493	01	02	03	04	05	06	07	08	09
1 . 326	9.465753	18.931507	28.397260	37.863014	47.328767	56.794521	66.260274	75.726027	85.191781	01	02	03	04	05	06	07	08	09
1 . 327	9.479452	18.958904	28.438356	37.917808	47.397260	56.876712	66.356164	75.835616	85.315068	01	02	03	04	05	06	07	08	09
1 . 328	9.493151	18.986301	28.479452	37.972603	47.465753	56.958904	66.452055	75.945205	85.438356	01	02	03	04	05	06	07	08	09
1 . 329	9.506849	19.013699	28.520548	38.027397	47.534247	57.041096	66.547945	76.054795	85.561644	01	02	03	04	05	06	07	08	09
1 . 330	9.520548	19.041096	28.561644	38.082192	47.602740	57.123288	66.643836	76.164384	85.684932	01	02	03	04	05	06	07	08	09
1 . 331	9.534247	19.068493	28.602740	38.136986	47.671233	57.205479	66.730726	76.273973	85.808219	01	02	03	04	05	06	07	08	09
1 . 332	9.547945	19.095890	28.643836	38.191781	47.739726	57.287671	66.835616	76.383562	85.931507	01	02	03	04	05	06	07	08	09
1 . 333	9.561644	19.123288	28.684932	38.246575	47.808219	57.369863	66.931507	76.493151	86.054795	01	02	03	04	05	06	07	08	09

TEMPS.		CAPITAUX.									CENTIMES.								
ANS . JOURS.	100 fr.	200 fr.	300 fr.	400 fr.	500 fr.	600 fr.	700 fr.	800 fr.	900 fr.	10	20	30	40	50	60	70	80	90
	fr.	fr.	fr.	fr.	fr.	fr.	fr.	fr.	fr.									
1 . 334	9.575342	19.150685	28.726027	38.301370	47.876712	57.452055	67.027397	76.602740	86.178082	01	02	03	04	05	06	07	08	09
1 . 335	9.589041	19.178082	28.767123	38.356164	47.945205	57.534247	67.123288	76.712329	86.301370	01	02	03	04	05	06	07	08	09
1 . 336	9.602740	19.205479	28.808219	38.410959	48.013699	57.616438	67.219178	76.821918	86.424658	01	02	03	04	05	06	07	08	09
1 . 337	9.616438	19.232877	28.849315	38.465753	48.082192	57.698630	67.315068	76.931507	86.547945	01	02	03	04	05	06	07	08	09
1 . 338	9.630137	19.260274	28.890411	38.520548	48.150685	57.780822	67.410959	77.041096	86.671233	01	02	03	04	05	06	07	08	09
1 . 339	9.643836	19.287671	28.931507	38.575342	48.219178	57.863014	67.506849	77.150685	86.794521	01	02	03	04	05	06	07	08	09
1 . 340	9.657534	19.315068	28.972603	38.630137	48.287671	57.945205	67.602740	77.260274	86.917808	01	02	03	04	05	06	07	08	09
1 . 341	9.671233	19.342466	29.013699	38.684932	48.356164	58.027397	67.698630	77.369863	87.041096	01	02	03	04	05	06	07	08	09
1 . 342	9.684932	19.369863	29.054795	38.739726	48.424658	58.109589	67.794521	77.479452	87.164384	01	02	03	04	05	06	07	08	09
1 . 343	9.698630	19.397260	29.095890	38.794521	48.493151	58.191781	67.890411	77.589041	87.287671	01	02	03	04	05	06	07	08	09
1 . 344	9.712329	19.424658	29.136986	38.849315	48.561644	58.273973	67.986301	77.698630	87.410959	01	02	03	04	05	06	07	08	09
1 . 345	9.726027	19.452055	29.178082	38.904110	48.630137	58.356164	68.082192	77.808219	87.534247	01	02	03	04	05	06	07	08	09
1 . 346	9.739726	19.479452	29.219178	38.958904	48.698630	58.438356	68.178082	77.917806	87.657534	01	02	03	04	05	06	07	08	09
1 . 347	9.753425	19.506849	29.260274	39.013699	48.767123	58.520548	68.273973	78.027397	87.780822	01	02	03	04	05	06	07	08	09
1 . 348	9.767123	19.534247	29.301370	39.068493	48.835616	58.602740	68.369863	78.136986	87.904110	01	02	03	04	05	06	07	08	09
1 . 349	9.780822	19.561644	29.342466	39.123288	48.904110	58.684932	68.465753	78.246575	88.027397	01	02	03	04	05	06	07	08	09
1 . 350	9.794521	19.589041	29.383562	39.178082	48.972603	58.767123	68.561644	78.356164	88.150685	01	02	03	04	05	06	07	08	09
1 . 351	9.808219	19.616438	29.424658	39.232877	49.041096	58.849315	68.657534	78.465753	88.273973	01	02	03	04	05	06	07	08	09
1 . 352	9.821918	19.643836	29.465753	39.287671	49.109589	58.931507	68.753425	78.575342	88.397260	01	02	03	04	05	06	07	08	09
1 . 353	9.835616	19.671233	29.506849	39.342466	49.178082	59.013699	68.849315	78.684932	88.520548	01	02	03	04	05	06	07	08	09
1 . 354	9.849315	19.698630	29.547945	39.397260	49.246575	59.095890	68.945205	78.794521	88.643836	01	02	03	04	05	06	07	08	09
1 . 355	9.863014	19.726027	29.589041	39.452055	49.315068	59.178082	69.041096	78.904110	88.767123	01	02	03	04	05	06	07	08	09
1 . 356	9.876712	19.753425	29.630137	39.506849	49.383562	59.260274	69.136986	79.013699	88.890411	01	02	03	04	05	06	07	08	09
1 . 357	9.890411	19.780822	29.671233	39.561644	49.452055	59.342466	69.232877	79.123288	89.013699	01	02	03	04	05	06	07	08	09
1 . 358	9.904110	19.808219	29.712329	39.616438	49.520548	59.424658	69.328767	79.232877	89.136986	01	02	03	04	05	06	07	08	09
1 . 359	9.917808	19.835616	29.753425	39.671233	49.589041	59.506849	69.424658	79.342466	89.260274	01	02	03	04	05	06	07	08	09
1 . 360	9.931507	19.863014	29.794521	39.726027	49.657534	59.589041	69.520548	79.452055	89.383562	01	02	03	04	05	06	07	08	09
1 . 361	9.945205	19.890411	29.835616	39.780822	49.726027	59.671233	69.616438	79.561644	89.506849	01	02	03	04	05	06	07	08	09
1 . 362	9.958904	19.917808	29.876712	39.835616	49.794521	59.753425	69.712329	79.671233	89.630137	01	02	03	04	05	06	07	08	09
1 . 363	9.972603	19.945205	29.917808	39.890411	49.863014	59.835616	69.808219	79.780822	89.753425	01	02	03	04	05	06	07	08	09
1 . 364	9.986301	19.972603	29.958904	39.945205	49.931507	59.917808	69.904110	79.890411	89.876712	01	02	03	04	05	06	07	08	09
2 . . .	10.000000	20.000000	30.000000	40.000000	50.000000	60.000000	70.000000	80.000000	90.000000	01	02	03	04	05	06	07	08	09

TEMPS.	CAPITAUX.									CENTIMES.								
ANS . JOURS.	100 fr.	200 fr.	300 fr.	400 fr.	500 fr.	600 fr.	700 fr.	800 fr.	900 fr.	10	20	30	40	50	60	70	80	90
	fr.	fr.	fr.	fr.	fr.	fr.	fr.	fr.	fr.									
2 . 1	10.013699	20.027397	30.041096	40.054795	50.068493	60.082192	70.095890	80.109589	90.123288	01	02	03	04	05	06	07	08	09
2 . 2	10.027397	20.054795	30.082192	40.109589	50.136986	60.164384	70.191781	80.219178	90.246575	01	02	03	04	05	06	07	08	09
2 . 3	10.041096	20.082192	30.123288	40.164384	50.205479	60.246575	70.287671	80.328767	90.369863	01	02	03	04	05	06	07	08	09
2 . 4	10.054795	20.109589	30.164384	40.219178	50.273973	60.328767	70.383562	80.438356	90.493151	01	02	03	04	05	06	07	08	09
2 . 5	10.068493	20.136986	30.205479	40.273973	50.342466	60.410959	70.479452	80.547945	90.616438	01	02	03	04	05	06	07	08	09
2 . 6	10.082192	20.164384	30.246575	40.328767	50.410959	60.493151	70.575342	80.657534	90.739726	01	02	03	04	05	06	07	08	09
2 . 7	10.095890	20.191781	30.287671	40.383562	50.479452	60.575342	70.671233	80.767123	90.863014	01	02	03	04	05	06	07	08	09
2 . 8	10.109589	20.219178	30.328767	40.438356	50.547945	60.657534	70.767123	80.876712	90.986301	01	02	03	04	05	06	07	08	09
2 . 9	10.123288	20.246575	30.369863	40.493151	50.616438	60.739726	70.863014	80.986301	91.109589	01	02	03	04	05	06	07	09	09
2 . 10	10.136986	20.273973	30.410959	40.547945	50.684932	60.821918	70.958904	81.095890	91.232877	01	02	03	04	05	06	07	08	09
2 . 11	10.150685	20.301370	30.452055	40.602740	50.753425	60.904110	71.054795	81.205479	91.356164	01	02	03	04	05	06	07	08	09
2 . 12	10.164384	20.328767	30.493151	40.657534	50.821918	60.986301	71.150685	81.315068	91.479452	01	02	03	04	05	06	07	08	09
2 . 13	10.178082	20.356164	30.534247	40.712329	50.890411	61.068493	71.246575	81.424658	91.602740	01	02	03	04	05	06	07	08	09
2 . 14	10.191781	20.383562	30.575342	40.767123	50.958904	61.150685	71.342466	81.534247	91.726027	01	02	03	04	05	06	07	08	09
2 . 15	10.205479	20.410959	30.616438	40.821918	51.027397	61.232877	71.438356	81.643836	91.849315	01	02	03	04	05	06	07	08	09
2 . 16	10.219178	20.438356	30.657534	40.876712	51.095890	61.315068	71.534247	81.753425	91.972603	01	02	03	04	05	06	07	08	09
2 . 17	10.232877	20.465753	30.698630	40.931507	51.164384	61.397260	71.630137	81.863014	92.095890	01	02	03	04	05	06	07	08	09
2 . 18	10.246575	20.493151	30.739726	40.986301	51.232877	61.479452	71.726027	81.972603	92.219178	01	02	03	04	05	06	07	08	09
2 . 19	10.260274	20.520548	30.780822	41.041096	51.301370	61.561644	71.821918	82.082192	92.342466	01	02	03	04	05	06	07	08	09
2 . 20	10.273973	20.547945	30.821918	41.095890	51.369863	61.643836	71.917808	82.191781	92.465753	01	02	03	04	05	06	07	08	09
2 . 21	10.287671	20.575342	30.863014	41.150685	51.438356	61.726027	72.013699	82.301370	92.589041	01	02	03	04	05	06	07	08	09
2 . 22	10.301370	20.602740	30.904110	41.205479	51.506849	61.808219	72.109589	82.410959	92.712329	01	09	03	04	05	06	07	08	09
2 . 23	10.315068	20.630137	30.945205	41.260274	51.575342	61.890411	72.205479	82.520548	92.835616	01	02	03	04	05	06	07	08	09
2 . 24	10.328767	20.657534	30.986301	41.315068	51.643836	61.972603	72.301370	82.630137	92.958904	01	02	03	04	05	06	07	08	09
2 . 25	10.342466	20.684932	31.027397	41.369863	51.712329	62.054795	72.397260	82.739726	93.082192	01	02	03	04	05	06	07	08	09
2 . 26	10.356164	20.712329	31.068493	41.424658	51.780822	62.136986	72.493151	82.849315	93.205479	01	02	03	04	05	06	07	08	09
2 . 27	10.369863	20.739726	31.109589	41.479452	51.849315	62.219178	72.589041	82.958904	93.328767	01	02	03	04	05	06	07	08	09
2 . 28	10.383562	20.767123	31.150685	41.534247	51.917808	62.301370	72.684932	83.068493	93.452055	01	02	03	04	05	06	07	08	09
2 . 29	10.397260	20.794521	31.191781	41.589041	51.986301	62.383562	72.780822	83.178082	93.575342	01	02	03	04	05	06	07	08	09
2 . 30	10.410959	20.821918	31.232877	41.643836	52.054795	62.465753	72.876712	83.287671	93.698630	01	02	03	04	05	06	07	08	09
2 . 31	10.424658	20.849315	31.273973	41.698630	52.123288	62.547945	72.972603	83.397260	93.821918	01	02	03	04	05	06	07	08	09
2 . 32	10.438356	20.876712	31.315068	41.753425	52.191781	62.630137	73.068493	83.506849	93.945205	01	02	03	04	05	06	07	08	09
2 . 33	10.452055	20.904110	31.356164	41.808219	52.260274	62.712329	73.164384	83.616438	94.068493	01	02	03	04	05	06	07	08	09
2 . 34	10.465753	20.931507	31.397260	41.863014	52.328767	62.794521	73.260274	83.726027	94.191781	01	02	03	04	05	06	07	08	09
2 . 35	10.479452	20.958904	31.438356	41.917808	52.397260	62.876712	73.356164	83.835616	94.315068	01	02	03	04	05	06	07	08	09
2 . 36	10.493151	20.986301	31.479452	41.972603	52.465753	62.958904	73.452055	83.945205	94.438356	01	02	03	04	05	06	07	08	09
2 . 37	10.506849	21.013699	31.520548	42.027397	52.534247	63.041096	73.547945	84.054795	94.561644	01	02	03	04	05	06	07	08	09

TEMPS. ANS . JOURS.	100 fr.	200 fr.	300 fr.	400 fr.	500 fr.	600 fr.	700 fr.	800 fr.	900 fr.	10	20	30	40	50	60	70	80	90
	fr.	fr.	fr.	fr.	fr.	fr.	fr.	fr.	fr.									
2 . 38	10.520548	21.041096	31.561644	42.082192	52.602740	63.123288	73.643836	84.164384	94.684932	01	02	03	04	05	06	07	08	09
2 . 30	10.534247	21.068493	31.602740	42.136986	52.671233	63.205479	73.739726	84.273973	94.808219	01	02	03	04	05	06	07	08	09
2 . 40	10.547945	21.095890	31.643836	42.191781	52.739726	63.287671	73.835616	84.383562	94.931507	01	02	03	04	05	06	07	08	09
2 . 41	10.561644	21.123288	31.684932	42.246575	52.808219	63.369863	73.931507	84.493151	95.054795	01	02	03	04	05	06	07	08	10
2 . 42	10.575342	21.150685	31.726027	42.301370	52.876712	63.452055	74.027397	84.602740	95.178082	01	02	03	04	05	06	07	08	10
2 . 43	10.589041	21.178082	31.767123	42.356164	52.945205	63.534247	74.123288	84.712329	95.301370	01	02	03	04	05	06	07	08	10
2 . 44	10.602740	21.205479	31.808219	42.410959	53.013699	63.616438	74.219178	84.821918	95.424658	01	02	03	04	05	06	07	08	10
2 . 45	10.616438	21.232877	31.849315	42.465753	53.082192	63.698630	74.315068	84.931507	95.547945	01	02	03	01	05	06	07	08	10
2 . 46	10.630137	21.260274	31.890411	42.520548	53.150685	63.780822	74.410959	85.041096	95.671233	01	02	03	04	05	06	07	08	10
2 . 47	10.643836	21.287671	31.931507	42.575342	53.219178	63.863014	74.506849	85.150685	95.794521	01	02	03	04	05	06	07	09	10
2 . 48	10.657534	21.315068	31.972603	42.630137	53.287671	63.945205	74.602740	85.260274	95.917808	01	02	03	04	05	06	07	09	10
2 . 49	10.671233	21.342466	32.013699	42.684932	53.356164	64.027397	74.698630	85.369863	96.041096	01	02	03	04	05	06	07	09	10
2 . 50	10.684932	21.369863	32.054795	42.739726	53.424658	64.109589	74.794521	85.479452	96.164384	01	02	03	04	05	06	07	09	10
2 . 51	10.698630	21.397260	32.095890	42.794521	53.493151	64.191781	74.890411	85.589041	96.287671	01	02	03	04	05	06	07	09	10
2 . 52	10.712329	21.424658	32.136986	42.849315	53.561644	64.273973	74.986301	85.698630	96.410959	01	02	03	04	05	06	07	09	10
2 . 53	10.726027	21.452055	32.178082	42.904110	53.630137	64.356164	75.082192	85.808219	96.534247	01	02	03	04	05	06	08	09	10
2 . 54	10.739726	21.479452	32.219178	42.958904	53.698630	64.438356	75.178082	85.917808	96.657534	01	02	03	04	05	06	08	09	10
2 . 55	10.753425	21.506849	32.260274	43.013699	53.767123	64.520548	75.273973	86.027397	96.780822	01	02	03	04	05	06	08	09	10
2 . 56	10.767123	21.534247	32.301370	43.068493	53.835616	64.602740	75.369863	86.136986	96.904110	01	02	03	04	05	06	08	09	10
2 . 57	10.780822	21.561644	32.342466	43.123288	53.904110	64.684932	75.465753	86.246575	97.027397	01	02	03	04	05	06	08	09	10
2 . 58	10.794521	21.589041	32.383562	43.178082	53.972603	64.767123	75.561644	86.356164	97.150685	01	02	03	04	05	06	08	09	10
2 . 59	10.808219	21.616438	32.424658	43.232877	54.041096	64.849315	75.657534	86.465753	97.273973	01	02	03	04	05	06	08	09	10
2 . 60	10.821918	21.643836	32.465753	43.287671	54.109589	64.931507	75.753425	86.575342	97.397260	01	02	03	04	05	06	08	09	10
2 . 61	10.835616	21.671233	32.506849	43.342466	54.178082	65.013699	75.849315	86.684932	97.520548	01	02	03	04	05	06	08	09	10
2 . 62	10.849315	21.698630	32.547945	43.397260	54.246575	65.095890	75.945205	86.794521	97.643836	01	02	03	04	05	07	08	09	10
2 . 63	10.863014	21.726027	32.589041	43.452055	54.315068	65.178082	76.041096	86.904110	97.767123	01	02	03	04	05	07	08	09	10
2 . 64	10.876712	21.753425	32.630137	43.506849	54.383562	65.260274	76.136986	87.013699	97.890411	01	02	03	04	05	07	08	09	10
2 . 65	10.890411	21.780822	32.671233	43.561644	54.452055	65.342466	76.232877	87.123288	98.013699	01	02	03	04	05	07	08	09	10
2 . 66	10.904110	21.808219	32.712329	43.616438	54.520548	65.424658	76.328767	87.232877	98.136986	01	02	03	04	05	07	08	09	10
2 . 67	10.917808	21.835616	32.753425	43.671233	54.589041	65.506849	76.424658	87.342466	98.260274	01	02	03	04	05	07	08	09	10
2 . 68	10.931507	21.863014	32.794521	43.726027	54.657534	65.589041	76.520548	87.452055	98.383562	01	02	03	04	05	07	08	09	10
2 . 69	10.945205	21.890411	32.835616	43.780822	54.726027	65.671233	76.616438	87.561644	98.506849	01	02	03	04	05	07	08	09	10
2 . 70	10.958904	21.917808	32.876712	43.835616	54.794521	65.753425	76.712329	87.671233	98.630137	01	02	03	04	05	07	08	09	10
2 . 71	10.972603	21.945205	32.917808	43.890411	54.863014	65.835616	76.808219	87.780822	98.753425	01	02	03	04	05	07	08	09	10
2 . 72	10.986301	21.972603	32.958904	43.945205	54.931507	65.917808	76.904110	87.890411	98.876712	01	02	03	04	05	07	08	09	10
2 . 73	11.000000	22.000000	33.000000	44.000000	55.000000	66.000000	77.000000	88.000000	99.000000	01	02	03	04	05	07	08	09	10
2 . 74	11.013699	22.027397	33.041096	44.054795	55.068493	66.082192	77.095890	88.109589	99.123288	01	02	03	04	05	07	08	09	10

ANS . JOURS.	100 fr.	200 fr.	300 fr.	400 fr.	500 fr.	600 fr.	700 fr.	800 fr.	900 fr.	Centimes
2 . 75	11.027397	22.054795	33.082192	44.109589	55.136986	66.164384	77.191781	88.219178	99.246575	01 02 03 04 06 07 08 09 10
2 . 76	11.041096	22.082192	33.123288	44.164384	55.205479	66.246575	77.287671	88.328767	99.369863	01 02 03 04 06 07 08 09 10
2 . 77	11.054795	22.109589	33.164384	44.219178	55.273973	66.328767	77.383562	88.438356	99.493151	01 02 03 04 06 07 08 09 10
2 . 78	11.068493	22.136986	33.205479	44.273973	55.342466	66.410959	77.479452	88.547945	99.616438	01 02 03 04 06 07 08 09 10
2 . 79	11.082192	22.164384	33.246575	44.328767	55.410959	66.493151	77.575342	88.657534	99.739726	01 02 03 04 06 07 08 09 10
2 . 80	11.095890	22.191781	33.287671	44.383562	55.479452	66.575342	77.671233	88.767123	99.863014	01 02 03 04 06 07 08 09 10

TEMPS.	CAPITAUX.									CENTIMES.
ANS . JOURS.	100 fr.	200 fr.	300 fr.	400 fr.	500 fr.	600 fr.	700 fr.	800 fr.	900 fr.	10 20 30 40 50 60 70 80 90
2 . 75	11.027397	22.054795	33.082192	44.109589	55.136986	66.164384	77.191781	88.219178	99.246575	01 02 03 04 06 07 08 09 10
2 . 76	11.041096	22.082192	33.123288	44.164384	55.205479	66.246575	77.287671	88.328767	99.369863	01 02 03 04 06 07 08 09 10
2 . 77	11.054795	22.109589	33.164384	44.219178	55.273973	66.328767	77.383562	88.438356	99.493151	01 02 03 04 06 07 08 09 10
2 . 78	11.068493	22.136986	33.205479	44.273973	55.342466	66.410959	77.479452	88.547945	99.616438	01 02 03 04 06 07 08 09 10
2 . 79	11.082192	22.164384	33.246575	44.328767	55.410959	66.493151	77.575342	88.657534	99.739726	01 02 03 04 06 07 08 09 10
2 . 80	11.095890	22.191781	33.287671	44.383562	55.479452	66.575342	77.671233	88.767123	99.863014	01 02 03 04 06 07 08 09 10
2 . 81	11.109589	22.219178	33.328767	44.438356	55.547945	66.657534	77.767123	88.876712	99.986301	01 02 03 04 06 07 08 09 10
2 . 82	11.123288	22.246575	33.369863	44.493151	55.616438	66.739726	77.863014	88.986301	100.109589	01 02 03 04 06 07 08 09 10
2 . 83	11.136986	22.273973	33.410959	44.547945	55.684932	66.821918	77.958904	89.095890	100.232877	01 02 03 04 06 07 08 09 10
2 . 84	11.150685	22.301370	33.452055	44.602740	55.753425	66.904110	78.054795	89.205479	100.356164	01 02 03 04 06 07 08 09 10
2 . 85	11.164384	22.328767	33.493151	44.657534	55.821918	66.986301	78.150685	89.315068	100.479452	01 02 03 04 06 07 08 09 10
2 . 86	11.178082	22.356164	33.534247	44.712329	55.890411	67.068493	78.246575	89.424658	100.602740	01 02 03 04 06 07 08 09 10
2 . 87	11.191781	22.383562	33.575342	44.767123	55.958904	67.150685	78.342466	89.534247	100.726027	01 02 03 04 06 07 08 09 10
2 . 88	11.205479	22.410959	33.616438	44.821918	56.027397	67.232877	78.438356	89.643836	100.849315	01 02 03 04 06 07 08 09 10
2 . 89	11.219178	22.438356	33.657534	44.876712	56.095890	67.315068	78.534247	89.753425	100.972603	01 02 03 04 06 07 08 09 10
2 . 90	11.232877	22.465753	33.698630	44.931507	56.164384	67.397260	78.630137	89.863014	101.095890	01 02 03 04 06 07 08 09 10
2 . 91	11.246575	22.493151	33.739726	44.986301	56.232877	67.479452	78.726027	89.972603	101.219178	01 02 03 04 06 07 08 09 10
2 . 92	11.260274	22.520548	33.780822	45.041096	56.301370	67.561644	78.821918	90.082192	101.342466	01 02 03 04 05 06 07 08 09 10
2 . 93	11.273973	22.547945	33.821918	45.095890	56.369863	67.643836	78.917808	90.191781	101.465753	01 02 03 05 06 07 08 09 10
2 . 94	11.287671	22.575342	33.863014	45.150685	56.438356	67.726027	79.013699	90.301370	101.589041	01 02 03 05 06 07 08 09 10
2 . 95	11.301370	22.602740	33.904110	45.205479	56.506849	67.808219	79.109589	90.410959	101.712329	01 02 03 05 06 07 08 09 10
2 . 96	11.315068	22.630137	33.945205	45.260274	56.575342	67.890411	79.205479	90.520548	101.835616	01 02 03 05 06 07 08 09 10
2 . 97	11.328767	22.657534	33.986301	45.315068	56.643836	67.972603	79.301370	90.630137	101.958904	01 02 03 05 06 07 08 09 10
2 . 98	11.342466	22.684932	34.027397	45.369863	56.712329	68.054795	79.397260	90.739726	102.082192	01 02 03 05 06 07 08 09 10
2 . 99	11.356164	22.712329	34.068493	45.424658	56.780822	68.136986	79.493151	90.849315	102.205479	01 02 03 05 06 07 08 09 10
2 . 100	11.369863	22.739726	34.109589	45.479452	56.849315	68.219178	79.589041	90.958904	102.328767	01 02 03 05 06 07 08 09 10
2 . 101	11.383562	22.767123	34.150685	45.534247	56.917808	68.301370	79.684932	91.068493	102.452055	01 02 03 05 06 07 08 09 10
2 . 102	11.397260	22.794521	34.191781	45.589041	56.986301	68.383562	79.780822	91.178082	102.575342	01 02 03 05 06 07 08 09 10
2 . 103	11.410960	22.821918	34.232877	45.643836	57.054795	68.465753	79.876712	91.287671	102.698630	01 02 03 05 06 07 08 09 10
2 . 104	11.424658	22.849315	34.273973	45.698630	57.123288	68.547945	79.972603	91.397260	102.821918	01 02 03 05 06 07 08 09 10
2 . 105	11.438356	22.876712	34.315068	45.753425	57.191781	68.630137	80.068493	91.506849	102.945205	01 02 03 05 06 07 08 09 10
2 . 106	11.452055	22.904110	34.356164	45.808219	57.260274	68.712329	80.164384	91.616438	103.068493	01 02 03 05 06 07 08 09 10
2 . 107	11.465753	22.931507	34.397260	45.863014	57.328767	68.794521	80.260274	91.726027	103.191781	01 02 03 05 06 07 08 09 10
2 . 108	11.479452	22.958904	34.438356	45.917808	57.397260	68.876712	80.356164	91.835616	103.315068	01 02 03 05 06 07 08 09 10
2 . 109	11.493151	22.986301	34.479452	45.972603	57.465753	68.958904	80.452055	91.945205	103.438356	01 02 03 05 06 07 08 09 10
2 . 110	11.506849	23.013699	34.520548	46.027397	57.534247	69.041096	80.547945	92.054795	103.561644	01 02 03 05 06 07 08 09 10
2 . 111	11.520548	23.041096	34.561644	46.082192	57.602740	69.123288	80.643836	92.164384	103.684932	01 02 03 05 06 07 08 09 10

INTÉRÊT AU 5 POUR 100.

TEMPS.	CAPITAUX.									CENTIMES.								
ANS . JOURS.	100 fr.	200 fr.	300 fr.	400 fr.	500 fr.	600 fr.	700 fr.	800 fr.	900 fr.	10	20	30	40	50	60	70	80	90
	fr.	fr.	fr.	fr.	fr.	fr.	fr.	fr.	fr.									
2 . 112	11.534247	23.068493	34.602740	46.136986	57.671233	69.205479	80.739726	92.273973	103.808219	01	02	03	05	06	07	08	09	10
2 . 113	11.547945	23.095890	34.643836	46.191781	57.739726	69.287671	80.835616	92.383562	103.931507	01	02	03	05	06	07	08	09	10
2 . 114	11.561644	23.123288	34.684932	46.246575	57.808219	69.369863	80.931507	92.493151	104.054795	01	02	03	05	06	07	08	09	10
2 . 115	11.575342	23.150685	34.726027	46.301370	57.876712	69.452055	81.027397	92.602740	104.178082	01	02	03	05	06	07	08	09	10
2 . 116	11.589041	23.178082	34.767123	46.356164	57.945205	69.534247	81.123288	92.712329	104.301370	01	02	03	05	06	07	08	09	10
2 . 117	11.602740	23.205479	34.808219	46.410959	58.013699	69.616438	81.219178	92.821918	104.424658	01	02	03	05	06	07	08	09	10
2 . 118	11.616438	23.232877	34.849315	46.465753	58.082192	69.698630	81.315068	92.931507	104.547945	01	02	03	05	06	07	08	09	10
2 . 119	11.630137	23.260274	34.890411	46.520548	58.150685	69.780822	81.410959	93.041096	104.671233	01	02	03	05	06	07	08	09	10
2 . 120	11.643836	23.287671	34.931507	46.575342	58.219178	69.863014	81.506849	93.150685	104.794521	01	02	03	05	06	07	08	09	10
2 . 121	11.657534	23.315068	34.972603	46.630137	58.287671	69.945205	81.602740	93.260274	104.917808	01	02	03	05	06	07	08	09	10
2 . 122	11.671233	23.342466	35.013699	46.684932	58.356164	70.027397	81.698630	93.369863	105.041096	01	02	04	05	06	07	08	09	11
2 . 123	11.684932	23.369863	35.054795	46.739726	58.424658	70.109589	81.794521	93.479452	105.164384	01	02	04	05	06	07	08	09	11
2 . 124	11.698630	23.397260	35.095890	46.794521	58.493151	70.191781	81.890411	93.589041	105.287671	01	02	04	05	06	07	08	09	11
2 . 125	11.712329	23.424658	35.136986	46.849315	58.561644	70.273973	81.986301	93.698630	105.410959	01	02	04	05	06	07	08	09	11
2 . 126	11.726027	23.452055	35.178082	46.904110	58.630137	70.356164	82.082192	93.808219	105.534247	01	02	04	05	06	07	08	09	11
2 . 127	11.739726	23.479452	35.219178	46.958904	58.698630	70.438356	82.178082	93.917808	105.657534	01	02	04	05	06	07	08	09	11
2 . 128	11.753425	23.506849	35.260274	47.013699	58.767123	70.520548	82.273973	94.027397	105.780822	01	02	04	05	06	07	08	09	11
2 . 129	11.767123	23.534247	35.301370	47.068493	58.835616	70.602740	82.369863	94.136986	105.904110	01	02	04	05	06	07	08	09	11
2 . 130	11.780822	23.561644	35.342466	47.123288	58.904110	70.684932	82.465753	94.246575	106.027397	01	02	04	05	06	07	08	09	11
2 . 131	11.794521	23.589041	35.383562	47.178082	58.972603	70.767123	82.561644	94.356164	106.150685	01	02	04	05	06	07	08	09	11
2 . 132	11.808219	23.616438	35.424658	47.232877	59.041096	70.849315	82.657534	94.465753	106.273973	01	02	04	05	06	07	08	09	11
2 . 133	11.821918	23.643836	35.465753	47.287671	59.109589	70.931507	82.753425	94.575342	106.397260	01	02	04	05	06	07	08	09	11
2 . 134	11.835616	23.671233	35.506849	47.342466	59.178082	71.013699	82.849315	94.684932	106.520548	01	02	04	05	06	07	08	09	11
2 . 135	11.849315	23.698630	35.547945	47.397260	59.246575	71.095890	82.945205	94.794521	106.643836	01	02	04	05	06	07	08	09	11
2 . 136	11.863014	23.726027	35.589041	47.452055	59.315068	71.178082	83.041096	94.904110	106.767123	01	02	04	05	06	07	08	09	11
2 . 137	11.876712	23.753425	35.630137	47.506849	59.383562	71.260274	83.136986	95.013699	106.890411	01	02	04	05	06	07	08	10	11
2 . 138	11.890411	23.780822	35.671233	47.561644	59.452055	71.342466	83.232877	95.123288	107.013699	01	02	04	05	06	07	08	10	11
2 . 139	11.904110	23.808219	35.712329	47.616438	59.520548	71.424658	83.328767	95.239877	107.136986	01	02	04	05	06	07	08	10	11
2 . 140	11.917808	23.835616	35.753425	47.671233	59.589041	71.506849	83.424658	95.342466	107.260274	01	02	04	05	06	07	08	10	11
2 . 141	11.931507	23.863014	35.794521	47.726027	59.657534	71.589041	83.520548	95.452055	107.383562	01	02	04	05	06	07	08	10	11
2 . 142	11.945205	23.890411	35.835616	47.780822	59.726027	71.671233	83.616438	95.561644	107.506849	01	02	04	05	06	07	08	10	11
2 . 143	11.958904	23.917808	35.876712	47.835616	59.794521	71.753425	83.712329	95.671233	107.630137	01	02	04	05	06	07	08	10	11
2 . 144	11.972603	23.945205	35.917808	47.890411	59.863014	71.835616	83.808219	95.780822	107.753425	01	02	04	05	06	07	08	10	11
2 . 145	11.986301	23.972603	35.958904	47.945205	59.931507	71.917808	83.904110	95.890411	107.876712	01	02	04	05	06	07	08	10	11
2 . 146	12.000000	24.000000	36.000000	48.000000	60.000000	72.000000	84.000000	96.000000	108.000000	01	02	04	05	06	07	08	10	11
2 . 147	12.013699	24.027397	36.041096	48.054795	60.068493	72.082192	84.095890	96.109589	108.123288	01	02	04	05	06	07	08	10	11
2 . 148	12.027397	24.054795	36.082192	48.109589	60.136986	72.164384	84.191781	96.219178	108.246575	01	02	04	05	06	07	08	10	11

TEMPS.	CAPITAUX.									CENTIMES.								
ANS . JOURS.	100 fr.	200 fr.	300 fr.	400 fr.	500 fr.	600 fr.	700 fr.	800 fr.	900 fr.	10	20	30	40	50	60	70	80	90
	fr.	fr.	fr.	fr.	fr.	fr.	fr.	fr.	fr.									
2 . 149	12.041096	24.082192	36.123288	48.164384	60.205479	72.246575	84.287671	96.328767	108.369863	01	02	04	05	06	07	08	10	11
2 . 150	12.054795	24.109589	36.164384	48.219178	60.273973	72.328767	84.383562	96.438356	108.493151	01	02	04	05	06	07	08	10	11
2 . 151	12.068493	24.136986	36.205479	48.273973	60.342466	72.410959	84.479452	96.547945	108.616438	01	02	04	05	06	07	08	10	11
2 . 152	12.082192	24.164384	36.246575	48.328767	60.410959	72.493151	84.575342	96.657534	108.739726	01	02	04	05	06	07	08	10	11
2 . 153	12.095890	24.191781	36.287671	48.383562	60.479452	72.575342	84.671233	96.767123	108.863014	01	02	04	05	06	07	08	10	11
2 . 154	12.109589	24.219178	36.328767	48.438356	60.547945	72.657534	84.767123	96.876712	108.986301	01	02	04	05	06	07	08	10	11
2 . 155	12.123288	24.246575	36.369863	48.493151	60.616438	72.739726	84.863014	96.986301	109.109589	01	02	04	05	06	07	08	10	11
2 . 156	12.136986	24.273973	36.410959	48.547945	60.684932	72.821918	84.958904	97.095890	109.232877	01	02	04	05	06	07	08	10	11
2 . 157	12.150685	24.301370	36.452055	48.602740	60.753425	72.904110	85.054795	97.205479	109.356164	01	02	04	05	06	07	09	10	11
2 . 158	12.164384	24.328767	36.493151	48.657534	60.821918	72.986301	85.150685	97.315068	109.479452	01	02	04	05	06	07	09	10	11
2 . 159	12.178082	24.356164	36.534247	48.712329	60.890411	73.068493	85.246575	97.424658	109.602740	01	02	04	05	06	07	09	10	11
2 . 160	12.191781	24.383562	36.575342	48.767123	60.958904	73.150685	85.342466	97.534247	109.726027	01	02	04	05	06	07	09	10	11
2 . 161	12.205479	24.410959	36.616438	48.821948	61.027397	73.232877	85.438356	97.643836	109.849315	01	02	04	05	06	07	09	10	11
2 . 162	12.219178	24.438356	36.657534	48.876712	61.095890	73.315068	85.534247	97.753425	109.972603	01	02	04	05	06	07	09	10	11
2 . 163	12.232877	24.465753	36.698630	48.931507	61.164384	73.397260	85.630137	97.863014	110.095890	01	02	04	05	06	07	09	10	11
2 . 164	12.246575	24.493151	36.739726	48.986301	61.232877	73.479452	85.726027	97.972603	110.219178	01	02	04	05	06	07	09	10	11
2 . 165	12.260274	24.520548	36.780822	49.041096	61.301370	73.561644	85.821918	98.082192	110.342466	01	02	04	05	06	07	09	10	11
2 . 166	12.273973	24.547945	36.821918	49.093890	61.369863	73.643836	85.917808	98.191781	110.465753	01	02	04	05	06	07	09	10	11
2 . 167	12.287671	24.575342	36.863014	49.150685	61.438356	73.726027	86.013699	98.301370	110.589041	01	02	04	05	06	07	09	10	11
2 . 168	12.301370	24.602740	36.904110	49.205479	61.506849	73.808219	86.109589	98.410959	110.712329	01	02	04	05	06	07	09	10	11
2 . 169	12.315068	24.630137	36.945205	49.260274	61.575342	73.890411	86.205479	98.520548	110.835616	01	02	04	05	06	07	09	10	11
2 . 170	12.328767	24.657534	36.986301	49.315068	61.643836	73.972603	86.301370	98.630137	110.958904	01	02	04	05	06	07	09	10	11
2 . 171	12.342466	24.684932	37.027397	49.369863	61.712329	74.054795	86.397260	98.739726	111.082192	01	02	04	05	06	07	09	10	11
2 . 172	12.356164	24.712329	37.068493	49.424658	61.780822	74.136986	86.493151	98.849315	111.205479	01	02	04	05	06	07	09	10	11
2 . 173	12.369863	24.739726	37.109589	49.479452	61.849315	74.219178	86.589041	98.958904	111.328767	01	02	04	05	06	07	09	10	11
2 . 174	12.383562	24.767123	37.150685	49.534247	61.917808	74.301370	86.684932	99.068493	111.452055	01	02	04	05	06	07	09	10	11
2 . 175	12.397260	24.794521	37.191781	49.589041	61.986301	74.383562	86.780822	99.178082	111.575342	01	02	04	05	06	07	09	10	11
2 . 176	12.410959	24.821918	37.232877	49.643836	62.054795	74.465753	86.876712	99.287671	111.698630	01	02	04	05	06	07	09	10	11
2 . 177	12.424658	24.849315	37.273973	49.698630	62.123288	74.547945	86.972603	99.397260	111.821918	01	02	04	05	06	07	09	10	11
2 . 178	12.438356	24.876712	37.315068	49.753425	62.191781	74.630137	87.068493	99.506849	111.945205	01	02	04	05	06	07	09	10	11
2 . 179	12.452055	24.904110	37.356164	49.808219	62.260274	74.712329	87.164384	99.616438	112.068493	01	02	04	05	06	07	09	10	11
2 . 180	12.465753	24.931507	37.397260	49.863014	62.328767	74.794521	87.260274	99.726027	112.191781	01	02	04	05	06	07	09	10	11
2 . 181	12.479452	24.958904	37.438356	49.917808	62.397260	74.876712	87.356164	99.835616	112.315068	01	02	04	05	06	07	09	10	11
2 . 182	12.493151	24.986301	37.479452	49.972603	62.465753	74.958904	87.452055	99.945205	112.438356	01	02	04	05	06	07	09	10	11
2 . 183	12.506849	25.013699	37.520548	50.027397	62.534247	75.041096	87.547945	100.054795	112.561644	01	03	04	05	06	08	09	10	11
2 . 184	12.520548	25.041096	37.561644	50.082192	62.602740	75.123288	87.643836	100.164384	112.684932	01	03	04	05	06	08	09	10	11
2 . 185	12.534247	25.068493	37.602740	50.136986	62.671233	75.205479	87.739726	100.273973	112.808219	01	03	04	05	06	08	09	10	11

TEMPS.	CAPITAUX.									CENTIMES.								
ANS . JOURS.	100 fr.	200 fr.	300 fr.	400 fr.	500 fr.	600 fr.	700 fr.	800 fr.	900 fr.	10	20	30	40	50	60	70	80	90
	fr.	fr.	fr.	fr.	fr.	fr.	fr.	fr.	fr.									
2 . 186	12.547945	25.095890	37.643836	50.191781	62.739726	75.287671	87.835616	100.383562	112.931507	01	03	04	05	06	08	09	10	11
2 . 187	12.561644	25.123288	37.684932	50.246575	62.808219	75.369863	87.931507	100.493151	113.054795	01	03	04	05	06	08	09	10	11
2 . 188	12.575342	25.150685	37.726027	50.301370	62.876712	75.452055	88.027397	100.602740	113.178082	01	03	04	05	06	08	09	10	11
2 . 189	12.589041	25.178082	37.767123	50.356164	62.945205	75.534247	88.123288	100.712329	113.301370	01	03	04	05	06	08	09	10	11
2 . 190	12.602740	25.205479	37.808219	50.410959	63.013699	75.616438	88.219178	100.821918	113.424658	01	03	04	05	06	08	09	10	11
2 . 191	12.616438	25.232877	37.849315	50.465753	63.082192	75.698630	88.315068	100.931507	113.547945	01	03	04	05	06	08	09	10	11
2 . 192	12.630137	25.260274	37.890411	50.520548	63.150685	75.780822	88.410959	101.041096	113.671233	01	03	04	05	06	08	09	10	11
2 . 193	12.643836	25.287671	37.931507	50.575342	63.219178	75.863014	88.506849	101.150685	113.794521	01	03	04	05	06	08	09	10	11
2 . 194	12.657534	25.315068	37.972603	50.630137	63.287671	75.945205	88.602740	101.260274	113.917808	01	03	04	05	06	08	09	10	11
2 . 195	12.671233	25.342466	38.013699	50.684932	63.356164	76.027397	88.698630	101.369863	114.041096	01	03	04	05	06	08	09	10	11
2 . 196	12.684932	25.369863	38.054795	50.739726	63.424658	76.109589	88.794521	101.479452	114.164384	01	03	04	05	06	08	09	10	11
2 . 197	12.698630	25.397260	38.095890	50.794521	63.493151	76.191781	88.890411	101.589041	114.287671	01	03	04	05	06	08	09	10	11
2 . 198	12.712329	25.424658	38.136986	50.849315	63.561644	76.273973	88.986301	101.698630	114.410959	01	03	04	05	06	08	09	10	11
2 . 199	12.726027	25.452055	38.178082	50.904110	63.630137	76.356164	89.082192	101.808219	114.534247	01	03	04	05	06	08	09	10	11
2 . 200	12.739726	25.479452	38.219178	50.958904	63.698630	76.438356	89.178082	101.917808	114.657534	01	03	04	05	06	08	09	10	11
2 . 201	12.753425	25.506849	38.260274	51.013699	63.767123	76.520548	89.273973	102.027397	114.780822	01	03	04	05	06	08	09	10	12
2 . 202	12.767123	25.534247	38.301370	51.068403	63.835616	76.602740	89.369863	102.136986	114.904110	01	03	04	05	06	08	09	10	12
2 . 203	12.780822	25.561644	38.342466	51.123288	63.904110	76.684932	89.465753	102.246575	115.027397	01	03	04	05	06	08	09	10	12
2 . 204	12.794521	25.589041	38.383562	51.178082	63.972603	76.767123	89.561644	102.356164	115.150685	01	03	04	05	06	08	09	10	12
2 . 205	12.808219	25.616438	38.424658	51.232877	64.041096	76.849315	89.657534	102.465753	115.273973	01	03	04	05	06	08	09	10	12
2 . 206	12.821918	25.643836	38.465753	51.287671	64.109589	76.931507	89.753425	102.575342	115.397260	01	03	04	05	06	08	09	10	12
2 . 207	12.835616	25.671233	38.506849	51.342466	64.178082	77.013699	89.849315	102.684932	115.520548	01	03	04	05	06	08	09	10	12
2 . 208	12.849315	25.698630	38.547945	51.397260	64.246575	77.095890	89.945205	102.794521	115.643836	01	03	04	05	06	08	09	10	12
2 . 209	12.863014	25.726027	38.589041	51.452055	64.315068	77.178082	90.041096	102.904110	115.767123	01	03	04	05	06	08	09	10	12
2 . 210	12.876712	25.753425	38.630137	51.506849	64.383562	77.260274	90.136986	103.013699	115.890411	01	03	04	05	06	08	09	10	12
2 . 211	12.890411	25.780822	38.671233	51.561644	64.452055	77.342466	90.232877	103.123288	116.013699	01	03	04	05	06	08	09	10	12
2 . 212	12.904110	25.808219	38.712329	51.616438	64.520548	77.424658	90.328767	103.232877	116.136986	01	03	04	05	06	08	09	10	12
2 . 213	12.917808	25.835616	38.753425	51.671233	64.589041	77.506849	90.424658	103.342466	116.260274	01	03	04	05	06	08	09	10	12
2 . 214	12.931507	25.863014	38.794521	51.726027	64.657534	77.589041	90.520548	103.452055	116.383562	01	03	04	05	06	08	09	10	12
2 . 215	12.945205	25.890411	38.835616	51.780822	64.726027	77.671233	90.616438	103.561644	116.506849	01	03	04	05	06	08	09	10	12
2 . 216	12.958904	25.917808	38.876712	51.835616	64.794521	77.753425	90.712329	103.671233	116.630137	01	03	04	05	06	08	09	10	12
2 . 217	12.972603	25.945205	38.917808	51.890411	64.863014	77.835616	90.808219	103.780822	116.753425	01	03	04	05	06	08	09	10	12
2 . 218	12.986301	25.972603	38.958904	51.945205	64.931507	77.917808	90.904110	103.890411	116.876712	01	03	04	05	06	08	09	10	12
2 . 219	13.000000	26.000000	39.000000	52.000000	65.000000	78.000000	91.000000	104.000000	117.000000	01	03	04	05	07	08	09	10	12
2 . 220	13.013699	26.027397	39.041096	52.054795	65.068493	78.082192	91.095890	104.109589	117.123288	01	03	04	05	07	08	09	10	12
2 . 221	13.027397	26.054795	39.082192	52.109589	65.136986	78.164384	91.191781	104.219178	117.246575	01	03	04	05	07	08	09	10	12
2 . 222	13.041096	26.082192	39.123288	52.164384	65.205479	78.246575	91.287671	104.328767	117.369863	01	03	04	05	07	08	09	10	12

TEMPS.	CAPITAUX.									CENTIMES.								
ANS . JOURS.	100 fr.	200 fr.	300 fr.	400 fr.	500 fr.	600 fr.	700 fr.	800 fr.	900 fr.	10	20	30	40	50	60	70	80	90
	fr.	fr.	fr.	fr.	fr.	fr.	fr.	fr.	fr.									
2 . 223	13.054795	26.109589	39.164384	52.219178	65.273973	78.328767	91.383562	104.438356	117.493151	01	03	04	05	07	08	09	10	12
2 . 224	13.068493	26.136986	39.205479	52.273973	65.342466	78.410959	91.479452	104.547945	117.616438	01	03	04	05	07	08	09	10	12
2 . 225	13.082192	26.164384	39.246575	52.328767	65.410959	78.493151	91.575342	104.657534	117.739726	01	03	04	05	07	08	09	10	12
2 . 226	13.095890	26.191781	30.287671	52.383562	65.479452	78.575342	91.671233	104.767123	117.863014	01	03	04	05	07	08	09	10	12
2 . 227	13.109589	26.219178	30.328767	52.438356	65.547945	78.657534	91.767123	104.876712	117.986301	01	03	04	05	07	08	09	10	12
2 . 228	13.123288	26.246575	39.369863	52.493151	65.616438	78.739726	91.863014	104.986301	118.109589	01	03	04	05	07	08	09	10	12
2 . 229	13.136986	26.273973	39.410959	52.547945	65.684932	78.821918	91.958904	105.095890	118.232877	01	03	04	05	07	08	09	11	12
2 . 230	13.150685	26.301370	39.452055	52.602740	65.753425	78.904110	92.054795	105.205479	118.356164	01	03	04	05	07	08	09	11	12
2 . 231	13.164384	26.328767	39.493151	52.657534	65.821918	78.986301	92.150685	105.315068	118.479452	01	03	04	05	07	08	09	11	12
2 . 232	13.178082	26.356164	39.534247	52.712329	65.890411	79.068493	92.246575	105.424658	118.602740	01	03	04	05	07	08	09	11	12
2 . 233	13.191781	26.383562	39.575342	52.767123	65.958904	79.150685	92.342466	105.534247	118.726027	01	03	04	05	07	08	09	11	12
2 . 234	13.205479	26.410959	39.616438	52.821918	66.027397	79.232877	92.438356	105.643836	118.849315	01	03	04	05	07	08	09	11	12
2 . 235	13.219178	26.438356	39.657534	52.876712	66.095890	79.315068	92.534247	105.753425	118.972603	01	03	04	05	07	08	09	11	12
2 . 236	13.232877	26.465753	39.698630	52.931507	66.164384	79.397260	92.630137	105.863014	119.095890	01	03	04	05	07	08	09	11	12
2 . 237	13.246575	26.493151	39.739726	52.986301	66.232877	79.479452	92.726027	105.972603	119.219178	01	03	04	05	07	08	09	11	12
2 . 238	13.260274	26.520548	39.780822	53.041096	66.301370	79.561644	92.821918	106.082192	119.342466	01	03	04	05	07	08	09	11	12
2 . 239	13.273973	26.547945	39.821918	53.095890	66.369863	79.643836	92.917808	106.191781	119.465753	01	03	04	05	07	08	09	11	12
2 . 240	13.287671	26.575342	39.863014	53.150685	66.438356	79.726027	93.013699	106.301370	119.589041	01	03	04	05	07	08	09	11	12
2 . 241	13.301370	26.602740	39.904110	53.205479	66.506849	79.808219	93.109589	106.410959	119.712329	01	03	04	05	07	08	09	11	12
2 . 242	13.315068	26.630137	39.945205	53.260274	66.575342	79.890411	93.205479	106.520548	119.835616	01	03	04	05	07	08	09	11	12
2 . 243	13.328767	26.657534	39.986301	53.315068	66.643836	79.972603	93.301370	106.630137	119.958904	01	03	04	05	07	08	09	11	12
2 . 244	13.342466	26.684932	40.027397	53.369863	66.712329	80.054795	93.397260	106.739726	120.082192	01	03	04	05	07	08	09	11	12
2 . 245	13.356164	26.712329	40.068493	53.424658	66.780822	80.136986	93.493151	106.849315	120.205479	01	03	04	05	07	08	09	11	12
2 . 246	13.369863	26.739726	40.109589	53.479452	66.849315	80.219178	93.589041	106.958904	120.328767	01	03	04	05	07	08	09	11	12
2 . 247	13.383562	26.767123	40.150685	53.534247	66.917808	80.301370	93.684932	107.068493	120.452055	01	03	04	05	07	08	09	11	12
2 . 248	13.397260	26.794521	40.191781	53.589041	66.986301	80.383562	93.780822	107.178082	120.575342	01	03	04	05	07	08	09	11	12
2 . 249	13.410959	26.821918	40.232877	53.643836	67.054795	80.465753	93.876712	107.287671	120.698630	01	03	04	05	07	08	09	11	12
2 . 250	13.424658	26.849315	40.273973	53.698630	67.123288	80.547945	93.972603	107.397260	120.821918	01	03	04	05	07	08	09	11	12
2 . 251	13.438356	26.876712	40.315068	53.753425	67.191781	80.630137	94.068493	107.506849	120.945205	01	03	04	05	07	08	09	11	12
2 . 252	13.452055	26.904110	40.356164	53.808219	67.260274	80.712329	94.164384	107.616438	121.068493	01	03	04	05	07	08	09	11	12
2 . 253	13.465753	26.931507	40.397260	53.863014	67.328767	80.794521	94.260274	107.726027	121.191781	01	03	04	05	07	08	09	11	12
2 . 254	13.479452	26.958904	40.438356	53.917808	67.397260	80.876712	94.356164	107.835616	121.315068	01	03	04	05	07	08	09	11	12
2 . 255	13.493151	26.986301	40.479452	53.972603	67.465753	80.958904	94.452055	107.945205	121.438356	01	03	04	05	07	08	09	11	12
2 . 256	13.506849	27.013699	40.520548	54.027397	67.534247	81.041096	94.547945	108.054795	121.561644	01	03	04	05	07	08	09	11	12
2 . 257	13.520548	27.041096	40.561644	54.082192	67.602740	81.123288	94.643836	108.164384	121.684932	01	03	04	05	07	08	09	11	12
2 . 258	13.534247	27.068493	40.602740	54.136986	67.671233	81.205479	94.739726	108.273973	121.808219	01	03	04	05	07	08	09	11	12
2 . 259	13.547945	27.095890	40.643836	54.191781	67.739726	81.287671	94.835616	108.383562	121.931507	01	03	04	05	07	08	09	11	12

INTÉRÊT AU 5 POUR 100.

TEMPS.	CAPITAUX.									CENTIMES.								
ANS . JOURS.	100 fr.	200 fr.	300 fr.	400 fr.	500 fr.	600 fr.	700 fr.	800 fr.	900 fr.	10	20	30	40	50	60	70	80	90
	fr.	fr.	fr.	fr.	fr.	fr.	fr.	fr.	fr.									
2 . 260	13.561644	27.123288	40.684932	54.246575	67.808219	81.369863	94.931507	108.493151	122.054795	01	03	04	05	07	08	09	11	12
2 . 261	13.575342	27.150685	40.726027	54.301370	67.876712	81.452055	95.027397	108.602740	122.178082	01	03	04	05	07	08	10	11	12
2 . 262	13.589041	27.178082	40.767123	54.356164	67.945205	81.534247	95.123288	108.712329	122.301370	01	03	04	05	07	08	10	11	12
2 . 263	13.602740	27.205479	40.808219	54.410959	68.013699	81.616438	95.219178	108.821918	122.424658	01	03	04	05	07	08	10	11	12
2 . 264	13.616438	27.232877	40.849315	54.465753	68.082192	81.698630	95.315068	108.931507	122.547945	01	03	04	05	07	08	10	11	12
2 . 265	13.630137	27.260274	40.890411	54.520548	68.150685	81.780822	95.410959	109.041096	122.671233	01	03	04	05	07	08	10	11	12
2 . 266	13.643836	27.287671	40.931507	54.575342	68.219178	81.863014	95.506849	109.150685	122.794521	01	03	04	05	07	08	10	11	12
2 . 267	13.657534	27.315068	40.972603	54.630137	68.287671	81.945205	95.602740	109.260274	122.917808	01	03	04	05	07	08	10	11	12
2 . 268	13.671233	27.342466	41.013699	54.684932	68.356164	82.027397	95.698630	109.369863	123.041096	01	03	04	05	07	08	10	11	12
2 . 269	13.684932	27.369863	41.054795	54.739726	68.424658	82.109589	95.794521	109.479452	123.164384	01	03	04	05	07	08	10	11	12
2 . 270	13.698630	27.397260	41.095890	54.794521	68.493151	82.191781	95.890411	109.589041	123.287671	01	03	04	05	07	08	10	11	12
2 . 271	13.712329	27.424658	41.136986	54.849315	68.561644	82.273973	95.986301	109.698630	123.410959	01	03	04	05	07	08	10	11	12
2 . 272	13.726027	27.452055	41.178082	54.904110	68.630137	82.356164	96.082193	109.808219	123.534247	01	03	04	05	07	08	10	11	12
2 . 273	13.739726	27.479452	41.219178	54.958904	68.698630	82.438356	96.178082	109.917808	123.657534	01	03	04	05	07	08	10	11	12
2 . 274	13.753425	27.506849	41.260274	55.013699	68.767128	82.520548	96.273973	110.027397	123.780822	01	03	04	05	07	08	10	11	12
2 . 275	13.767123	27.534247	41.301370	55.068493	68.835616	82.602740	96.369863	110.136986	123.904110	01	03	04	06	07	08	10	11	12
2 . 276	13.780822	27.561644	41.342466	55.123288	68.904110	82.684932	96.465753	110.246575	124.027397	01	03	04	06	07	08	10	11	12
2 . 277	13.794521	27.589041	41.383562	55.178082	68.972603	82.767123	96.561644	110.356164	124.150685	01	03	04	06	07	08	10	11	12
2 . 278	13.808219	27.616438	41.424658	55.232877	69.041096	82.849315	96.657534	110.465753	124.273973	01	03	04	06	07	08	10	11	12
2 . 279	13.821918	27.643836	41.465753	55.287671	69.109589	82.931507	96.753425	110.575342	124.397260	01	03	04	06	07	08	10	11	12
2 . 280	13.835616	27.671233	41.506849	55.342466	69.178082	83.013699	96.849315	110.684932	124.520548	01	03	04	06	07	08	10	11	12
2 . 281	13.849315	27.698630	41.547945	55.397260	69.246575	83.095890	96.945205	110.794521	124.643836	01	03	04	06	07	08	10	11	12
2 . 282	13.863014	27.726027	41.589041	55.452055	69.315068	83.178082	97.041096	110.904110	124.767123	01	03	04	06	07	08	10	11	12
2 . 283	13.876712	27.753425	41.630137	55.506849	69.383562	83.260274	97.136986	111.013699	124.890411	01	03	04	06	07	08	10	11	12
2 . 284	13.890411	27.780822	41.671233	55.561644	69.452055	83.342466	97.232877	111.123288	125.013699	01	03	04	06	07	08	10	11	13
2 . 285	13.904110	27.808219	41.712329	55.616438	69.520548	83.424658	97.328767	111.232877	125.136986	01	03	04	06	07	08	10	11	13
2 . 286	13.917808	27.835616	41.753425	55.671233	69.589041	83.506849	97.424658	111.342466	125.260274	01	03	04	06	07	08	10	11	13
2 . 287	13.931507	27.863014	41.794521	55.726027	69.657534	83.589041	97.520548	111.452055	125.383562	01	03	04	06	07	08	10	11	13
2 . 288	13.945205	27.890411	41.835616	55.780822	69.726027	83.671233	97.616438	111.561644	125.506849	01	03	04	06	07	08	10	11	13
2 . 289	13.958904	27.917808	41.876712	55.835616	69.794521	83.753425	97.712329	111.671233	125.630137	01	03	04	06	07	08	10	11	13
2 . 290	13.972603	27.945205	41.917808	55.890411	69.863014	83.835616	97.808219	111.780822	125.753425	01	03	04	06	07	08	10	11	13
2 . 291	13.986301	27.972603	41.958904	55.945205	69.931507	83.917808	97.904110	111.890411	125.876712	01	03	04	06	07	08	10	11	13
2 . 292	14.000000	28.000000	42.000000	56.000000	70.000000	84.000000	98.000000	112.000000	126.000000	01	03	04	06	07	08	10	11	13
2 . 293	14.013699	28.027397	42.041096	56.054795	70.068493	84.082192	98.095890	112.109589	126.123288	01	03	04	06	07	08	10	11	13
2 . 294	14.027397	28.054795	42.082192	56.109589	70.136986	84.164384	98.191781	112.219178	126.246575	01	03	04	06	07	08	10	11	13
2 . 295	14.041096	28.082192	42.123288	56.164384	70.205479	84.246575	98.287671	112.328767	126.369863	01	03	04	06	07	08	10	11	13
2 . 296	14.054795	28.109589	42.164384	56.219178	70.273973	84.328767	98.383562	112.438356	126.493151	01	03	04	06	07	08	10	11	13

TEMPS.	CAPITAUX.									CENTIMES.								
ANS . JOURS.	100 fr.	200 fr.	300 fr.	400 fr.	500 fr.	600 fr.	700 fr.	800 fr.	900 fr.	10	20	30	40	50	60	70	80	90
	fr.	fr.	fr.	fr.	fr.	fr.	fr.	fr.	fr.									
2 . 297	14.068193	28.136986	42.205479	56.273973	70.342466	84.410959	98.479452	112.547945	126.616438	01	03	04	06	07	08	10	11	13
2 . 298	14.082192	28.164384	42.246575	56.328767	70.410959	84.493151	98.575342	112.657534	126.739726	01	03	04	06	07	08	10	11	13
2 . 299	14.095890	28.191781	42.287671	56.383562	70.479452	84.575342	98.671233	112.767123	126.863014	01	03	04	06	07	08	10	11	13
2 . 300	14.109589	28.219178	42.328767	56.438356	70.547945	84.657534	98.767123	112.876712	126.986301	01	03	04	06	07	08	10	11	13
2 . 301	14.123288	28.246575	42.369863	56.493151	70.616438	84.739726	98.863014	112.986301	127.109589	01	03	04	06	07	08	10	11	13
2 . 302	14.136986	28.273973	42.410959	56.547945	70.684932	84.821918	98.958904	113.093890	127.232877	01	03	04	06	07	08	10	11	13
2 . 303	14.150685	28.301370	42.452055	56.602740	70.753425	84.904110	99.054795	113.205479	127.356164	01	03	04	06	07	08	10	11	13
2 . 304	14.164384	28.328767	42.493151	56.657534	70.821918	84.986301	99.150685	113.315068	127.479452	01	03	04	06	07	08	10	11	13
2 . 305	14.178082	28.356164	42.534247	56.712329	70.890411	85.068493	99.246575	113.424658	127.602740	01	03	04	06	07	09	10	11	13
2 . 306	14.191781	28.383562	42.575342	56.767123	70.958904	85.150685	99.342466	113.534247	127.726027	01	03	04	06	07	09	10	11	13
2 . 307	14.205479	28.410959	42.616438	56.821918	71.027397	85.232877	99.438356	113.643835	127.849315	01	03	04	06	07	09	10	11	13
2 . 308	14.219178	28.438356	42.657534	56.876712	71.095890	85.315068	99.534247	113.753425	127.972603	01	03	04	06	07	09	10	11	13
2 . 309	14.232877	28.465753	42.698630	56.931507	71.164384	85.397260	99.630137	113.863014	128.095890	01	03	04	06	07	09	10	11	13
2 . 310	14.246575	28.493151	42.739726	56.986301	71.232877	85.479452	99.726027	113.972603	128.219178	01	03	04	06	07	09	10	11	13
2 . 311	14.260274	28.520548	42.780822	57.041096	71.301370	85.561644	99.821918	114.082192	128.342466	01	03	04	06	07	09	10	11	13
2 . 312	14.273973	28.547945	42.821918	57.095890	71.369863	85.643836	99.917808	114.191781	128.465753	01	03	04	06	07	09	10	11	13
2 . 313	14.287671	28.575342	42.863014	57.150685	71.438356	85.726027	100.013699	114.301370	128.589041	01	03	04	06	07	09	10	11	13
2 . 314	14.301370	28.602740	42.904110	57.205479	71.506849	85.808219	100.109589	114.410959	128.712329	01	03	04	06	07	09	10	11	13
2 . 315	14.315068	28.630137	42.945205	57.260274	71.575342	85.890411	100.205479	114.520548	128.835616	01	03	04	06	07	09	10	11	13
2 . 316	14.328767	28.657534	42.986301	57.315068	71.643836	85.972603	100.301370	114.630137	128.958904	01	03	04	06	07	09	10	11	13
2 . 317	14.342466	28.684932	43.027397	57.369863	71.712329	86.054795	100.397260	114.739726	129.082192	01	03	04	06	07	09	10	11	13
2 . 318	14.356164	28.712329	43.068493	57.424658	71.780822	86.136986	100.493151	114.849315	129.205479	01	03	04	06	07	09	10	11	13
2 . 319	14.369863	28.739726	43.109589	57.479452	71.849315	86.219178	100.589041	114.958904	129.328767	01	03	04	06	07	09	10	11	13
2 . 320	14.383562	28.767123	43.150685	57.534247	71.917808	86.301370	100.684932	115.068493	129.452055	01	03	04	06	07	09	10	12	13
2 . 321	14.397260	28.794521	43.191781	57.589041	71.986301	86.383562	100.780822	115.178082	129.575342	01	03	04	06	07	09	10	12	13
2 . 322	14.410959	28.821918	43.232877	57.643836	72.054795	86.465753	100.876712	115.287671	129.698630	01	03	04	06	07	09	10	12	13
2 . 323	14.424658	28.849315	43.273973	57.698630	72.123288	86.547945	100.972603	115.397260	129.821918	01	03	04	06	07	09	10	12	13
2 . 324	14.438356	28.876712	43.315068	57.753425	72.191781	86.630137	101.068493	115.506849	129.945205	01	03	04	06	07	09	10	12	13
2 . 325	14.452055	28.904110	43.356164	57.808219	72.260274	86.712329	101.164384	115.616438	130.068493	01	03	04	06	07	09	10	12	13
2 . 326	14.465788	28.931507	43.397900	57.863014	72.328767	86.794521	101.260274	115.726027	130.191781	01	03	04	06	07	09	10	12	13
2 . 327	14.479452	28.958904	43.438356	57.917808	72.397260	86.876712	101.356164	115.835616	130.315068	01	03	04	06	07	09	10	12	13
2 . 328	14.493151	28.986301	43.479452	57.972603	72.465753	86.958904	101.452055	115.945205	130.438356	01	03	04	06	07	09	10	12	13
2 . 329	14.506849	29.013699	43.520548	58.027397	72.534247	87.041096	101.547945	116.054795	130.561644	01	03	04	06	07	09	10	12	13
2 . 330	14.520548	29.041096	43.561644	58.082192	72.602740	87.123288	101.643836	116.164384	130.684932	01	03	04	06	07	09	10	12	13
2 . 331	14.534247	29.068493	43.602740	58.136986	72.671233	87.205479	101.739726	116.273973	130.808219	01	03	04	06	07	09	10	12	13
2 . 332	14.547945	29.095890	43.643835	58.191781	72.739726	87.287671	101.835616	116.383562	130.931507	01	03	04	06	07	09	10	12	13
2 . 333	14.561644	29.123288	43.684932	58.246575	72.808219	87.369863	101.931507	116.493151	131.054795	01	03	04	06	07	09	10	12	13

TEMPS.		CAPITAUX.									CENTIMES.								
ANS . JOURS.	100 fr.	200 fr.	300 fr.	400 fr.	500 fr.	600 fr.	700 fr.	800 fr.	900 fr.	10	20	30	40	50	60	70	80	90
	fr.	fr.	fr.	fr.	fr.	fr.	fr.	fr.	fr.									
2 . 334	14.575342	29.150685	43.726027	58.301370	72.876712	87.452055	102.027397	116.602740	131.178082	01	03	04	06	07	09	10	12	13
2 . 335	14.580041	29.178082	43.767123	58.356164	72.945205	87.534247	102.123288	116.712329	131.301370	01	03	04	06	07	09	10	12	13
2 . 336	14.602740	29.205479	43.808219	58.410959	73.013699	87.616438	102.219178	116.821918	131.424658	01	03	04	06	07	09	10	12	13
2 . 337	14.616438	29.232877	43.849315	58.465753	73.082192	87.698630	102.315068	116.931507	131.547945	01	03	04	06	07	09	10	12	13
2 . 338	14.630137	29.260274	43.890411	58.520548	73.150685	87.780822	102.410959	117.041096	131.671233	01	03	04	06	07	09	10	12	13
2 . 339	14.643836	29.287671	43.931507	58.575342	73.219178	87.863014	102.506849	117.150685	131.794521	01	03	04	06	07	09	10	12	13
2 . 340	14.657534	29.315068	43.972603	58.630137	73.287671	87.945205	102.602740	117.260274	131.917808	01	03	04	06	07	09	10	12	13
2 . 341	14.671233	29.342466	44.013699	58.684932	73.356164	88.027397	102.698630	117.369863	132.041096	01	03	04	06	07	09	10	12	13
2 . 342	14.684032	29.369863	44.054795	58.739726	73.424658	88.109589	102.794521	117.479452	132.164384	01	03	04	06	07	09	10	12	13
2 . 343	14.698630	29.397260	44.095890	58.794521	73.493151	88.191781	102.890411	117.589041	132.287671	01	03	04	06	07	09	10	12	13
2 . 344	14.712329	29.424658	44.136986	58.849315	73.561644	88.273973	102.986301	117.698630	132.410959	01	03	04	06	07	09	10	12	13
2 . 345	14.726027	29.452055	44.178082	58.904110	73.630137	88.356164	103.082192	117.808219	132.534247	01	03	04	06	07	09	10	12	13
2 . 346	14.739726	29.479452	44.219178	58.958904	73.698630	88.438356	103.178082	117.917808	132.657534	01	03	04	06	07	09	10	12	13
2 . 347	14.753425	29.506849	44.260274	59.013699	73.767123	88.520548	103.273973	118.027397	132.780822	01	03	04	06	07	09	10	12	13
2 . 348	14.767123	29.534247	44.301370	59.068493	73.835616	88.602740	103.369863	118.136986	132.904110	01	03	04	06	07	09	10	12	13
2 . 349	14.780822	29.561644	44.342466	59.123288	73.904110	88.684932	103.465753	118.246575	133.027397	01	03	04	06	07	09	10	12	13
2 . 350	14.794521	29.589041	44.383562	59.178082	73.972603	88.767123	103.561644	118.356164	133.150685	01	03	04	06	07	09	10	12	13
2 . 351	14.808219	29.616438	44.424658	59.232877	74.041096	88.849315	103.657534	118.465753	133.273973	01	03	04	06	07	09	10	12	13
2 . 352	14.821918	29.643836	44.465753	59.287671	74.109589	88.931507	103.753425	118.575342	133.397260	01	03	04	06	07	09	10	12	13
2 . 353	14.835616	29.671233	44.506849	59.342466	74.178082	89.013699	103.849315	118.684932	133.520518	01	03	04	06	07	09	10	12	13
2 . 354	14.849315	29.698630	44.547945	59.397260	74.246575	89.095890	103.945205	118.794521	133.643836	01	03	04	06	07	09	10	12	13
2 . 355	14.863014	29.726027	44.589041	59.452055	74.315068	89.178082	104.041096	118.904110	133.767123	01	03	04	06	07	09	10	12	13
2 . 356	14.876712	29.753425	44.630137	59.506849	74.383562	89.260274	104.136986	119.013699	133.890411	01	03	04	06	07	09	10	12	13
2 . 357	14.890411	29.780822	44.671233	59.561644	74.452055	89.342466	104.232877	119.123288	134.013699	01	03	04	06	07	09	10	12	13
2 . 358	14.904110	29.808219	44.712329	59.616438	74.520548	89.424658	104.328767	119.232877	134.136986	01	03	04	06	07	09	10	12	13
2 . 359	14.917808	29.835616	44.753425	59.671233	74.589041	89.506849	104.424658	119.342466	134.260274	01	03	04	06	07	09	10	12	13
2 . 360	14.931507	29.863014	44.794521	59.726027	74.657534	89.589041	104.520548	119.452055	134.383562	01	03	04	06	07	09	10	12	13
2 . 361	14.945205	29.890411	44.835616	59.780822	74.726027	89.671233	104.616438	119.561644	134.506849	01	03	04	06	07	09	10	12	13
2 . 362	14.958904	29.917808	44.876712	59.835616	74.794521	89.753425	104.712329	119.671233	134.630137	01	03	04	06	07	09	10	12	13
2 . 363	14.972603	29.945205	44.917808	59.890411	74.863014	89.835616	104.808219	119.780822	134.753425	01	03	04	06	07	09	10	12	13
2 . 364	14.986301	29.972603	44.958904	59.945205	74.931507	89.917808	104.904110	119.890411	134.876712	01	03	04	06	07	09	10	12	13
3	15.000000	30.000000	45.000000	60.000000	75.000000	90.000000	105.000000	120.000000	135.000000	02	03	05	06	08	09	11	12	14

TEMPS. ANS . JOURS.	CAPITAUX. 100 fr.	200 fr.	300 fr.	400 fr.	500 fr.	600 fr.	700 fr.	800 fr.	900 fr.	CENTIMES. 10	20	30	40	50	60	70	80	90
3 . 1	15.013699	30.027397	45.041096	60.054795	75.068493	90.082192	105.095890	120.109589	135.123288	02	03	05	06	08	09	11	12	14
3 . 2	15.027397	30.054795	45.082192	60.109589	75.136986	90.164384	105.191781	120.219178	135.246575	02	03	05	06	08	09	11	12	14
3 . 3	15.041096	30.082192	45.123288	60.164384	75.205479	90.246575	105.287671	120.328767	135.369863	02	03	05	06	08	09	11	12	14
3 . 4	15.054795	30.109589	45.164384	60.219178	75.273973	90.328767	105.383562	120.438356	135.493151	02	03	05	06	08	09	11	12	14
3 . 5	15.068493	30.136986	45.205479	60.273973	75.342466	90.410959	105.479452	120.547945	135.616438	02	03	05	06	08	09	11	12	14
3 . 6	15.082192	30.164384	45.246575	60.328767	75.410959	90.493151	105.575342	120.657534	135.739726	02	03	05	06	08	09	11	12	14
3 . 7	15.095890	30.191781	45.287671	60.383562	75.479452	90.575342	105.671233	120.767123	135.863014	02	03	05	06	08	09	11	12	14
3 . 8	15.109589	30.219178	45.328767	60.438356	75.547945	90.657534	105.767123	120.876712	135.986301	02	03	05	06	08	09	11	12	14
3 . 9	15.123288	30.246575	45.369863	60.493151	75.616438	90.739726	105.863014	120.986301	136.109589	02	03	05	06	08	09	11	12	14
3 . 10	15.136986	30.273973	45.410959	60.547945	75.684932	90.821918	105.958904	121.095890	136.232877	02	03	05	06	08	09	11	12	14
3 . 11	15.150685	30.301370	45.452055	60.602740	75.753425	90.904110	106.054795	121.205479	136.356164	02	03	05	06	08	09	11	12	14
3 . 12	15.164384	30.328767	45.493151	60.657534	75.821918	90.986301	106.150685	121.315068	136.479452	02	03	05	06	08	09	11	12	14
3 . 13	15.178082	30.356164	45.534247	60.712329	75.890411	91.068493	106.246575	121.424658	136.602740	02	03	05	06	08	09	11	12	14
3 . 14	15.191781	30.383562	45.575342	60.767123	75.958904	91.150685	106.342466	121.534247	136.726027	02	03	05	06	08	09	11	12	14
3 . 15	15.205479	30.410959	45.616438	60.821918	76.027397	91.232877	106.438356	121.643836	136.849315	02	03	05	06	08	09	11	12	14
3 . 16	15.219178	30.438356	45.657534	60.876712	76.095890	91.315068	106.534247	121.753425	136.972603	02	03	05	06	08	09	11	12	14
3 . 17	15.232877	30.465753	45.698630	60.931507	76.164384	91.397260	106.630137	121.863014	137.095890	02	03	05	06	08	09	11	12	14
3 . 18	15.246575	30.493151	45.739726	60.986301	76.232877	91.479452	106.726027	121.972603	137.219178	02	03	05	06	08	09	11	12	14
3 . 19	15.260274	30.520548	45.780822	61.041096	76.301370	91.561644	106.821918	122.082192	137.342466	02	03	05	06	08	09	11	12	14
3 . 20	15.273973	30.547945	45.821918	61.095890	76.369863	91.643836	106.917808	122.191781	137.465753	02	03	05	06	08	09	11	12	14
3 . 21	15.287671	30.575342	45.863014	61.150685	76.438356	91.726027	107.013699	122.301370	137.589041	02	03	05	06	08	09	11	12	14
3 . 22	15.301370	30.602740	45.904110	61.205479	76.506849	91.808219	107.109589	122.410959	137.712329	02	03	05	06	08	09	11	12	14
3 . 23	15.315068	30.630137	45.945205	61.260274	76.575342	91.890411	107.205479	122.520548	137.835616	02	03	05	06	08	09	11	12	14
3 . 24	15.328767	30.657534	45.986301	61.315068	76.643836	91.972603	107.301370	122.630137	137.958904	02	03	05	06	08	09	11	12	14
3 . 25	15.342466	30.684932	46.027397	61.369863	76.712329	92.054795	107.397260	122.739726	138.082192	02	03	05	06	08	09	11	12	14
3 . 26	15.356164	30.712329	46.068493	61.424658	76.780822	92.136986	107.493151	122.849315	138.205479	02	03	05	06	08	09	11	12	14
3 . 27	15.369863	30.739726	46.109589	61.479452	76.849315	92.219178	107.589041	122.958904	138.328767	02	03	05	06	08	09	11	12	14
3 . 28	15.383562	30.767123	46.150685	61.534247	76.917808	92.301370	107.684932	123.068493	138.452055	02	03	05	06	08	09	11	12	14
3 . 29	15.397260	30.794521	46.191781	61.589041	76.986301	92.383562	107.780822	123.178082	138.575342	02	03	05	06	08	09	11	12	14
3 . 30	15.410959	30.821918	46.232877	61.643836	77.054795	92.465753	107.876712	123.287671	138.698630	02	03	05	06	08	09	11	12	14
3 . 31	15.424658	30.849315	46.273973	61.698630	77.123288	92.547945	107.972603	123.397260	138.821918	02	03	05	06	08	09	11	12	14
3 . 32	15.438356	30.876712	46.315068	61.753425	77.191781	92.630137	108.068493	123.506849	138.945205	02	03	05	06	08	09	11	12	14
3 . 33	15.452055	30.904110	46.356164	61.808219	77.260274	92.712329	108.164384	123.616438	139.068493	02	03	05	06	08	09	11	12	14
3 . 34	15.465753	30.931507	46.397260	61.863014	77.328767	92.794521	108.260274	123.726027	139.191781	02	03	05	06	08	09	11	12	14
3 . 35	15.479452	30.958904	46.438356	61.917808	77.397260	92.876712	108.356164	123.835616	139.315068	02	03	05	06	08	09	11	12	14
3 . 36	15.493151	30.986301	46.479452	61.972603	77.465753	92.958904	108.452055	123.945205	139.438356	02	03	05	06	08	09	11	12	14
3 . 37	15.506849	31.013699	46.520548	62.027397	77.534247	93.041096	108.547945	124.054795	139.561644	02	03	05	06	08	09	11	12	14

TEMPS.	CAPITAUX.									CENTIMES.								
ANS . JOURS.	100 fr.	200 fr.	300 fr.	400 fr.	500 fr.	600 fr.	700 fr.	800 fr.	900 fr.	10	20	30	40	50	60	70	80	90
3 . 38	15.520548	31.041096	46.561644	62.082192	77.602740	93.123288	108.643836	124.164384	139.684932	02	03	05	06	08	09	11	12	14
3 . 39	15.534247	31.068493	46.602740	62.136986	77.671233	93.205479	108.730726	124.273973	139.808219	02	03	05	06	08	09	11	12	14
3 . 40	15.547945	31.095890	46.643836	62.191781	77.739726	93.287671	108.835616	124.383562	139.931507	02	03	05	06	08	09	11	12	14
3 . 41	15.561644	31.123288	46.684932	62.246575	77.808219	93.369863	108.931507	124.493151	140.054795	02	03	05	06	08	09	11	12	14
3 . 42	15.575342	31.150685	46.726027	62.301370	77.876712	93.452055	109.027397	124.602740	140.178082	02	03	05	06	08	09	11	12	14
3 . 43	15.589041	31.178082	46.767123	62.356164	77.945205	93.534247	109.123288	124.712329	140.301370	02	03	05	06	08	09	11	12	14
3 . 44	15.602740	31.205479	46.808219	62.410959	78.013699	93.616438	109.219178	124.821918	140.424658	02	03	05	06	08	09	11	12	14
3 . 45	15.616438	31.232877	46.849315	62.465753	78.082192	93.698630	109.315068	124.931507	140.547945	02	03	05	06	08	09	11	12	14
3 . 46	15.630137	31.260274	46.890411	62.520548	78.150685	93.780822	109.410959	125.041096	140.671233	02	03	05	06	08	09	11	13	14
3 . 47	15.643836	31.287671	46.931507	62.575342	78.219178	93.863014	109.506849	125.150685	140.794521	02	03	05	06	08	09	11	13	14
3 . 48	15.657534	31.315068	46.972603	62.630137	78.287671	93.945205	109.602740	125.260274	140.917808	02	03	05	06	08	09	11	13	14
3 . 49	15.671233	31.342466	47.013699	62.684932	78.356164	94.027397	109.698630	125.369863	141.041096	02	03	05	06	08	09	11	13	14
3 . 50	15.684932	31.369863	47.054795	62.739726	78.424658	94.109589	109.794521	125.479452	141.164384	02	03	05	06	08	09	11	13	14
3 . 51	15.698630	31.397260	47.095890	62.794521	78.493151	94.191781	109.890411	125.589041	141.287671	02	03	05	06	08	09	11	13	14
3 . 52	15.712329	31.424658	47.136986	62.849315	78.561644	94.273973	109.986301	125.698630	141.410959	02	03	05	06	08	09	11	13	14
3 . 53	15.726027	31.452055	47.178082	62.904110	78.630137	94.356164	110.082192	125.808219	141.534247	02	03	05	06	08	09	11	13	14
3 . 54	15.739726	31.479452	47.219178	62.958904	78.698630	94.438356	110.178082	125.917808	141.657534	02	03	05	06	08	09	11	13	14
3 . 55	15.753425	31.506849	47.260274	63.013699	78.767123	94.520548	110.273973	126.027397	141.780822	02	03	05	06	08	09	11	13	14
3 . 56	15.767123	31.534247	47.301370	63.068493	78.835616	94.602740	110.369863	126.136986	141.904110	02	03	05	06	08	09	11	13	14
3 . 57	15.780822	31.561644	47.342466	63.123288	78.904110	94.684932	110.465753	126.246575	142.027397	02	03	05	06	08	09	11	13	14
3 . 58	15.794521	31.589041	47.383562	63.178082	78.972603	94.767123	110.561644	126.356164	142.150685	02	03	05	06	08	09	11	13	14
3 . 59	15.808219	31.616438	47.424658	63.232877	79.041096	94.849315	110.657534	126.465753	142.273973	02	03	05	06	08	09	11	13	14
3 . 60	15.821918	31.643836	47.465753	63.287671	79.109589	94.931507	110.753425	126.575342	142.397260	02	03	05	06	08	09	11	13	14
3 . 61	15.835616	31.671233	47.506849	63.342466	79.178082	95.013699	110.849315	126.684932	142.520548	02	03	05	06	08	10	11	13	14
3 . 62	15.849315	31.698630	47.547945	63.397260	79.246575	95.095890	110.945205	126.794521	142.643836	02	03	05	06	08	10	11	13	14
3 . 63	15.863014	31.726027	47.589041	63.452055	79.315068	95.178082	111.041096	126.904110	142.767123	02	03	05	06	08	10	11	13	14
3 . 64	15.876712	31.753425	47.630137	63.506849	79.383562	95.260274	111.136986	127.013699	142.890411	02	03	05	06	08	10	11	13	14
3 . 65	15.890411	31.780822	47.671233	63.561644	79.452055	95.342466	111.232877	127.123288	143.013699	02	03	05	06	08	10	11	13	14
3 . 66	15.904110	31.808219	47.712329	63.616438	79.520548	95.424658	111.328767	127.232877	143.136986	02	03	05	06	08	10	11	13	14
3 . 67	15.917808	31.835616	47.753425	63.671233	79.589041	95.506849	111.424658	127.342466	143.260274	02	03	05	06	08	10	11	13	14
3 . 68	15.931507	31.863014	47.794521	63.726027	79.657534	95.589041	111.520548	127.452055	143.383562	02	03	05	06	08	10	11	13	14
3 . 69	15.945205	31.890411	47.835616	63.780822	79.726027	95.671233	111.616438	127.561644	143.506849	02	03	05	06	08	10	11	13	14
3 . 70	15.958904	31.917808	47.876712	63.835616	79.794521	95.753425	111.712329	127.671233	143.630137	02	03	05	06	08	10	11	13	14
3 . 71	15.972603	31.945205	47.917808	63.890411	79.863014	95.835616	111.808219	127.780822	143.753425	02	03	05	06	08	10	11	13	14
3 . 72	15.986301	31.972603	47.958904	63.945205	79.931507	95.917808	111.904110	127.890411	143.876712	02	03	05	06	08	10	11	13	14
3 . 73	16.000000	32.000000	48.000000	64.000000	80.000000	96.000000	112.000000	128.000000	144.000000	02	03	05	06	08	10	11	13	14
3 . 74	16.013699	32.027397	48.041096	64.054795	80.068493	96.082192	112.095890	128.109589	144.123288	02	03	05	06	08	10	11	13	14

TEMPS. ANS . JOURS.	CAPITAUX.									CENTIMES.								
	100 fr.	200 fr.	300 fr.	400 fr.	500 fr.	600 fr.	700 fr.	800 fr.	900 fr.	10	20	30	40	50	60	70	80	90
	fr.	fr.	fr.	fr.	fr.	fr.	fr.	fr.	fr.									
3 . 75	16.027397	32.054795	48.082192	64.109589	80.136986	96.164384	112.191781	128.219178	144.246575	02	03	05	06	08	10	11	13	14
3 . 76	16.041096	32.082192	48.123288	64.164384	80.205479	96.246575	112.287671	128.328767	144.369863	02	03	05	06	08	10	11	13	14
3 . 77	16.054795	32.109589	48.164384	64.219178	80.273973	96.328767	112.383562	128.438356	144.493151	02	03	05	06	08	10	11	13	14
3 . 78	16.068493	32.136986	48.205479	64.273973	80.342466	96.410959	112.479452	128.547945	144.616438	02	03	05	06	08	10	11	13	14
3 . 79	16.082192	32.164384	48.246575	64.328767	80.410959	96.493151	112.575342	128.657534	144.739726	02	03	05	06	08	10	11	13	14
3 . 80	16.095890	32.191781	48.287671	64.383562	80.479452	96.575342	112.671233	128.767123	144.863014	02	03	05	06	08	10	11	13	14
3 . 81	16.109589	32.219178	48.328767	64.438356	80.547945	96.657534	112.767123	128.876712	144.986301	02	03	05	06	08	10	11	13	15
3 . 82	16.123288	32.246575	48.369863	64.493151	80.616438	96.739726	112.863014	128.986301	145.109589	02	03	05	06	08	10	11	13	15
3 . 83	16.136986	32.273973	48.410959	64.547945	80.684932	96.821918	112.958904	129.095890	145.232877	02	03	05	06	08	10	11	13	15
3 . 84	16.150685	32.301370	48.452055	64.602740	80.753425	96.904110	113.054795	129.205479	145.356164	02	03	05	06	08	10	11	13	15
3 . 85	16.164384	32.328767	48.493151	64.657534	80.821918	96.986301	113.150685	129.315068	145.479452	02	03	05	06	08	10	11	13	15
3 . 86	16.178082	32.356164	48.534247	64.712329	80.890411	97.068493	113.246575	129.424658	145.602740	02	03	05	06	08	10	11	13	15
3 . 87	16.191781	32.383562	48.575342	64.767123	80.958904	97.150685	113.342466	129.534247	145.726027	02	03	05	06	08	10	11	13	15
3 . 88	16.205479	32.410959	48.616438	64.821918	81.027397	97.232877	113.438356	129.643836	145.849315	02	03	05	06	08	10	11	13	15
3 . 89	16.219178	32.438356	48.657534	64.876712	81.095890	97.315068	113.534247	129.753425	145.972603	02	03	05	06	08	10	11	13	15
3 . 90	16.232877	32.465753	48.698630	64.931507	81.164384	97.397260	113.630137	129.863014	146.095890	02	03	05	07	08	10	11	13	15
3 . 91	16.246575	32.493151	48.739726	64.986301	81.232877	97.479452	113.726027	129.972603	146.219178	02	03	05	07	08	10	11	13	15
3 . 92	16.260274	32.520548	48.780822	65.041096	81.301370	97.561644	113.821918	130.082192	146.342466	02	03	05	07	08	10	11	13	15
3 . 93	16.273973	32.547945	48.821918	65.095890	81.369863	97.643836	113.917808	130.191781	146.465753	02	03	05	07	08	10	11	13	15
3 . 94	16.287671	32.575342	48.863014	65.150685	81.438356	97.726027	114.013699	130.301370	146.589041	02	03	05	07	08	10	11	13	15
3 . 95	16.301370	32.602740	48.904110	65.205479	81.506849	97.808219	114.109589	130.410959	146.712329	02	03	05	07	08	10	11	13	15
3 . 96	16.315068	32.630137	48.945205	65.260274	81.575342	97.890411	114.205479	130.520548	146.835616	02	03	05	07	08	10	11	13	15
3 . 97	16.328767	32.657534	48.986301	65.315068	81.643836	97.972603	114.301370	130.630137	146.958904	02	03	05	07	08	10	11	13	15
3 . 98	16.342466	32.684932	49.027397	65.369863	81.712329	98.054795	114.397260	130.739726	147.082192	02	03	05	07	08	10	11	13	15
3 . 99	16.356164	32.712329	49.068493	65.424658	81.780822	98.136986	114.493151	130.849315	147.205479	02	03	05	07	08	10	11	13	15
3 . 100	16.369863	32.739726	49.109589	65.479452	81.849315	98.219178	114.589041	130.958904	147.328767	02	03	05	07	08	10	11	13	15
3 . 101	16.383562	32.767123	49.150685	65.534247	81.917808	98.301370	114.684932	131.068493	147.452055	02	03	05	07	08	10	11	13	15
3 . 102	16.397260	32.794521	49.191781	65.589041	81.986301	98.383562	114.780822	131.178082	147.575342	02	03	05	07	08	10	11	13	15
3 . 103	16.410959	32.821918	49.232877	65.643836	82.054795	98.465753	114.876712	131.287671	147.698630	02	03	05	07	08	10	11	13	15
3 . 104	16.424658	32.849315	49.273973	65.698630	82.123288	98.547945	114.972603	131.397260	147.821918	02	03	05	07	08	10	11	13	15
3 . 105	16.438356	32.876712	49.315068	65.753425	82.191781	98.630137	115.068493	131.506849	147.945205	02	03	05	07	08	10	12	13	15
3 . 106	16.452055	32.904110	49.356164	65.808219	82.260274	98.712329	115.164384	131.616438	148.068493	02	03	05	07	08	10	12	13	15
3 . 107	16.465753	32.931507	49.397260	65.863014	82.328767	98.794521	115.260274	131.726027	148.191781	02	03	05	07	08	10	12	13	15
3 . 108	16.479452	32.958904	49.438356	65.917808	82.397260	98.876712	115.356164	131.835616	148.315068	02	03	05	07	08	10	12	13	15
3 . 109	16.493151	32.986301	49.479452	65.972603	82.465753	98.958904	115.452055	131.945205	148.438356	02	03	05	07	08	10	12	13	15
3 . 110	16.506849	33.013699	49.520548	66.027397	82.534247	99.041096	115.547945	132.054795	148.561644	02	03	05	07	08	10	12	13	15
3 . 111	16.520548	33.041096	49.561644	66.082192	82.602740	99.123288	115.643836	132.164384	148.684932	02	03	05	07	08	10	12	13	15

TEMPS.	CAPITAUX.									CENTIMES.								
ANS . JOURS.	100 fr.	200 fr.	300 fr.	400 fr.	500 fr.	600 fr.	700 fr.	800 fr.	900 fr.	10	20	30	40	50	60	70	80	90
	fr.	fr.	fr.	fr.	fr.	fr.	fr.	fr.	fr.									
3 . 112	16.534247	33.068493	49.602740	66.136986	82.671233	99.205479	115.739726	132.273973	148.808219	02	03	05	07	08	10	12	13	15
3 . 113	16.547945	33.095890	49.643836	66.191781	82.739726	99.287671	115.835616	132.383562	148.931507	02	03	05	07	08	10	12	13	15
3 . 114	16.561644	33.123288	49.684932	66.246575	82.808219	99.369863	115.931507	132.493151	149.054795	02	03	05	07	08	10	12	13	15
3 . 115	16.575342	33.150685	49.726027	66.301370	82.876712	99.452055	116.027397	132.602740	149.178082	02	03	05	07	08	10	12	13	15
3 . 116	16.589041	33.178082	49.767123	66.356164	82.945205	99.534247	116.123288	132.712329	149.301370	02	03	05	07	08	10	12	13	15
3 . 117	16.602740	33.205479	49.808219	66.410959	83.013699	99.616438	116.219178	132.821918	149.424658	02	03	05	07	08	10	12	13	15
3 . 118	16.616438	33.232877	49.849315	66.465753	83.082192	99.698630	116.315068	132.931507	149.547945	02	03	05	07	08	10	12	13	15
3 . 119	16.630137	33.260274	49.890411	66.520548	83.150685	99.780822	116.410959	133.041096	149.671233	02	03	05	07	08	10	12	13	15
3 . 120	16.643836	33.287671	49.931507	66.575342	83.219178	99.863014	116.506849	133.150685	149.794521	02	03	05	07	08	10	12	13	15
3 . 121	16.657534	33.315068	49.972603	66.630137	83.287671	99.945205	116.602740	133.260274	149.917808	02	03	05	07	08	10	12	13	15
3 . 122	16.671233	33.342466	50.013699	66.684932	83.356164	100.027397	116.698630	133.369863	150.041096	02	03	05	07	08	10	12	13	15
3 . 123	16.684932	33.369863	50.054795	66.739726	83.424658	100.109589	116.794521	133.479452	150.164384	02	03	05	07	08	10	12	13	15
3 . 124	16.698630	33.397260	50.095890	66.794521	83.493151	100.191781	116.890411	133.589041	150.287671	02	03	05	07	08	10	12	13	15
3 . 125	16.712329	33.424658	50.136986	66.849315	83.561644	100.273973	116.986301	133.698630	150.410959	02	03	05	07	08	10	12	13	15
3 . 126	16.726027	33.452055	50.178082	66.904110	83.630137	100.356164	117.082192	133.808219	150.534247	02	03	05	07	08	10	12	13	15
3 . 127	16.739726	33.479452	50.219178	66.958904	83.698630	100.438356	117.178082	133.917808	150.657534	02	03	05	07	08	10	12	13	15
3 . 128	16.753425	33.506849	50.260274	67.013699	83.767123	100.520548	117.273973	134.027397	150.780822	02	03	05	07	08	10	12	13	15
3 . 129	16.767123	33.534247	50.301370	67.068493	83.835616	100.602740	117.369863	134.136986	150.904110	02	03	05	07	08	10	12	13	15
3 . 130	16.780822	33.561644	50.342466	67.123288	83.904110	100.684932	117.465753	134.246575	151.027397	02	03	05	07	08	10	12	13	15
3 . 131	16.794521	33.589041	50.383562	67.178082	83.972603	100.767123	117.561644	134.356164	151.150685	02	03	05	07	08	10	12	13	15
3 . 132	16.808219	33.616438	50.424658	67.232877	84.041096	100.849315	117.657534	134.465753	151.273973	02	03	05	07	08	10	12	13	15
3 . 133	16.821918	33.643836	50.465753	67.287671	84.109589	100.931507	117.753425	134.575342	151.397260	02	03	05	07	08	10	12	13	15
3 . 134	16.835616	33.671233	50.506849	67.342466	84.178082	101.013699	117.849315	134.684932	151.520548	02	03	05	07	08	10	12	13	15
3 . 135	16.849315	33.698630	50.547945	67.397260	84.246575	101.095890	117.945205	134.794521	151.643836	02	03	05	07	08	10	12	13	15
3 . 136	16.863014	33.726027	50.589041	67.452055	84.315068	101.178082	118.041096	134.904110	151.767123	02	03	05	07	08	10	12	13	15
3 . 137	16.876712	33.753425	50.630137	67.506849	84.383562	101.260274	118.136986	135.013699	151.890411	02	03	05	07	08	10	12	14	15
3 . 138	16.890411	33.780822	50.671233	67.561644	84.452055	101.342466	118.232877	135.123288	152.013699	02	03	05	07	08	10	12	14	15
3 . 139	16.904110	33.808219	50.712329	67.616438	84.520548	101.424658	118.328767	135.232877	152.136986	02	03	05	07	08	10	12	14	15
3 . 140	16.917808	33.835616	50.753425	67.671233	84.589041	101.506849	118.424658	135.342466	152.260274	02	03	05	07	08	10	12	14	15
3 . 141	16.931507	33.863014	50.794521	67.726027	84.657534	101.589041	118.520548	135.452055	152.383562	02	03	05	07	08	10	12	14	15
3 . 142	16.945205	33.890411	50.835616	67.780822	84.726027	101.671233	118.616438	135.561644	152.506849	02	03	05	07	08	10	12	14	15
3 . 143	16.958904	33.917808	50.876712	67.835616	84.794521	101.753425	118.712329	135.671233	152.630137	02	03	05	07	08	10	12	14	15
3 . 144	16.972603	33.945205	50.917808	67.890411	84.863014	101.835616	118.808219	135.780822	152.753425	02	03	05	07	08	10	12	14	15
3 . 145	16.986301	33.958904	50.958904	67.945205	84.931507	101.917808	118.904110	135.890411	152.876712	02	03	05	07	08	10	12	14	15
3 . 146	17.000000	34.000000	51.000000	68.000000	85.000000	102.000000	119.000000	136.000000	153.000000	02	03	05	07	09	10	12	14	15
3 . 147	17.013699	34.027397	51.041096	68.054795	85.068493	102.082192	119.095890	136.109589	153.123288	02	03	05	07	09	10	12	14	15
3 . 148	17.027397	34.054795	51.082192	68.109589	85.136986	102.164384	119.191781	136.219178	153.246575	02	03	05	07	09	10	12	14	15

TEMPS. ANS . JOURS.	100 fr.	200 fr.	300 fr.	400 fr.	500 fr.	600 fr.	700 fr.	800 fr.	900 fr.	10	20	30	40	50	60	70	80	90
	fr.	fr.	fr.	fr.	fr.	fr.	fr.	fr.	fr.									
3 . 149	17.041096	34.082192	51.123288	68.164384	85.205479	102.246575	119.287671	136.328767	153.369863	02	03	05	07	09	10	12	14	15
3 . 150	17.054795	34.109589	51.164384	68.219178	85.273973	102.328767	119.383562	136.438356	153.493151	02	03	05	07	09	10	12	14	15
3 . 151	17.068493	34.136986	51.205479	68.273973	85.342466	102.410959	119.479452	136.547945	153.616438	02	03	05	07	09	10	12	14	15
3 . 152	17.082192	34.164384	51.246575	68.328767	85.410959	102.493151	119.575342	136.657534	153.739726	02	03	05	07	09	10	12	14	15
3 . 153	17.095890	34.191781	51.287671	68.383562	85.479452	102.575342	119.671233	136.767123	153.863014	02	03	05	07	09	10	12	14	15
3 . 154	17.109589	34.219178	51.328767	68.438356	85.547945	102.657534	119.767123	136.876712	153.986301	02	03	05	07	09	10	12	14	15
3 . 155	17.123288	34.246575	51.369863	68.493151	85.616438	102.739726	119.863014	136.986301	154.109589	02	03	05	07	09	10	12	14	15
3 . 156	17.136986	34.273973	51.410959	68.547945	85.684932	102.821918	119.958904	137.095890	154.232877	02	03	05	07	09	10	12	14	15
3 . 157	17.150685	34.301370	51.452055	68.602740	85.753425	102.904110	120.054795	137.205479	154.356104	02	03	05	07	09	10	12	14	15
3 . 158	17.164384	34.328767	51.493151	68.657534	85.821918	102.986301	120.150685	137.315068	154.479452	02	03	05	07	09	10	12	14	15
3 . 159	17.178082	34.356164	51.534247	68.712329	85.890411	103.068493	120.246575	137.424658	154.602740	02	03	05	07	09	10	12	14	15
3 . 160	17.191781	34.383562	51.575342	68.767123	85.958904	103.150685	120.342466	137.534247	154.726027	02	03	05	07	09	10	12	14	15
3 . 161	17.205479	34.410959	51.616438	68.821918	86.027397	103.232877	120.438356	137.643836	154.849315	02	03	05	07	09	10	12	14	15
3 . 162	17.219178	34.438356	51.657534	68.876712	86.095890	103.315068	120.534247	137.753425	154.972603	02	03	05	07	09	10	12	14	16
3 . 163	17.232877	34.465753	51.698630	68.931507	86.164384	103.397260	120.630137	137.863014	155.095890	02	03	05	07	09	10	12	14	16
3 . 164	17.246575	34.493151	51.739726	68.986301	86.232877	103.479452	120.730027	137.972603	155.219178	02	03	05	07	09	10	12	14	16
3 . 165	17.260274	34.520548	51.780822	69.041096	86.301370	103.561644	120.821918	138.082192	155.342466	02	03	05	07	09	10	12	14	16
3 . 166	17.273973	34.547945	51.821918	69.095890	86.369863	103.643836	120.917808	138.191781	155.465753	02	03	05	07	09	10	12	14	16
3 . 167	17.287671	34.575342	51.863014	69.150685	86.438356	103.726027	121.013699	138.301370	155.589041	02	03	05	07	09	10	12	14	16
3 . 168	17.301370	34.602740	51.904110	69.205479	86.506849	103.808219	121.109589	138.410959	155.712329	02	03	05	07	09	10	12	14	16
3 . 169	17.315068	34.630137	51.945205	69.260274	86.575342	103.890411	121.205479	138.520548	155.835616	02	03	05	07	09	10	12	14	16
3 . 170	17.328767	34.657534	51.986301	69.315068	86.643836	103.972603	121.301370	138.630137	155.958904	02	03	05	07	09	10	12	14	16
3 . 171	17.342466	34.684932	52.027397	69.369863	86.712329	104.054795	121.397260	138.739726	156.082192	02	03	05	07	09	10	12	14	16
3 . 172	17.356164	34.712329	52.068493	69.424658	86.780822	104.136986	121.493151	138.849315	156.205479	02	03	05	07	09	10	12	14	16
3 . 173	17.369863	34.739726	52.109589	69.479452	86.849315	104.219178	121.589041	138.958904	156.328767	02	03	05	07	09	10	12	14	16
3 . 174	17.383562	34.767123	52.150685	69.534247	86.917808	104.301370	121.684932	139.068493	156.452055	02	03	05	07	09	10	12	14	16
3 . 175	17.397260	34.794521	52.191781	69.589041	86.986301	104.383562	121.780822	139.178082	156.575342	02	03	05	07	09	10	12	14	16
3 . 176	17.410959	34.821918	52.232877	69.643836	87.054795	104.465753	121.876712	139.287671	156.698630	02	03	05	07	09	10	12	14	16
3 . 177	17.424658	34.849315	52.273913	69.698600	87.123300	104.547945	121.972603	139.397260	156.821918	02	03	05	07	09	10	12	14	16
3 . 178	17.438356	34.876712	52.315068	69.753425	87.191781	104.630137	122.068493	139.506849	156.945205	02	03	05	07	09	10	12	14	16
3 . 179	17.452055	34.904110	52.356164	69.808219	87.260274	104.712329	122.164384	139.616438	157.068493	02	03	05	07	09	10	12	14	16
3 . 180	17.465753	34.931507	52.397260	69.863014	87.328767	104.794521	122.260274	139.726027	157.191781	02	03	05	07	09	10	12	14	16
3 . 181	17.479452	34.958904	52.438356	69.917808	87.397260	104.876712	122.356164	139.835616	157.315068	02	03	05	07	09	10	12	14	16
3 . 182	17.493151	34.986301	52.479452	69.972603	87.465753	104.958904	122.452055	139.945205	157.438356	02	03	05	07	09	10	12	14	16
3 . 183	17.506849	35.013699	52.520548	70.027397	87.534247	105.041096	122.547945	140.054795	157.561644	02	04	05	07	09	11	12	14	16
3 . 184	17.520548	35.041096	52.561644	70.082192	87.602740	105.123288	122.643836	140.164384	157.684932	02	04	05	07	09	11	12	14	16
3 . 185	17.534247	35.068493	52.602740	70.136986	87.671233	105.205479	122.739726	140.273973	157.808219	02	04	05	07	09	11	12	14	16

TEMPS ANS. JOURS.	100 fr.	200 fr.	300 fr.	400 fr.	500 fr.	600 fr.	700 fr.	800 fr.	900 fr.	10	20	30	40	50	60	70	80	90
3 . 186	17.547945	35.095890	52.643836	70.191781	87.739726	105.287671	122.835616	140.383562	157.931507	02	04	05	07	09	11	12	14	16
3 . 187	17.561644	35.123288	52.684932	70.246575	87.808219	105.369863	122.931507	140.493151	158.054795	02	04	05	07	09	11	12	14	16
3 . 188	17.575342	35.150685	52.726027	70.301370	87.876712	105.452055	123.027397	140.602740	158.178082	02	04	05	07	09	11	12	14	16
3 . 189	17.589041	35.178082	52.767123	70.356164	87.945205	105.534247	123.123288	140.712329	158.301370	02	04	05	07	09	11	12	14	16
3 . 190	17.602740	35.205479	52.808219	70.410959	88.013699	105.616438	123.219178	140.821918	158.424658	02	04	05	07	09	11	12	14	16
3 . 191	17.616438	35.232877	52.849315	70.465753	88.082192	105.698630	123.315068	140.931507	158.547945	02	04	05	07	09	11	12	14	16
3 . 192	17.630137	35.260274	52.890411	70.520548	88.150685	105.780822	123.410959	141.041096	158.671233	02	04	05	07	09	11	12	14	16
3 . 193	17.643836	35.287671	52.931507	70.575342	88.219178	105.863014	123.506849	141.150685	158.794521	02	04	05	07	09	11	12	14	16
3 . 194	17.657534	35.315068	52.972603	70.630137	88.287671	105.945205	123.602740	141.260274	158.917808	02	04	05	07	09	11	12	14	16
3 . 195	17.671233	35.342466	53.013699	70.684932	88.356164	106.027397	123.698630	141.369863	159.041096	02	04	05	07	09	11	12	14	16
3 . 196	17.684932	35.369863	53.054795	70.739726	88.424658	106.109589	123.794521	141.479452	159.164384	02	04	05	07	09	11	12	14	16
3 . 197	17.698630	35.397260	53.095890	70.794521	88.493151	106.191781	123.890411	141.589041	159.287671	02	04	05	07	09	11	12	14	16
3 . 198	17.712329	35.424658	53.136986	70.849315	88.561644	106.273973	123.986301	141.698630	159.410959	02	04	05	07	09	11	12	14	16
3 . 199	17.726027	35.452055	53.178082	70.904110	88.630137	106.356164	124.082192	141.808219	159.534247	02	04	05	07	09	11	12	14	16
3 . 200	17.739726	35.479452	53.219178	70.958904	88.698630	106.438356	124.178082	141.917808	159.657534	02	04	05	07	09	11	12	14	16
3 . 201	17.753425	35.506849	53.260274	71.013699	88.767123	106.520548	124.273973	142.027397	159.780822	02	04	05	07	09	11	12	14	16
3 . 202	17.767123	35.534247	53.301370	71.068493	88.835616	106.602740	124.369863	142.136986	159.904110	02	04	05	07	09	11	12	14	16
3 . 203	17.780822	35.561644	53.342460	71.123288	88.904110	106.684932	124.465753	142.246575	160.027397	02	04	05	07	09	11	12	14	16
3 . 204	17.794521	35.589041	53.383562	71.178082	88.972603	106.767123	124.561644	142.356164	160.150685	02	04	05	07	09	11	12	14	16
3 . 205	17.808219	35.616438	53.424658	71.232877	89.041096	106.849315	124.657534	142.465753	160.273973	02	04	05	07	09	11	12	14	16
3 . 206	17.821918	35.643836	53.465753	71.287671	89.109589	106.931507	124.753425	142.575342	160.397260	02	04	05	07	09	11	12	14	16
3 . 207	17.835616	35.671233	53.506849	71.342466	89.178082	107.013699	124.849315	142.684932	160.520548	02	04	05	07	09	11	12	14	16
3 . 208	17.849315	35.698630	53.547945	71.397260	89.246575	107.095890	124.945205	142.794521	160.643836	02	04	05	07	09	11	12	14	16
3 . 209	17.863014	35.726027	53.589041	71.452055	89.315068	107.178082	125.041096	142.904110	160.767123	02	04	05	07	09	11	12	14	16
3 . 210	17.876712	35.753425	53.630137	71.506849	89.383562	107.260274	125.136986	143.013699	160.890411	02	04	05	07	09	11	13	14	16
3 . 211	17.890411	35.780822	53.671233	71.561644	89.452055	107.342466	125.232877	143.123288	161.013699	02	04	05	07	09	11	13	14	16
3 . 212	17.904110	35.808219	53.712329	71.616438	89.520548	107.424658	125.328767	143.232877	161.136986	02	04	05	07	09	11	13	14	16
3 . 213	17.917808	35.835616	53.753425	71.671233	89.589041	107.506849	125.424658	143.342466	161.260274	02	04	05	07	09	11	13	14	16
3 . 214	17.931507	35.863014	53.794521	71.726027	89.657534	107.589041	125.520548	143.452055	161.383562	02	04	05	07	09	11	13	14	16
3 . 215	17.945205	35.890411	53.835616	71.780822	89.726027	107.671233	125.616438	143.561644	161.506849	02	04	05	07	09	11	13	14	16
3 . 216	17.958904	35.917808	53.876712	71.835616	89.794521	107.753425	125.712329	143.671233	161.630137	02	04	05	07	09	11	13	14	16
3 . 217	17.972603	35.945205	53.917808	71.890411	89.863014	107.835616	125.808219	143.780822	161.753425	02	04	05	07	09	11	13	14	16
3 . 218	17.986301	35.972603	53.958904	71.945205	89.931507	107.917808	125.904110	143.890411	161.876712	02	04	05	07	09	11	13	14	16
3 . 219	18.000000	36.000000	54.000000	72.000000	90.000000	108.000000	126.000000	144.000000	162.000000	02	04	05	07	09	11	13	14	16
3 . 220	18.013699	36.027397	54.041096	72.054795	90.068493	108.082192	126.095890	144.109589	162.123288	02	04	05	07	09	11	13	14	16
3 . 221	18.027397	36.054795	54.082192	72.109589	90.136986	108.164384	126.191781	144.219178	162.246575	02	04	05	07	09	11	13	14	16
3 . 222	18.041096	36.082192	54.123288	72.164384	90.205479	108.246575	126.287671	144.328767	162.369863	02	04	05	07	09	11	13	14	16

TEMPS. ANS . JOURS.	100 fr.	200 fr.	300 fr.	400 fr.	500 fr.	600 fr.	700 fr.	800 fr.	900 fr.	10	20	30	40	50	60	70	80	90
	fr.	fr.	fr.	fr.	fr.	fr.	fr.	fr.	fr.									
3 . 223	18.034795	36.109589	54.164384	72.219178	90.273973	108.328767	126.383562	144.438356	162.493151	02	04	05	07	09	11	13	14	16
3 . 224	18.068493	36.136986	54.205479	72.273973	90.342466	108.410959	126.479452	144.547945	162.616438	02	04	05	07	09	11	13	14	16
3 . 225	18.082192	36.164384	54.246575	72.328767	90.410959	108.493151	126.575342	144.657534	162.739726	02	04	05	07	09	11	13	14	16
3 . 226	18.095890	36.191781	54.287671	72.383562	90.479452	108.575342	126.671233	144.767123	162.863014	02	04	05	07	09	11	13	14	16
3 . 227	18.109589	36.219178	54.328767	72.438356	90.547945	108.657534	126.767123	144.876712	162.986301	02	04	05	07	09	11	13	14	16
3 . 228	18.123288	36.246575	54.369863	72.493151	90.616438	108.739726	126.863014	144.986301	163.109589	02	04	05	07	09	11	13	14	16
3 . 229	18.136986	36.273973	54.410959	72.547945	90.684932	108.821918	126.958904	145.095890	163.232877	02	04	05	07	09	11	13	15	16
3 . 230	18.150685	36.301370	54.452055	72.602740	90.753425	108.904110	127.054795	145.205479	163.356164	02	04	05	07	09	11	13	15	16
3 . 231	18.164384	35.328767	54.493151	72.657534	90.821918	108.986301	127.150685	145.315068	163.479452	02	04	05	07	09	11	13	15	16
3 . 232	18.178082	36.356164	54.534247	72.712329	90.890411	109.068493	127.246575	145.424658	163.602740	02	04	05	07	09	11	13	15	16
3 . 233	18.191781	36.383562	54.575342	72.767123	90.958904	109.150685	127.342466	145.534247	163.726027	02	04	05	07	09	11	13	15	16
3 . 234	18.205479	36.410959	54.616438	72.821918	91.027397	109.232877	127.438356	145.643836	163.849315	02	04	05	07	09	11	13	15	16
3 . 235	18.219178	36.438356	54.657534	72.876712	91.095890	109.315068	127.534247	145.753425	163.972603	02	04	05	07	09	11	13	15	16
3 . 236	18.232877	36.465753	54.698630	72.931507	91.164384	109.397260	127.630137	145.863014	164.095890	02	04	05	07	09	11	13	15	16
3 . 237	18.246575	36.493151	54.739726	72.986301	91.232877	109.479452	127.726027	145.972603	164.219178	02	04	05	07	09	11	13	15	16
3 . 238	18.260274	36.520548	54.780822	73.041096	91.301370	109.561644	127.821918	146.082192	164.342466	02	04	05	07	09	11	13	15	16
3 . 239	18.273973	36.547945	54.821918	73.095890	91.369863	109.643836	127.917808	146.191781	164.465753	02	04	05	07	09	11	13	15	16
3 . 240	18.287671	36.575342	54.863014	73.150685	91.438356	109.726027	128.013699	146.301370	164.589041	02	04	05	07	09	11	13	15	16
3 . 241	18.301370	36.602740	54.904110	73.205479	91.506849	109.808219	128.109589	146.410959	164.712329	02	04	05	07	09	11	13	15	16
3 . 242	18.315068	36.630137	54.945205	73.260274	91.575342	109.890411	128.205479	146.520548	164.835616	02	04	05	07	09	11	13	15	16
3 . 243	18.328767	36.657534	54.986301	73.315068	91.643836	109.972603	128.301370	146.630137	164.958904	02	04	05	07	09	11	13	15	16
3 . 244	18.342466	36.684932	55.027397	73.369863	91.712329	110.054795	128.397260	146.739726	165.082192	02	04	06	07	09	11	13	15	17
3 . 245	18.356164	36.712329	55.068493	73.424658	91.780822	110.136986	128.493151	146.849315	165.205479	02	04	06	07	09	11	13	15	17
3 . 246	18.369863	36.739726	55.109589	73.479452	91.849315	110.219178	128.589041	146.958904	165.328767	02	04	06	07	09	11	13	15	17
3 . 247	18.383562	36.767123	55.150685	73.534247	91.917808	110.301370	128.684932	147.068493	165.452055	02	04	06	07	09	11	13	15	17
3 . 248	18.397260	36.794521	55.191781	73.589041	91.986301	110.383562	128.780822	147.178082	165.575342	02	04	06	07	09	11	13	15	17
3 . 249	18.410959	36.821918	55.232877	73.643836	92.054795	110.465753	128.876712	147.287671	165.698630	02	04	06	07	09	11	13	15	17
3 . 250	18.424658	36.849315	55.273973	73.698630	92.123288	110.547945	128.972603	147.397260	165.821918	02	04	06	07	09	11	13	15	17
3 . 251	18.438356	36.876712	55.315068	73.753425	92.191781	110.630137	129.068493	147.506849	165.945205	02	04	06	07	09	11	13	15	17
3 . 252	18.452055	36.904110	55.356164	73.808219	92.260274	110.712329	129.164384	147.616438	166.068493	02	04	06	07	09	11	13	15	17
3 . 253	18.465753	36.931507	55.397260	73.863014	92.328767	110.794521	129.260274	147.726027	166.191781	02	04	06	07	09	11	13	15	17
3 . 254	18.479452	36.958904	55.438356	73.917808	92.397260	110.876712	129.356164	147.835616	166.315068	02	04	06	07	09	11	13	15	17
3 . 255	18.493151	36.986301	55.479452	73.972603	92.465753	110.958904	129.452055	147.945205	166.438356	02	04	06	07	09	11	13	15	17
3 . 256	18.506849	37.013699	55.520548	74.027397	92.534247	111.041096	129.547945	148.054795	166.561644	02	04	06	07	09	11	13	15	17
3 . 257	18.520548	37.041096	55.561644	74.082192	92.602740	111.123288	129.643836	148.164384	166.684932	02	04	06	07	09	11	13	15	17
3 . 258	18.534247	37.068493	55.602740	74.136986	92.671233	111.205479	129.739726	148.273973	166.808219	02	04	06	07	09	11	13	15	17
3 . 259	18.547945	37.095890	55.643836	74.191781	92.739726	111.287671	129.835616	148.383562	166.931507	02	04	06	07	09	11	13	15	17

TEMPS. ANS . JOURS.	CAPITAUX. 100 fr.	200 fr.	300 fr.	400 fr.	500 fr.	600 fr.	700 fr.	800 fr.	900 fr.	CENTIMES. 10	20	30	40	50	60	70	80	90
3 . 260	18.561644	37.123288	55.684932	74.246575	92.808219	111.369863	129.931507	148.493151	167.054795	02	04	06	07	09	11	13	15	17
3 . 261	18.575342	37.150685	55.726027	74.301370	92.876712	111.452055	130.027397	148.602740	167.178082	02	04	06	07	09	11	13	15	17
3 . 262	18.589041	37.178082	55.767123	74.356164	92.945205	111.534247	130.123288	148.712329	167.301370	02	04	06	07	09	11	13	15	17
3 . 263	18.602740	37.205479	55.808219	74.410959	93.013699	111.616438	130.219178	148.821918	167.424658	02	04	06	07	09	11	13	15	17
3 . 264	18.616438	37.232877	55.849315	74.465753	93.082192	111.698630	130.315068	148.931507	167.547945	02	04	06	07	09	11	13	15	17
3 . 265	18.630137	37.260274	55.890411	74.520548	93.150685	111.780822	130.410959	149.041096	167.671233	02	04	06	07	09	11	13	15	17
3 . 266	18.643836	37.287671	55.931507	74.575342	93.219178	111.863014	130.506849	149.150685	167.794521	02	04	06	07	09	11	13	15	17
3 . 267	18.657534	37.315068	55.972603	74.630137	93.287671	111.945205	130.602740	149.260274	167.917806	02	04	06	07	09	11	13	15	17
3 . 268	18.671233	37.342466	56.013699	74.684932	93.356164	112.027397	130.698630	149.369863	168.041096	02	04	06	07	09	11	13	15	17
3 . 269	18.684932	37.369863	56.054795	74.739726	93.424658	112.109589	130.794521	149.479452	168.164384	02	04	06	07	09	11	13	15	17
3 . 270	18.698630	37.397260	56.095890	74.794521	93.493151	112.191781	130.890411	149.589041	168.287671	02	04	06	07	09	11	13	15	17
3 . 271	18.712329	37.424658	56.136986	74.849315	93.561644	112.273973	130.986301	149.698630	168.410959	02	04	06	07	09	11	13	15	17
3 . 272	18.726027	37.452055	56.178082	74.904110	93.630137	112.356164	131.082192	149.808219	168.534247	02	04	06	08	09	11	13	15	17
3 . 273	18.739726	37.479452	56.219178	74.958904	93.698630	112.438356	131.178082	149.917808	168.657534	02	04	06	08	09	11	13	15	17
3 . 274	18.753425	37.506849	56.260274	75.013699	93.767123	112.520548	131.273973	150.027397	168.780822	02	04	06	08	09	11	13	15	17
3 . 275	18.767123	37.534247	56.301370	75.068493	93.835616	112.602740	131.369863	150.136986	168.904110	02	04	06	08	09	11	13	15	17
3 . 276	18.780822	37.561644	56.342466	75.123288	93.904110	112.684932	131.465753	150.246575	169.027397	02	04	06	08	09	11	13	15	17
3 . 277	18.794521	37.589041	56.383562	75.178082	93.972603	112.767123	131.561644	150.356164	169.150685	02	04	06	08	09	11	13	15	17
3 . 278	18.808219	37.616438	56.424658	75.232877	94.041096	112.849315	131.657534	150.465753	169.273973	02	04	06	08	09	11	13	15	17
3 . 279	18.821918	37.643836	56.465753	75.287671	94.109589	112.931507	131.753425	150.575342	169.397260	02	04	06	08	09	11	13	15	17
3 . 280	18.835616	37.671233	56.506849	75.342466	94.178082	113.013699	131.849315	150.684932	169.520548	02	04	06	08	09	11	13	15	17
3 . 281	18.849315	37.698630	56.547945	75.397260	94.246575	113.095890	131.945205	150.794521	169.643836	02	04	06	08	09	11	13	15	17
3 . 282	18.863014	37.726027	56.589041	75.452055	94.315068	113.178082	132.041096	150.904110	169.767123	02	04	06	08	09	11	13	15	17
3 . 283	18.876712	37.753425	56.630137	75.506849	94.383562	113.260274	132.136980	151.013699	169.890411	02	04	06	08	09	11	13	15	17
3 . 284	18.890411	37.780822	56.671233	75.561644	94.452055	113.342466	132.232877	151.123288	170.013699	02	04	06	08	09	11	13	15	17
3 . 285	18.904110	37.808219	56.712329	75.616438	94.520548	113.424658	132.328767	151.232877	170.136986	02	04	06	08	09	11	13	15	17
3 . 286	18.917808	37.835616	56.753425	75.671233	94.589041	113.506849	132.424658	151.342466	170.260274	02	04	06	08	09	11	13	15	17
3 . 287	18.931507	37.863014	56.794521	75.726027	94.657534	113.589041	132.520548	151.452055	170.383562	02	04	06	08	09	11	13	15	17
3 . 288	18.945205	37.890411	56.835616	75.780822	94.726027	113.671233	132.616438	151.561644	170.506849	02	04	06	08	09	11	13	15	17
3 . 289	18.958904	37.917808	56.876712	75.835616	94.794521	113.753425	132.712329	151.671233	170.630137	02	04	06	08	09	11	13	15	17
3 . 290	18.972603	37.945205	56.917808	75.890411	94.863014	113.835616	132.808219	151.780822	170.753425	02	04	06	08	09	11	13	15	17
3 . 291	18.986301	37.972603	56.958904	75.945205	94.931507	113.917808	132.904110	151.890411	170.876712	02	04	06	08	09	11	13	15	17
3 . 292	19.000000	38.000000	57.000000	76.000000	95.000000	114.000000	133.000000	152.000000	171.000000	02	04	06	08	10	11	13	15	17
3 . 293	19.013699	38.027397	57.041096	76.054795	95.068493	114.082192	133.095890	152.109589	171.123288	02	04	06	08	10	11	13	15	17
3 . 294	19.027397	38.054795	57.082192	76.109589	95.136986	114.164384	133.191781	152.219178	171.246575	02	04	06	08	10	11	13	15	17
3 . 295	19.041096	38.082192	57.123288	76.164384	95.205479	114.246575	133.287671	152.328767	171.369863	02	04	06	08	10	11	13	15	17
3 . 296	19.054795	38.109589	57.164384	76.219178	95.273973	114.328767	133.383562	152.438356	171.493151	02	04	06	08	10	11	13	15	17

TEMPS.		CAPITAUX.									CENTIMES.								
ANS . JOURS.	100 fr.	200 fr.	300 fr.	400 fr.	500 fr.	600 fr.	700 fr.	800 fr.	900 fr.	10	20	30	40	50	60	70	80	90	
3 . 297	19.068493	38.136986	57.205479	76.273973	93.342466	114.410959	133.479452	152.547945	171.616438	02	04	06	08	10	11	13	15	17	
3 . 298	19.082192	38.164384	57.246575	76.328767	95.410959	114.493151	133.575342	152.657534	171.739726	02	04	06	08	10	11	13	15	17	
3 . 299	19.095890	38.191781	57.287671	76.383562	95.479452	114.575342	133.671233	152.767123	171.863014	02	04	06	08	10	11	13	15	17	
3 . 300	19.109589	38.219178	57.328767	76.438356	95.547945	114.657534	133.767123	152.876712	171.986301	02	04	06	08	10	11	13	15	17	
3 . 301	19.123288	38.246575	57.369863	76.493151	95.616438	114.739726	133.863014	152.986301	172.109589	02	04	06	08	10	11	13	15	17	
3 . 302	19.136986	38.273973	57.410959	76.547945	95.684932	114.821918	133.958904	153.095890	172.232877	02	04	06	08	10	11	13	15	17	
3 . 303	19.150685	38.301370	57.452055	76.602740	95.753425	114.904110	134.054795	153.205479	172.356164	02	04	06	08	10	11	13	15	17	
3 . 304	19.164384	38.328767	57.493151	76.657534	95.821918	114.986301	134.150685	153.315068	172.479452	02	04	06	08	10	12	13	15	17	
3 . 305	19.178082	38.356164	57.534247	76.712329	95.890411	115.068493	134.246575	153.424658	172.602740	02	04	06	08	10	12	13	15	17	
3 . 306	19.191781	38.383562	57.575342	76.767123	95.958904	115.150685	134.342466	153.534247	172.726027	02	04	06	08	10	12	13	15	17	
3 . 307	19.205479	38.410959	57.616438	76.821918	96.027397	115.232877	134.438356	153.643836	172.849315	02	04	06	08	10	12	13	15	17	
3 . 308	19.219178	38.438356	57.657534	76.876712	96.095890	115.315068	134.534247	153.753425	172.972603	02	04	06	08	10	12	13	15	17	
3 . 309	19.232877	38.465753	57.698630	76.931507	96.164384	115.397260	134.630137	153.863014	173.095890	02	04	06	08	10	12	13	15	17	
3 . 310	19.246575	38.493151	57.739726	76.986301	96.232877	115.479452	134.726027	153.972603	173.219178	02	04	06	08	10	12	13	15	17	
3 . 311	19.260274	38.520548	57.780822	77.041096	96.301370	115.561644	134.821918	154.082192	173.342466	02	04	06	08	10	12	13	15	17	
3 . 312	19.273973	38.547945	57.821918	77.095890	96.369863	115.643836	134.917808	154.191781	173.465753	02	04	06	08	10	12	13	15	17	
3 . 313	19.287671	38.575342	57.863014	77.150685	96.438356	115.726027	135.013699	154.301370	173.589041	02	04	06	08	10	12	14	15	17	
3 . 314	19.301370	38.602740	57.904110	77.205479	96.506849	115.808219	135.109589	154.410959	173.712329	02	04	06	08	10	12	14	15	17	
3 . 315	19.315068	38.630137	57.945205	77.260274	96.575342	115.890411	135.205479	154.520548	173.835616	02	04	06	08	10	12	14	15	17	
3 . 316	19.328767	38.657534	57.986301	77.315068	96.643836	115.972603	135.301370	154.630137	173.958904	02	04	06	08	10	12	14	15	17	
3 . 317	19.342466	38.684932	58.027397	77.369863	96.712329	116.054795	135.397260	154.739726	174.082192	02	04	06	08	10	12	14	15	17	
3 . 318	19.356164	38.712329	58.068493	77.424658	96.780822	116.136986	135.493151	154.849315	174.205479	02	04	06	08	10	12	14	15	17	
3 . 319	19.369863	38.739726	58.109589	77.479452	96.849315	116.219178	135.589041	154.958904	174.328767	02	04	06	08	10	12	14	15	17	
3 . 320	19.383562	38.767123	58.150685	77.534247	96.917808	116.301370	135.684932	155.068493	174.452055	02	04	06	08	10	12	14	15	17	
3 . 321	19.397260	38.794521	58.191781	77.589041	96.986301	116.383562	135.780822	155.178082	174.575342	02	04	06	08	10	12	14	16	17	
3 . 322	19.410959	38.821918	58.232877	77.643836	97.054795	116.465753	135.876712	155.287671	174.698630	02	04	06	08	10	12	14	16	17	
3 . 323	19.424658	38.849315	58.273973	77.698630	97.123288	116.547945	135.972603	155.397260	174.821918	02	04	06	08	10	12	14	16	17	
3 . 324	19.438356	38.876710	58.315068	77.753425	97.191781	116.630137	136.068493	155.506849	174.945205	02	04	06	08	10	12	14	16	17	
3 . 325	19.452055	38.904110	58.356164	77.808219	97.260274	116.712329	136.164384	155.616438	175.068493	02	04	06	08	10	12	14	16	18	
3 . 326	19.465753	38.931507	58.397260	77.863014	97.328767	116.794521	136.260274	155.726027	175.191781	02	04	06	08	10	12	14	16	18	
3 . 327	19.479452	38.958904	58.438356	77.917808	97.397260	116.876712	136.356164	155.835616	175.315068	02	04	06	08	10	12	14	16	18	
3 . 328	19.493151	38.986301	58.479452	77.972603	97.465753	116.958904	136.452055	155.945205	175.438356	02	04	06	08	10	12	14	16	18	
3 . 329	19.506849	39.013699	58.520548	78.027397	97.534247	117.041096	136.547945	156.054795	175.561644	02	04	06	08	10	12	14	16	18	
3 . 330	19.520548	39.041096	58.561644	78.082192	97.602740	117.123288	136.643836	156.164384	175.684932	02	04	06	08	10	12	14	16	18	
3 . 331	19.534247	39.068493	58.602740	78.136986	97.671233	117.205479	136.739726	156.273973	175.808219	02	04	06	08	10	12	14	16	18	
3 . 332	19.547945	39.095890	58.643836	78.191781	97.739726	117.287671	136.835616	156.383562	175.931507	02	04	06	08	10	12	14	16	18	
3 . 333	19.561644	39.123286	58.684932	78.246575	97.808219	117.369863	136.931507	156.493151	176.054795	02	04	06	08	10	12	14	16	18	

14

TEMPS. ANS. JOURS	CAPITAUX 100 fr.	200 fr.	300 fr.	400 fr.	500 fr.	600 fr.	700 fr.	800 fr.	900 fr.	CENTIMES 10	20	30	40	50	60	70	80	90
3 . 334	19.575342	39.150685	58.726027	78.301370	97.876712	117.452055	137.027397	156.602740	176.178082	02	04	06	08	10	12	14	16	18
3 . 335	19.589041	39.178082	58.767123	78.356164	97.945205	117.534247	137.123388	156.712329	176.301370	02	04	06	08	10	12	14	16	18
3 . 336	19.602740	39.205479	58.808219	78.410959	98.013699	117.616438	137.219178	156.821918	176.424658	02	04	06	08	10	12	14	16	18
3 . 337	19.616438	39.232877	58.849315	78.465755	98.082192	117.698630	137.315068	156.931507	176.547945	02	04	06	08	10	12	14	16	18
3 . 338	19.630137	39.260274	58.890411	78.520548	98.150685	117.780822	137.410959	157.041096	176.671233	02	04	06	08	10	12	14	16	18
3 . 339	19.643836	39.287671	58.931507	78.575342	98.219178	117.863014	137.506849	157.150685	176.794521	02	04	06	08	10	12	14	16	18
3 . 340	19.657534	39.315068	58.972603	78.630137	98.287671	117.945205	137.602740	157.260274	176.917808	02	04	06	08	10	12	14	16	18
3 . 341	19.671233	39.342466	59.013699	78.684932	98.356164	118.027397	137.698630	157.369863	177.041096	02	04	06	08	10	12	14	16	18
3 . 342	19.684932	39.369863	59.054795	78.739726	98.424658	118.109589	137.794521	157.479452	177.164384	02	04	06	08	10	12	14	16	18
3 . 343	19.698630	39.397260	59.095890	78.794521	98.493151	118.191781	137.890411	157.589041	177.287671	02	04	06	08	10	12	14	16	18
3 . 344	19.712329	39.424658	59.136986	78.849315	98.561644	118.273973	137.986301	157.698630	177.410959	02	04	06	08	10	12	14	16	18
3 . 345	19.726027	39.452055	59.178082	78.904110	98.630137	118.356164	138.082192	157.808219	177.534247	02	04	06	08	10	12	14	16	18
3 . 346	19.739726	39.479452	59.219178	78.958904	98.698630	118.438356	138.178082	157.917808	177.657534	02	04	06	08	10	12	14	16	18
3 . 347	19.753425	39.506849	59.260274	79.013699	98.767123	118.520548	138.273973	158.027397	177.780822	02	04	06	08	10	12	14	16	18
3 . 348	19.767123	39.534247	59.301370	79.068493	98.835616	118.602740	138.369863	158.136986	177.904110	02	04	06	08	10	12	14	16	18
3 . 349	19.780822	39.561644	59.342466	79.123288	98.904110	118.684932	138.465753	158.246575	178.027397	02	04	06	08	10	12	14	16	18
3 . 350	19.794521	39.589041	59.383562	79.178082	98.972603	118.767123	138.561644	158.356164	178.150685	02	04	06	08	10	12	14	16	18
3 . 351	19.808219	39.616438	59.424658	79.232877	99.041096	118.849315	138.657534	158.465753	178.273973	02	04	06	08	10	12	14	16	18
3 . 352	19.821918	39.643836	59.465753	79.287671	99.109589	118.931507	138.753425	158.575342	178.397260	02	04	06	08	10	12	14	16	18
3 . 353	19.835616	39.671233	59.506849	79.342466	99.178082	119.013699	138.849315	158.684932	178.520548	02	04	06	08	10	12	14	16	18
3 . 354	19.849315	39.698630	59.547945	79.397260	99.246575	119.095890	138.945205	158.794521	178.643836	02	04	06	08	10	12	14	16	18
3 . 355	19.863014	39.726027	59.589041	79.452055	99.315068	119.178082	139.041096	158.904110	178.767123	02	04	06	08	10	12	14	16	18
3 . 356	19.876712	39.753425	59.630137	79.506849	99.383562	119.260274	139.136986	159.013699	178.890411	02	04	06	08	10	12	14	16	18
3 . 357	19.890411	39.780822	59.671233	79.561644	99.452055	119.342466	139.232877	159.123288	179.013699	02	04	06	08	10	12	14	16	18
3 . 358	19.904110	39.808219	59.712329	79.616438	99.520548	119.424658	139.328767	159.232877	179.136986	02	04	06	08	10	12	14	16	18
3 . 359	19.917808	39.835616	59.753425	79.671233	99.589041	119.506849	139.424658	159.342466	179.260274	02	04	06	08	10	12	14	16	18
3 . 360	19.931507	39.863014	59.794521	79.726027	99.657534	119.589041	139.520548	159.452055	179.383562	02	04	06	08	10	12	14	16	18
3 . 361	19.945205	39.890411	59.835616	79.780822	99.726027	119.671233	139.616438	159.561644	179.506849	02	04	06	08	10	12	14	16	18
3 . 362	19.958904	39.917808	59.876712	79.835616	99.794521	119.753425	139.712329	159.671233	179.630137	02	04	06	08	10	12	14	16	18
3 . 363	19.972603	39.945205	59.917808	79.890411	99.863014	119.835616	139.808219	159.780822	179.753425	02	04	06	08	10	12	14	16	18
3 . 364	19.986301	39.972603	59.958904	79.945205	99.931507	119.917808	139.904110	159.890411	179.876712	02	04	06	08	10	12	14	16	18
4	20.000000	40.000000	60.000000	80.000000	100.000000	120.000000	140.000000	160.000000	180.000000	02	04	06	08	10	12	14	16	18

TEMPS.		CAPITAUX.									CENTIMES.								
ANS . JOURS.	100 fr.	200 fr.	300 fr.	400 fr.	500 fr.	600 fr.	700 fr.	800 fr.	900 fr.	10	20	30	40	50	60	70	80	90	
	fr.	fr.	fr.	fr.	fr.	fr.	fr.	fr.	fr.										
4 . 1	20.013699	40.027397	60.041096	80.054795	100.068493	120.082192	140.095890	160.109589	180.123288	02	04	06	08	10	12	14	16	18	
4 . 2	20.027397	40.054795	60.082192	80.109589	100.136986	120.164384	140.191781	160.219178	180.246575	02	04	06	08	10	12	14	16	18	
4 . 3	20.041096	40.082192	60.123288	80.164384	100.205479	120.246575	140.287671	160.328767	180.369863	02	04	06	08	10	12	14	16	18	
4 . 4	20.054795	40.109589	60.164384	80.219178	100.273973	120.328767	140.383562	160.438356	180.493151	02	04	06	08	10	12	14	16	18	
4 . 5	20.068493	40.136986	60.205479	80.273973	100.342466	120.410959	140.479452	160.547945	180.616438	02	04	06	08	10	12	14	16	18	
4 . 6	20.082192	40.164384	60.246575	80.328767	100.410959	120.493151	140.575342	160.657534	180.739726	02	04	06	08	10	12	14	16	18	
4 . 7	20.095890	40.191781	60.287671	80.383562	100.479452	120.575342	140.671233	160.767123	180.863014	02	04	06	08	10	12	14	16	18	
4 . 8	20.109589	40.219178	60.328767	80.438356	100.547945	120.657534	140.767123	160.876712	180.986301	02	04	06	08	10	12	14	16	18	
4 . 9	20.123288	40.246575	60.369863	80.493151	100.616438	120.739726	140.863014	160.986301	181.109589	02	04	06	08	10	12	14	16	18	
4 . 10	20.136986	40.273973	60.410959	80.547945	100.684932	120.821918	140.958904	161.095890	181.232877	02	04	06	08	10	12	14	16	18	
4 . 11	20.150685	40.301370	60.452055	80.602740	100.753425	120.904110	141.054795	161.205479	181.356164	02	04	06	08	10	12	14	16	18	
4 . 12	20.164384	40.328767	60.493151	80.657534	100.821918	120.986301	141.150685	161.315008	181.479452	02	04	06	08	10	12	14	16	18	
4 . 13	20.178082	40.356164	60.534247	80.712329	100.890411	121.068493	141.246575	161.424658	181.602740	02	04	06	08	10	12	14	16	18	
4 . 14	20.191781	40.383562	60.575342	80.767123	100.958904	121.150685	141.342466	161.534247	181.726027	02	04	06	08	10	12	14	16	18	
4 . 15	20.205479	40.410959	60.616438	80.821918	101.027397	121.232877	141.438356	161.643836	181.849315	02	04	06	08	10	12	14	16	18	
4 . 16	20.219178	40.438356	60.657534	80.876712	101.095890	121.315068	141.534247	161.753425	181.972603	02	04	06	08	10	12	14	16	18	
4 . 17	20.232877	40.465753	60.698630	80.931507	101.164384	121.397260	141.630137	161.863014	182.093890	02	04	06	08	10	12	14	16	18	
4 . 18	20.246575	40.493151	60.739726	80.986301	101.232877	121.479452	141.726027	161.972603	182.219178	02	04	06	08	10	12	14	16	18	
4 . 19	20.260274	40.520548	60.780822	81.041096	101.301370	121.561644	141.821918	162.082192	182.342466	02	04	06	08	10	12	14	16	18	
4 . 20	20.273973	40.547945	60.821918	81.095890	101.369863	121.643836	141.917808	162.191781	182.465753	02	04	06	08	10	12	14	16	18	
4 . 21	20.287671	40.575342	60.863014	81.150685	101.438356	121.726027	142.013699	162.301370	182.589041	02	04	06	08	10	12	14	16	18	
4 . 22	20.301370	40.602740	60.904110	81.205479	101.506849	121.808219	142.109589	162.410959	182.712329	02	04	06	08	10	12	14	16	18	
4 . 23	20.315068	40.630137	60.945205	81.260274	101.573312	121.890411	142.205479	162.520548	182.835616	02	04	06	08	10	12	14	16	18	
4 . 24	20.328767	40.657534	60.986301	81.315068	101.643836	121.972603	142.301370	162.630137	182.958904	02	04	06	08	10	12	14	16	18	
4 . 25	20.342466	40.684932	61.027397	81.369863	101.712329	122.054795	142.397260	162.739726	183.082192	02	04	06	08	10	12	14	16	18	
4 . 26	20.356164	40.712329	61.068493	81.424658	101.780822	122.136986	142.493151	162.849315	183.205479	02	04	06	08	10	12	14	16	18	
4 . 27	20.369863	40.739726	61.109589	81.479452	101.849315	122.219178	142.589041	162.958904	183.328767	02	04	06	08	10	12	14	16	18	
4 . 28	20.383562	40.767123	61.150685	81.534247	101.917808	122.301370	142.684932	163.068493	183.452055	02	04	06	08	10	12	14	16	18	
4 . 29	20.397260	40.794521	61.191781	81.589041	101.986301	122.383562	142.780822	163.178082	183.575342	02	04	06	08	10	12	14	16	18	
4 . 30	20.410959	40.821918	61.232877	81.643836	102.054795	122.465753	142.876712	163.287671	183.698630	02	04	06	08	10	12	14	16	18	
4 . 31	20.424658	40.849315	61.273973	81.698630	102.123288	122.547945	142.972603	163.397260	183.821918	02	04	06	08	10	12	14	16	18	
4 . 32	20.438356	40.876712	61.315068	81.753425	102.191781	122.630137	143.068493	163.506849	183.945205	02	04	06	08	10	12	14	16	18	
4 . 33	20.452055	40.904110	61.356164	81.808219	102.260274	122.712329	143.164384	163.616438	184.068493	02	04	06	08	10	12	14	16	18	
4 . 34	20.465753	40.931507	61.397260	81.863014	102.328767	122.794521	143.260274	163.726027	184.191781	02	04	06	08	10	12	14	16	18	
4 . 35	20.479452	40.958904	61.438356	81.917808	102.397260	122.876712	143.356164	163.835616	184.315068	02	04	06	08	10	12	14	16	18	
4 . 36	20.493151	40.986301	61.479452	81.972603	102.465753	122.958904	143.452055	163.945205	184.438356	02	04	06	08	10	12	14	16	18	
4 . 37	20.506849	41.013699	61.520548	82.027397	102.534247	123.041096	143.547945	164.054795	184.561644	02	04	06	08	10	12	14	16	18	

TEMPS ANS. JOURS	CAPITAUX 100 fr.	200 fr.	300 fr.	400 fr.	500 fr.	600 fr.	700 fr.	800 fr.	900 fr.	CENTIMES 10	20	30	40	50	60	70	80	90
	fr.	fr.	fr.	fr.	fr.	fr.	fr.	fr.	fr.									
4 . 38	20.520548	41.041096	61.561644	82.082192	102.602740	123.123288	143.643836	164.164384	184.684932	02	04	06	08	10	12	14	16	18
4 . 39	20.534247	41.068495	61.602740	82.136986	102.671233	123.205479	143.739726	164.273973	184.808219	02	04	06	08	10	12	14	16	18
4 . 40	20.547945	41.095890	61.643836	82.191781	102.739726	123.287671	143.835616	164.383562	184.931507	02	04	06	08	10	12	14	16	18
4 . 41	20.561644	41.123288	61.684932	82.246575	102.808219	123.369863	143.931507	164.493151	185.054795	02	04	06	08	10	12	14	16	19
4 . 42	20.575342	41.150685	61.726027	82.301370	102.876712	123.452055	144.027397	164.602740	185.178082	02	04	06	08	10	12	14	16	19
4 . 43	20.589041	41.178082	61.767123	82.356164	102.945205	123.534247	144.123288	164.712329	185.301370	02	04	06	08	10	12	14	16	19
4 . 44	20.602740	41.205479	61.808219	82.410959	103.013699	123.616438	144.219178	164.821918	185.424658	02	04	06	08	10	12	14	16	19
4 . 45	20.616438	41.232877	61.849315	82.465753	103.082192	123.698630	144.315068	164.931507	185.547945	02	04	06	08	10	12	14	16	19
4 . 46	20.630137	41.260274	61.890411	82.520548	103.150685	123.780822	144.410959	165.041096	185.671233	02	04	06	08	10	12	14	16	19
4 . 47	20.643836	41.287671	61.931507	82.575342	103.219178	123.863014	144.506849	165.150685	185.794521	02	04	06	08	10	12	14	17	19
4 . 48	20.657534	41.315068	61.972603	82.630137	103.287671	123.945205	144.602740	165.260274	185.917808	02	04	06	08	10	12	14	17	19
4 . 49	20.671233	41.342466	62.013699	82.684932	103.356164	124.027397	144.698630	165.369863	186.041096	02	04	06	08	10	12	14	17	19
4 . 50	20.684932	41.369863	62.054795	82.739726	103.424658	124.109589	144.794521	165.479452	186.164384	02	04	06	08	10	12	14	17	19
4 . 51	20.698630	41.397260	62.095890	82.794521	103.493151	124.191781	144.890411	165.589041	186.287671	02	04	06	08	10	12	14	17	19
4 . 52	20.712329	41.424658	62.136986	82.849315	103.561644	124.273973	144.986301	165.698630	186.410959	02	04	06	08	10	12	14	17	19
4 . 53	20.726027	41.452055	62.178082	82.904110	103.630137	124.356164	145.082192	165.808219	186.534247	02	04	06	08	10	12	15	17	19
4 . 54	20.739726	41.479452	62.219178	82.958904	103.698630	124.438356	145.178082	165.917808	186.657534	02	04	06	08	10	12	15	17	19
4 . 55	20.753425	41.506849	62.260274	83.013699	103.767123	124.520548	145.273973	166.027397	186.780822	02	04	06	08	10	12	15	17	19
4 . 56	20.767123	41.534247	62.301370	83.068493	103.835616	124.602740	145.369863	166.136986	186.904110	02	04	06	08	10	12	15	17	19
4 . 57	20.780822	41.561644	62.342466	83.123288	103.904110	124.684932	145.465753	166.246575	187.027397	02	04	06	08	10	12	15	17	19
4 . 58	20.794521	41.589041	62.383562	83.178082	103.972603	124.767123	145.561644	166.356164	187.150685	02	04	06	08	10	12	15	17	19
4 . 59	20.808219	41.616438	62.424658	83.232877	104.041096	124.849315	145.657534	166.465753	187.273973	02	04	06	08	10	12	15	17	19
4 . 60	20.821918	41.643836	62.465753	83.287671	104.109589	124.931507	145.753425	166.575342	187.397260	02	04	06	08	10	12	15	17	19
4 . 61	20.835616	41.671233	62.506849	83.342466	104.178082	125.013699	145.849315	166.684932	187.520548	02	04	06	08	10	13	15	17	19
4 . 62	20.849315	41.698630	62.547945	83.397260	104.246575	125.095890	145.945205	166.794521	187.643836	02	04	06	08	10	13	15	17	19
4 . 63	20.863014	41.726027	62.589041	83.452055	104.315068	125.178082	146.041096	166.904110	187.767123	02	04	06	08	10	13	15	17	19
4 . 64	20.876712	41.753425	62.630137	83.506849	104.383562	125.260274	146.136986	167.013699	187.890411	02	04	06	08	10	13	15	17	19
4 . 65	20.890411	41.780822	62.671233	83.561644	104.452055	125.342466	146.232877	167.123288	188.013699	02	04	06	08	10	13	15	17	19
4 . 66	20.904110	41.808219	62.712329	83.616438	104.520548	125.424658	146.328767	167.232877	188.136986	02	04	06	08	10	13	15	17	19
4 . 67	20.917808	41.835616	62.753425	83.671233	104.589041	125.506849	146.424658	167.342466	188.260274	02	04	06	08	10	13	15	17	19
4 . 68	20.931507	41.863014	62.794521	83.726027	104.657534	125.589041	146.520548	167.452055	188.383562	02	04	06	08	10	13	15	17	19
4 . 69	20.945205	41.890411	62.835616	83.780822	104.726027	125.671233	146.616438	167.561644	188.506849	02	04	06	08	10	13	15	17	19
4 . 70	20.958904	41.917808	62.876712	83.835616	104.794521	125.753425	146.712329	167.671233	188.630137	02	04	06	08	10	13	15	17	19
4 . 71	20.972603	41.945205	62.917808	83.890411	104.863014	125.835616	146.808219	167.780822	188.753425	02	04	06	08	11	13	15	17	19
4 . 72	20.986301	41.972603	62.958904	83.945205	104.931507	125.917808	146.904110	167.890411	188.876712	02	04	06	08	11	13	15	17	19
4 . 73	21.000000	42.000000	63.000000	84.000000	105.000000	126.000000	147.000000	168.000000	189.000000	02	04	06	08	11	13	15	17	19
4 . 74	21.013699	42.027397	63.041096	84.054795	105.068493	126.082192	147.095890	168.109589	189.123288	02	04	06	08	11	13	15	17	19

TEMPS.	CAPITAUX.									CENTIMES.								
ANS . JOURS.	100 fr.	200 fr.	300 fr.	400 fr.	500 fr.	600 fr.	700 fr.	800 fr.	900 fr.	10	20	30	40	50	60	70	80	90
	fr.	fr.		fr.	fr.	fr.		fr.	fr.									
4 . 75	21.027397	42.054795	63.082192	84.109589	105.136986	126.164384	147.191781	168.219178	189.246575	02	04	06	08	11	13	15	17	19
4 . 76	21.041096	42.082192	63.123288	84.164384	105.205479	126.246575	147.287671	168.328767	189.369863	02	04	06	08	11	13	15	17	19
4 . 77	21.054795	42.109589	63.164384	84.219178	105.273973	126.328767	147.383562	168.438356	189.493151	02	04	06	08	11	13	15	17	19
4 . 78	21.068493	42.136986	63.205479	84.273973	105.342466	126.410959	147.479452	168.547945	189.616438	02	04	06	08	11	13	15	17	19
4 . 79	21.082192	42.164384	63.246575	84.328767	105.410959	126.493151	147.575342	168.657534	189.739726	02	04	06	08	11	13	15	17	19
4 . 80	21.095890	42.191781	63.287671	84.383562	105.479452	126.575342	147.671233	168.767123	189.863014	02	04	06	08	11	13	15	17	19
4 . 81	21.109589	42.219178	63.328767	84.438356	105.547945	126.657534	147.767123	168.876712	189.986301	02	04	06	08	11	13	15	17	19
4 . 82	21.123288	42.246575	63.369863	84.493151	105.616438	126.739726	147.863014	168.986301	190.109589	02	04	06	08	11	13	15	17	19
4 . 83	21.136986	42.273973	63.410959	84.547945	105.684932	126.821918	147.958904	169.095890	190.232877	02	04	06	08	11	13	15	17	19
4 . 84	21.150685	42.301370	63.452055	84.602740	105.753425	126.904110	148.054795	169.205479	190.356164	02	04	06	08	11	13	15	17	19
4 . 85	21.164384	42.328767	63.493151	84.657534	105.821918	126.986301	148.150685	169.315068	190.479452	02	04	06	08	11	13	15	17	19
4 . 86	21.178082	42.356164	63.534247	84.712329	105.890411	127.068493	148.246575	169.424658	190.602740	02	04	06	08	11	13	16	17	19
4 . 87	21.191781	42.383562	63.575342	84.767123	105.958904	127.150685	148.342466	169.534247	190.726027	02	04	06	08	11	13	15	17	19
4 . 88	21.205479	42.410959	63.616438	84.821918	106.027397	127.232877	148.438356	169.643836	190.849315	02	04	06	08	11	13	15	17	19
4 . 89	21.219178	42.438356	63.657534	84.876712	106.095890	127.315068	148.534247	169.753425	190.972603	02	04	06	09	11	13	15	17	19
4 . 90	21.232877	42.465753	63.698630	84.931507	106.164384	127.397260	148.630137	169.863014	191.095890	02	04	06	08	11	13	15	17	19
4 . 91	21.246575	42.493151	63.739726	84.986301	106.232877	127.479452	148.726027	169.972603	191.219178	02	04	06	08	11	13	15	17	19
4 . 92	21.260274	42.520548	63.780822	85.041096	106.301370	127.561644	148.821918	170.082192	191.342466	02	04	06	09	11	13	15	17	19
4 . 93	21.273973	42.547945	63.821918	85.095890	106.369863	127.643836	148.917808	170.191781	191.465753	02	04	06	09	11	13	15	17	19
4 . 94	21.287671	42.575342	63.863014	85.150685	106.438356	127.726027	149.013699	170.301370	191.589041	02	04	06	09	11	13	15	17	19
4 . 95	21.301370	42.602740	63.904110	85.205479	106.506849	127.808219	149.109589	170.410959	191.712329	02	04	06	09	11	13	15	17	19
4 . 96	21.315068	42.630137	63.945205	85.260274	106.575342	127.890411	149.205479	170.520548	191.835616	02	04	06	09	11	13	15	17	19
4 . 97	21.328767	42.657534	63.986301	85.315068	106.643836	127.972603	149.301370	170.630137	191.958904	02	04	06	09	11	13	15	17	19
4 . 98	21.342466	42.684932	64.027397	85.369863	106.712329	128.054795	149.397260	170.739726	192.082192	02	04	06	09	11	13	15	17	19
4 . 99	21.356164	42.712329	64.068493	85.424658	106.780822	128.136986	149.493151	170.849315	192.205479	02	04	06	09	11	13	15	17	19
4 . 100	21.369863	42.739726	64.109589	85.479452	106.849315	128.219178	149.589041	170.958904	192.328767	02	04	06	09	11	13	15	17	19
4 . 101	21.383562	42.767123	64.150685	85.534247	106.917808	128.301370	149.684932	171.068493	192.452055	02	04	06	09	11	13	15	17	19
4 . 102	21.397260	42.794521	64.191781	85.589041	106.986301	128.383562	149.780822	171.178082	192.575342	02	04	06	09	11	13	15	17	19
4 . 103	21.410959	42.821918	64.232877	85.643836	107.054795	128.465753	149.876712	171.287671	192.698630	02	04	06	09	11	13	15	17	19
4 . 104	21.424658	42.849315	64.273973	85.698630	107.123288	128.547945	149.972603	171.397260	192.821918	02	04	06	09	11	13	15	17	19
4 . 105	21.438356	42.876712	64.315068	85.753425	107.191781	128.630137	150.068493	171.506849	192.945205	02	04	06	09	11	13	15	17	19
4 . 106	21.452055	42.904110	64.356164	85.808219	107.260274	128.712329	150.164384	171.616438	193.068493	02	04	06	09	11	13	15	17	19
4 . 107	21.465753	42.931507	64.397260	85.863014	107.328767	128.794521	150.260274	171.726027	193.191781	02	04	06	09	11	13	15	17	19
4 . 108	21.479452	42.958904	64.438356	85.917808	107.397260	128.876712	150.356164	171.835616	193.315068	02	04	06	09	11	13	15	17	19
4 . 109	21.493151	42.986301	64.479452	85.972603	107.465753	128.958904	150.452055	171.945205	193.438356	02	04	06	09	11	13	15	17	19
4 . 110	21.506849	43.013699	64.520548	86.027397	107.534247	129.041096	150.547945	172.054795	193.561644	02	04	06	09	11	13	15	17	19
4 . 111	21.520548	43.041096	64.561644	86.082192	107.602740	129.123288	150.643836	172.164384	193.684932	02	04	06	09	11	13	15	17	19

TEMPS.	CAPITAUX.									CENTIMES.								
ANS . JOURS.	100 fr.	200 fr.	300 fr.	400 fr.	500 fr.	600 fr.	700 fr.	800 fr.	900 fr.	10	20	30	40	50	60	70	80	90
	fr.	fr.	fr.	fr.	fr.	fr.	fr.	fr.	fr.									
4 . 112	21.534247	43.068493	64.602740	86.136986	107.671233	129.205479	150.739726	172.273973	193.808219	02	04	06	09	11	13	15	17	19
4 . 113	21.547945	43.095890	64.643836	86.191781	107.739726	129.287671	150.835616	172.383562	193.931507	02	04	06	09	11	13	15	17	19
4 . 114	21.561644	43.123288	64.684932	86.246575	107.808219	129.369863	150.931507	172.493151	194.054795	02	04	06	09	11	13	15	17	19
4 . 115	21.575342	43.150685	64.726027	86.301370	107.876712	129.452055	151.027397	172.602740	194.178082	02	04	06	09	11	13	15	17	19
4 . 116	21.589041	43.178082	64.767123	86.356164	107.945205	129.534247	151.123288	172.712329	194.301370	02	04	06	09	11	13	15	17	19
4 . 117	21.602740	43.205479	64.808219	86.410959	108.013699	129.616438	151.219178	172.821918	194.424658	02	04	06	09	11	13	15	17	19
4 . 118	21.616438	43.232877	64.849315	86.465753	108.082192	129.698630	151.315068	172.931507	194.547945	02	04	06	09	11	13	15	17	19
4 . 119	21.630137	43.260274	64.890411	86.520548	108.150685	129.780822	151.410959	173.041096	194.671233	02	04	06	09	11	13	15	17	19
4 . 120	21.643836	43.287671	64.931507	86.575342	108.219178	129.863014	151.506849	173.150685	194.794521	02	04	06	09	11	13	15	17	19
4 . 121	21.657534	43.315068	64.972603	86.630137	108.287671	129.945205	151.602740	173.260274	194.917808	02	04	06	09	11	13	15	17	19
4 . 122	21.671233	43.342466	65.013699	86.684932	108.356164	130.027397	151.698630	173.369863	195.041096	02	04	07	09	11	13	15	17	20
4 . 123	21.684932	43.369863	65.054795	86.739726	108.424658	130.109589	151.794521	173.479452	195.164384	02	04	07	09	11	13	15	17	20
4 . 124	21.698630	43.397260	65.095890	86.794521	108.493151	130.191781	151.890411	173.589041	195.287671	02	04	07	09	11	13	15	17	20
4 . 125	21.712329	43.424658	65.136986	86.849315	108.561644	130.273973	151.986301	173.698630	195.410959	02	04	07	09	11	13	15	17	20
4 . 126	21.726027	43.452055	65.178082	86.904110	108.630137	130.356164	152.082192	173.808219	195.534247	02	04	07	09	11	13	15	17	20
4 . 127	21.739726	43.479452	65.219178	86.958904	108.698630	130.438356	152.178082	173.917808	195.657534	02	04	07	09	11	13	15	17	20
4 . 128	21.753425	43.506849	65.260274	87.013699	108.767123	130.520548	152.273973	174.027397	195.780822	02	04	07	09	11	13	15	17	20
4 . 129	21.767123	43.534247	65.301370	87.068493	108.835616	130.602740	152.369863	174.136986	195.904110	02	04	07	09	11	13	15	17	20
4 . 130	21.780822	43.561644	65.342466	87.123288	108.904110	130.684932	152.465753	174.246575	196.027397	02	04	07	09	11	13	15	17	20
4 . 131	21.794521	43.589041	65.383562	87.178082	108.972603	130.767123	152.561644	174.356164	196.150685	02	04	07	09	11	13	15	17	20
4 . 132	21.808219	43.616438	65.424658	87.232877	109.041096	130.849315	152.657534	174.465753	196.273973	02	04	07	09	11	13	15	17	20
4 . 133	21.821918	43.643836	65.465753	87.287671	109.109589	130.931507	152.753425	174.575342	196.397260	02	04	07	09	11	13	15	17	20
4 . 134	21.835616	43.671233	65.506849	87.342466	109.178082	131.013699	152.849315	174.684932	196.520548	02	04	07	09	11	13	15	17	20
4 . 135	21.849315	43.698630	65.547945	87.397260	109.246575	131.095890	152.945205	174.794521	196.643836	02	04	07	09	11	13	15	17	20
4 . 136	21.863014	43.726027	65.589041	87.452055	109.315068	131.178082	153.041096	174.904110	196.767123	02	04	07	09	11	13	15	17	20
4 . 137	21.876712	43.753425	65.630137	87.506849	109.383562	131.260274	153.136986	175.013699	196.890411	02	04	07	09	11	13	15	17	20
4 . 138	21.890411	43.780822	65.671233	87.561644	109.452055	131.342466	153.232877	175.123288	197.013699	02	04	07	09	11	13	15	18	20
4 . 139	21.904110	43.808219	65.712329	87.616438	109.520548	131.424658	153.328767	175.232877	197.136986	02	04	07	09	11	13	15	18	20
4 . 140	21.917808	43.835616	65.753425	87.671233	109.589041	131.506849	153.424658	175.342466	197.260274	02	04	07	09	11	13	15	18	20
4 . 141	21.931507	43.863014	65.794521	87.726027	109.657534	131.589041	153.520548	175.452055	197.383562	02	04	07	09	11	13	15	18	20
4 . 142	21.945205	43.890411	65.835616	87.780822	109.726027	131.671233	153.616438	175.561644	197.506849	02	04	07	09	11	13	15	18	20
4 . 143	21.958904	43.917808	65.876712	87.835616	109.794521	131.753425	153.712329	175.671233	197.630137	02	04	07	09	11	13	15	18	20
4 . 144	21.972603	43.945205	65.917808	87.890411	109.863014	131.835616	153.808219	175.780822	197.753425	02	04	07	09	11	13	15	18	20
4 . 145	21.986301	43.972603	65.958904	87.945205	109.931507	131.917808	153.890411	175.890411	197.876712	02	04	07	09	11	13	15	18	20
4 . 146	22.000000	44.000000	66.000000	88.000000	110.000000	132.000000	154.000000	176.000000	198.000000	02	04	07	09	11	13	15	18	20
4 . 147	22.013699	44.027397	66.041096	88.054795	110.068493	132.082192	154.095890	176.109589	198.123288	02	04	07	09	11	13	15	18	20
4 . 148	22.027397	44.054795	66.082192	88.109589	110.136986	132.164384	154.191781	176.219178	198.246575	02	04	07	09	11	13	15	18	20

TEMPS.	CAPITAUX.									CENTIMES.								
ANS . JOURS.	100 fr.	200 fr.	300 fr.	400 fr.	500 fr.	600 fr.	700 fr.	800 fr.	900 fr.	10	20	30	40	50	60	70	80	90
	fr.	fr.	fr.	fr.	fr.	fr.	fr.	fr.	fr.									
4 . 149	22.041096	44.082192	66.123288	88.164384	110.205479	132.246575	154.287671	176.398767	198.369863	02	04	07	09	11	13	15	18	20
4 . 150	22.054795	44.109589	66.164384	88.219178	110.273973	132.328767	154.383562	176.438356	198.493151	02	04	07	09	11	13	15	18	20
4 . 151	22.068493	44.136986	66.205479	88.273973	110.342466	132.410959	154.479452	176.547945	198.616438	02	04	07	09	11	13	15	18	20
4 . 152	22.082192	44.164384	66.246575	88.328767	110.410959	132.493151	154.575342	176.657534	198.739726	02	04	07	09	11	13	15	18	20
4 . 153	22.095890	44.191781	66.287671	88.383562	110.479452	132.575342	154.671233	176.767123	198.863014	02	04	07	09	11	13	15	18	20
4 . 154	22.109589	44.219178	66.328767	88.438356	110.547945	132.657534	154.767123	176.876712	198.986301	02	04	07	09	11	13	15	18	20
4 . 155	22.123288	44.246575	66.369863	88.493151	110.616438	132.739726	154.863014	176.986301	199.109589	02	04	07	09	11	13	15	18	20
4 . 156	22.136986	44.273973	66.410959	88.547945	110.684932	132.821918	154.958904	177.095890	199.232877	02	04	07	09	11	13	15	18	20
4 . 157	22.150685	44.301370	66.452055	88.602740	110.753425	132.904110	155.054795	177.205479	199.356164	02	04	07	09	11	13	15	18	20
4 . 158	22.164384	44.328767	66.493151	88.657534	110.821918	132.986301	155.150685	177.315068	199.479452	02	04	07	09	11	13	16	18	20
4 . 159	22.178082	44.356164	66.534247	88.712329	110.890411	133.068493	155.246575	177.424658	199.602740	02	04	07	09	11	13	16	18	20
4 . 160	22.191781	44.383562	66.575342	88.767123	110.958904	133.150685	155.342466	177.534247	199.726027	02	04	07	09	11	13	16	18	20
4 . 161	22.205479	44.410959	66.616438	88.821918	111.027397	133.232877	155.438356	177.643836	199.849315	02	04	07	09	11	13	16	18	20
4 . 162	22.219178	44.438356	66.657534	88.876712	111.095890	133.315068	155.534247	177.753425	199.972603	02	04	07	09	11	13	16	18	20
4 . 163	22.232877	44.465753	66.698630	88.931507	111.164384	133.397260	155.630137	177.863014	200.095890	02	04	07	09	11	13	16	18	20
4 . 164	22.246575	44.493151	66.739726	88.986301	111.232877	133.479452	155.726027	177.972603	200.219178	02	04	07	09	11	13	16	18	20
4 . 165	22.260274	44.520548	66.780822	89.041096	111.301370	133.561644	155.821918	178.082192	200.342466	02	04	07	09	11	13	16	18	20
4 . 166	22.273973	44.547945	66.821918	89.095890	111.369863	133.643836	155.917808	178.191781	200.465753	02	04	07	09	11	13	16	18	20
4 . 167	22.287671	44.575342	66.863014	89.150685	111.438356	133.726027	156.013699	178.301370	200.589041	02	04	07	09	11	13	16	18	20
4 . 168	22.301370	44.602740	66.904110	89.205479	111.506849	133.808219	156.109589	178.410959	200.712329	02	04	07	09	11	13	16	18	20
4 . 169	22.315068	44.630137	66.945205	89.260274	111.575342	133.890411	156.205479	178.520548	200.835616	02	04	07	09	11	13	16	18	20
4 . 170	22.328767	44.657534	66.986301	89.315068	111.643836	133.972603	156.301370	178.630137	200.958904	02	04	07	09	11	13	16	18	20
4 . 171	22.342466	44.684932	67.027397	89.369863	111.712329	134.054795	156.397260	178.739726	201.082192	02	04	07	09	11	13	16	18	20
4 . 172	22.356164	44.712329	67.068493	89.424658	111.780822	134.136986	156.493151	178.849315	201.205479	02	04	07	09	11	13	16	18	20
4 . 173	22.369863	44.739726	67.109589	89.479452	111.849315	134.219178	156.589041	178.958904	201.328767	02	04	07	09	11	13	16	18	20
4 . 174	22.383562	44.767123	67.150685	89.534247	111.917808	134.301370	156.684932	179.068493	201.452055	02	04	07	09	11	13	16	18	20
4 . 175	22.397260	44.794521	67.191781	89.589041	111.986301	134.383562	156.780822	179.178082	201.575342	02	04	07	09	11	13	16	18	20
4 . 176	22.410959	44.821918	67.232877	89.643836	112.054795	134.465753	156.876712	179.287671	201.698630	02	04	07	09	11	13	16	18	20
4 . 177	22.424658	44.849315	67.273973	89.698630	112.123288	134.547945	156.972603	179.397260	201.821918	02	04	07	09	11	13	16	18	20
4 . 178	22.438356	44.876712	67.315068	89.753425	112.191781	134.630137	157.068493	179.506849	201.945205	02	04	07	09	11	13	16	18	20
4 . 179	22.452055	44.904110	67.356164	89.808219	112.260274	134.712329	157.164384	179.616438	202.068493	02	04	07	09	11	13	16	18	20
4 . 180	22.465753	44.931507	67.397260	89.863014	112.328767	134.794521	157.260274	179.726027	202.191781	02	04	07	09	11	13	16	18	20
4 . 181	22.479452	44.958904	67.438356	89.917808	112.397260	134.876712	157.356164	179.835616	202.315068	02	04	07	09	11	13	16	18	20
4 . 182	22.493151	44.986301	67.479452	89.972603	112.465753	134.958904	157.452055	179.945205	202.438356	02	05	07	09	11	14	16	18	20
4 . 183	22.506849	45.013699	67.520548	90.027397	112.534247	135.041096	157.547945	180.054795	202.561644	02	05	07	09	11	14	16	18	20
4 . 184	22.520548	45.041096	67.561644	90.082192	112.602740	135.123288	157.643836	180.164384	202.684932	02	05	07	09	11	14	16	18	20
4 . 185	22.534247	45.068493	67.602740	90.136986	112.671233	135.205479	157.739726	180.273973	202.808219	02	05	07	09	11	14	16	18	20

TEMPS.	CAPITAUX.									CENTIMES.								
ANS . JOURS.	100 fr.	200 fr.	300 fr.	400 fr.	500 fr.	600 fr.	700 fr.	800 fr.	900 fr.	10	20	30	40	50	60	70	80	90
	fr.	fr.	fr.	fr.	fr.	fr.	fr.	fr.	fr.									
4 . 186	22.547945	45.095890	67.643836	90.191781	112.739726	135.287671	157.835616	180.383562	202.931507	02	05	07	09	11	14	16	18	20
4 . 187	22.561644	45.123288	67.684932	90.246575	112.808219	135.369863	157.931507	180.493151	203.054795	02	05	07	09	11	14	16	18	20
4 . 188	22.575342	45.150685	67.726027	90.301370	112.876712	135.452055	158.027397	180.602740	203.178082	02	05	07	09	11	14	16	18	20
4 . 189	22.589041	45.178082	67.767123	90.356164	112.945205	135.534247	158.123288	180.712329	203.301370	02	05	07	09	11	14	16	18	20
4 . 190	22.602740	45.205479	67.808219	90.410909	113.013699	135.616438	158.219178	180.821918	203.424658	02	05	07	09	11	14	16	18	20
4 . 191	22.616438	45.232877	67.849315	90.465753	113.082192	135.698630	158.315068	180.931507	203.547945	02	05	07	09	11	14	16	18	20
4 . 192	22.630137	45.260274	67.890411	90.520548	113.150685	135.780822	158.410959	181.041096	203.671233	02	05	07	09	11	14	16	18	20
4 . 193	22.643836	45.287671	67.931507	90.575342	113.219178	135.863014	158.506849	181.150685	203.794521	02	05	07	09	11	14	16	18	20
4 . 194	22.657534	45.315068	67.972603	90.630137	113.287671	135.945205	158.602740	181.260274	203.917808	02	05	07	09	11	14	16	18	20
4 . 195	22.671233	45.342466	68.013699	90.684932	113.356164	136.027397	158.698630	181.369863	204.041096	02	05	07	09	11	14	16	18	20
4 . 196	22.684932	45.369863	68.054795	90.739726	113.424658	136.109580	158.794521	181.479452	204.164384	02	05	07	09	11	14	16	18	20
4 . 197	22.698630	45.397260	68.095890	90.794521	113.493151	136.191781	158.890411	181.589041	204.287671	02	05	07	09	11	14	16	18	20
4 . 198	22.712329	45.424658	68.136986	90.849315	113.561644	136.273973	158.986301	181.698630	204.410959	02	05	07	09	11	14	16	18	20
4 . 199	22.726027	45.452055	68.178082	90.904110	113.630137	136.356164	159.082192	181.808219	204.534247	02	05	07	09	11	14	16	18	20
4 . 200	22.739726	45.479452	68.219178	90.958904	113.698630	136.438356	159.178082	181.917808	204.657534	02	05	07	09	11	14	16	18	20
4 . 201	22.753425	45.506849	68.260274	91.013699	113.767123	136.520548	159.273973	182.027397	204.780822	02	05	07	09	11	14	16	18	20
4 . 202	22.767123	45.534247	68.301370	91.068493	113.835616	136.602740	159.369863	182.136986	204.904110	02	05	07	09	11	14	16	18	20
4 . 203	22.780822	45.561644	68.342466	91.123288	113.904110	136.684932	159.465753	182.246575	205.027397	02	05	07	09	11	14	16	18	20
4 . 204	22.794521	45.589041	68.383562	91.178082	113.972603	136.767123	159.561644	182.356164	205.150685	02	05	07	09	11	14	16	18	21
4 . 205	22.808219	45.616438	68.424658	91.232877	114.041096	136.849315	159.657534	182.465753	205.273973	02	05	07	09	11	14	16	18	21
4 . 206	22.821918	45.643836	68.465753	91.287671	114.109589	136.931507	159.753425	182.575342	205.397260	02	05	07	09	11	14	16	18	21
4 . 207	22.835616	45.671233	68.506849	91.342466	114.178082	137.013699	159.849315	182.684932	205.520548	02	05	07	09	11	14	16	18	21
4 . 208	22.849315	45.698630	68.547945	91.397260	114.246575	137.095890	159.945205	182.794521	205.643836	02	05	07	09	11	14	16	18	21
4 . 209	22.863014	45.726027	68.589041	91.452055	114.315068	137.178082	160.041096	182.904110	205.767123	02	05	07	09	11	14	16	18	21
4 . 210	22.876712	45.753425	68.630137	91.506849	114.383562	137.260274	160.136986	183.013699	205.890411	02	05	07	09	11	14	16	18	21
4 . 211	22.890411	45.780822	68.671233	91.561644	114.452055	137.342466	160.232877	183.123288	206.013699	02	05	07	09	11	14	16	18	21
4 . 212	22.904110	45.808219	68.712329	91.616438	114.520548	137.424658	160.328761	183.232877	206.136986	02	05	07	09	11	14	16	18	21
4 . 213	22.917808	45.835616	68.753425	91.671233	114.589041	137.506849	160.424658	183.342466	206.260274	02	05	07	09	11	14	16	18	21
4 . 214	22.931507	45.863014	68.794521	91.726027	114.657534	137.589041	160.520548	183.452055	206.383562	02	05	07	09	11	14	16	18	21
4 . 215	22.945205	45.890411	68.835616	91.780822	114.726027	137.671233	160.616438	183.561644	206.506849	02	05	07	09	11	14	16	18	21
4 . 216	22.958904	45.917808	68.876712	91.835616	114.794521	137.753425	160.712329	183.671233	206.630137	02	05	07	09	11	14	16	18	21
4 . 217	22.972603	45.945205	68.917808	91.890411	114.863014	137.835616	160.808219	183.780822	206.753425	02	05	07	09	11	14	16	18	21
4 . 218	22.986301	45.972603	68.958904	91.945205	114.931507	137.917808	160.904110	183.890411	206.876712	02	05	07	09	11	14	16	18	21
4 . 219	23.000000	46.000000	69.000000	92.000000	115.000000	138.000000	161.000000	184.000000	207.000000	02	05	07	09	12	14	16	18	21
4 . 220	23.013699	46.027397	69.041096	92.054795	115.068493	138.082192	161.095890	184.109589	207.123288	02	05	07	09	12	14	16	18	21
4 . 221	23.027397	46.054795	69.082192	92.109589	115.136986	138.164384	161.191781	184.219178	207.246575	02	05	07	09	12	14	16	18	21
4 . 222	23.041096	46.082192	69.123288	92.164384	115.205479	138.246575	161.287671	184.328767	207.369863	02	05	07	09	12	14	16	18	21

TEMPS.	CAPITAUX.									CENTIMES.								
ANS . JOURS.	100 fr.	200 fr.	300 fr.	400 fr.	500 fr.	600 fr.	700 fr.	800 fr.	900 fr.	10	20	30	40	50	60	70	80	90
	fr.	fr.	fr.	fr.	fr.	fr.	fr.	fr.	fr.									
4 . 223	23.054795	46.109589	69.164384	92.219178	115.273973	138.328767	161.383562	184.438356	207.493151	02	05	07	09	12	14	16	18	21
4 . 224	23.068493	46.136986	69.205479	92.273973	115.342466	138.410959	161.479452	184.547945	207.616438	02	05	07	09	12	14	16	18	21
4 . 225	23.082192	46.164384	69.246575	92.328767	115.410959	138.493151	161.575342	184.657534	207.739726	02	05	07	09	12	14	16	18	21
4 . 226	23.095890	46.191781	69.287671	92.383562	115.479452	138.575342	161.671233	184.767123	207.863014	02	05	07	09	12	14	16	18	21
4 . 227	23.109589	46.219178	69.328767	92.438356	115.547945	138.657534	161.767123	184.876712	207.986301	02	05	07	09	12	14	16	18	21
4 . 228	23.123288	46.246575	69.369863	92.493151	115.616438	138.739726	161.863014	184.986301	208.109589	02	05	07	09	12	14	16	18	21
4 . 229	23.136986	46.273973	69.410959	92.547945	115.684932	138.821918	161.958904	185.095890	208.232877	02	05	07	09	12	14	16	19	21
4 . 230	23.150685	46.301370	69.452055	92.602740	115.753425	138.904110	162.054795	185.205479	208.356164	02	05	07	09	12	14	16	19	21
4 . 231	23.164384	46.328767	69.493151	92.657534	115.821918	138.986301	162.150685	185.315068	208.479452	02	05	07	09	12	14	16	19	21
4 . 232	23.178082	46.356164	69.534247	92.712329	115.890411	139.068493	162.246575	185.424658	208.602740	02	05	07	09	12	14	16	19	21
4 . 233	23.191781	46.383562	69.575342	92.767123	115.958904	139.150685	162.342466	185.534247	208.726027	02	05	07	09	12	14	16	19	21
4 . 234	23.205479	46.410959	69.616438	92.821918	116.027397	139.232877	162.438356	185.643836	208.849315	02	05	07	09	12	14	16	19	21
4 . 235	23.219178	46.438356	69.657534	92.876712	116.095890	139.315068	162.534247	185.753425	208.972603	02	05	07	09	12	14	16	19	21
4 . 236	23.232877	46.465753	69.698630	92.931507	116.164384	139.397260	162.630137	185.863014	209.095890	02	05	07	09	12	14	16	19	21
4 . 237	23.246575	46.493151	69.739726	92.986301	116.232877	139.479452	162.726027	185.972603	209.219178	02	05	07	09	12	14	16	19	21
4 . 238	23.260274	46.520548	69.780822	93.041096	116.301370	139.561644	162.821918	186.082192	209.342466	02	05	07	09	12	14	16	19	21
4 . 239	23.273973	46.547945	69.821918	93.095890	116.369863	139.643836	162.917808	186.191781	209.465753	02	05	07	09	12	14	16	19	21
4 . 240	23.287671	46.575342	69.863014	93.150685	116.438356	139.726027	163.013699	186.301370	209.589041	02	05	07	09	12	14	16	19	21
4 . 241	23.301370	46.602740	69.904110	93.205479	116.506849	139.808219	163.109589	186.410959	209.712329	02	05	07	09	12	14	16	19	21
4 . 242	23.315068	46.630137	69.945205	93.260274	116.575342	139.890411	163.205479	186.520548	209.835616	02	05	07	09	12	14	16	19	21
4 . 243	23.328767	46.657534	69.986301	93.315068	116.643836	139.972603	163.301870	186.630137	209.958904	02	05	07	09	12	14	16	19	21
4 . 244	23.342466	46.684932	70.027397	93.369863	116.712329	140.054795	163.397260	186.739726	210.082192	02	05	07	09	12	14	16	19	21
4 . 245	23.356164	46.712329	70.068493	93.424658	116.780822	140.136986	163.493151	186.849315	210.205479	02	05	07	09	12	14	16	19	21
4 . 246	23.369863	46.739726	70.109589	93.479452	116.849315	140.219178	163.589041	186.958904	210.328767	02	05	07	09	12	14	16	19	21
4 . 247	23.383562	46.767123	70.150685	93.534247	116.917808	140.301370	163.684932	187.068493	210.452055	02	05	07	09	12	14	16	19	21
4 . 248	23.397260	46.794521	70.191781	93.589041	116.986301	140.383562	163.780822	187.178082	210.575342	02	05	07	09	12	14	16	19	21
4 . 249	23.410959	46.821918	70.232877	93.643836	117.054795	140.465753	163.876712	187.287671	210.698630	02	05	07	09	12	14	16	19	21
4 . 250	23.424658	46.849315	70.273973	93.698630	117.123288	140.547945	163.972603	187.397260	210.821918	02	05	07	09	12	14	16	19	21
4 . 251	23.438356	46.876712	70.315068	93.753425	117.191781	140.630137	164.068493	187.506849	210.945205	02	05	07	09	12	14	16	19	21
4 . 252	23.452055	46.904110	70.356164	93.808219	117.260274	140.712329	164.164384	187.616438	211.068493	02	05	07	09	12	14	16	19	21
4 . 253	23.465753	46.931507	70.397260	93.863014	117.328767	140.794521	164.260274	187.726027	211.191781	02	05	07	09	12	14	16	19	21
4 . 254	23.479452	46.958904	70.438356	93.917808	117.397260	140.876712	164.356164	187.835616	211.315068	02	05	07	09	12	14	16	19	21
4 . 255	23.493151	46.986301	70.479452	93.972603	117.465753	140.958904	164.452055	187.945205	211.438356	02	05	07	09	12	14	16	19	21
4 . 256	23.506849	47.013699	70.520548	94.027397	117.534247	141.041096	164.547945	188.054795	211.561644	02	05	07	09	12	14	16	19	21
4 . 257	23.520548	47.041096	70.561644	94.082192	117.602740	141.123288	164.643836	188.164384	211.684932	02	05	07	09	12	14	16	19	21
4 . 258	23.534247	47.068493	70.602740	94.136986	117.671233	141.205479	164.739726	188.273973	211.808219	02	05	07	09	12	14	16	19	21
4 . 259	23.547945	47.095890	70.643836	94.191781	117.739726	141.287671	164.835616	188.383562	211.931507	02	05	07	09	12	14	16	19	21

TEMPS.	CAPITAUX.									CENTIMES.								
ANS . JOURS.	100 fr.	200 fr.	300 fr.	400 fr.	500 fr.	600 fr.	700 fr.	800 fr.	900 fr.	10	20	30	40	50	60	70	80	90
	fr.	fr.	fr.	fr.	fr.	fr.	fr.	fr.	fr.									
4 . 260	23.561644	47.123288	70.684932	94.246575	117.808219	141.369863	164.931507	188.493151	212.054795	02	05	07	09	12	14	16	19	21
4 . 261	23.575342	47.150685	70.726027	94.301370	117.876712	141.452055	165.027397	188.602740	212.178082	02	05	07	09	12	14	17	19	21
4 . 262	23.589041	47.178082	70.767123	94.356164	117.945205	141.534247	165.123288	188.712329	212.301370	02	05	07	09	12	14	17	19	21
4 . 263	23.602740	47.205479	70.808219	94.410950	118.013699	141.616438	165.219178	188.821918	212.424658	02	05	07	09	12	14	17	19	21
4 . 264	23.616438	47.232877	70.849315	94.465753	118.082192	141.698630	165.315068	188.931507	212.547945	02	05	07	09	12	14	17	19	21
4 . 265	23.630137	47.260274	70.890411	94.520548	118.150685	141.780822	165.410959	189.041096	212.671233	02	05	07	09	12	14	17	19	21
4 . 266	23.643836	47.287671	70.931507	94.575342	118.219178	141.863014	165.506849	189.150685	212.794521	02	05	07	09	12	14	17	19	21
4 . 267	23.657534	47.315068	70.972603	94.630137	118.287671	141.945205	165.602740	189.260274	212.917808	02	05	07	09	12	14	17	19	21
4 . 268	23.671233	47.342465	71.013699	94.684932	118.356164	142.027397	165.698630	189.369863	213.041096	02	05	07	09	12	14	17	19	21
4 . 269	23.684932	47.369863	71.054795	94.739726	118.424658	142.109589	165.794521	189.479452	213.164384	02	05	07	09	12	14	17	19	21
4 . 270	23.698630	47.397260	71.095890	94.794521	118.493151	142.191781	165.890411	189.589041	213.287671	02	05	07	09	12	14	17	19	21
4 . 271	23.712329	47.424658	71.136986	94.849315	118.561644	142.273973	165.986301	189.698630	213.410959	02	05	07	09	12	14	17	19	21
4 . 272	23.726027	47.452055	71.178082	94.904110	118.630137	142.356164	166.082192	189.808219	213.534247	02	05	07	09	12	14	17	19	21
4 . 273	23.739726	47.479452	71.219178	94.958904	118.698630	142.438356	166.178082	189.917808	213.657534	02	05	07	09	12	14	17	19	21
4 . 274	23.753425	47.506849	71.260274	95.013699	118.767123	142.520548	166.273973	190.027397	213.780822	02	05	07	10	12	14	17	19	21
4 . 275	23.767123	47.534247	71.301370	95.068493	118.835616	142.602740	166.369863	190.136986	213.904110	02	05	07	10	12	14	17	19	21
4 . 276	23.780822	47.561644	71.342406	95.123288	118.904110	142.684932	166.465753	190.246575	214.027397	02	05	07	10	12	14	17	19	21
4 . 277	23.794521	47.589041	71.383562	95.178082	118.972603	142.767123	166.561644	190.356164	214.150685	02	05	07	10	12	14	17	19	21
4 . 278	23.808219	47.616438	71.424658	95.232877	119.041096	142.849315	166.657534	190.465753	214.273973	02	05	07	10	12	14	17	19	21
4 . 279	23.821918	47.643836	71.465753	95.287671	119.109589	142.931507	166.753425	190.575342	214.397260	02	05	07	10	12	14	17	19	21
4 . 280	23.835616	47.671233	71.506849	95.342466	119.178082	143.013699	166.849315	190.684932	214.520548	02	05	07	10	12	14	17	19	21
4 . 281	23.849315	47.698630	71.547945	95.397260	119.246575	143.095890	166.945205	190.794521	214.643836	02	05	07	10	12	14	17	19	21
4 . 282	23.863014	47.726027	71.589041	95.452055	119.315068	143.178082	167.041096	190.904110	214.761193	02	05	07	10	12	14	17	19	21
4 . 283	23.876712	47.753425	71.630137	95.506849	119.383562	143.260274	167.136986	191.013699	214.890411	02	05	07	10	12	14	17	19	21
4 . 284	23.890411	47.780822	71.671233	95.561644	119.452055	143.342466	167.232877	191.123288	215.013699	02	05	07	10	12	14	17	19	22
4 . 285	23.904110	47.808219	71.712329	95.616438	119.520548	143.424658	167.328767	191.232877	215.136986	02	05	07	10	12	14	17	19	22
4 . 286	23.917808	47.835618	71.753425	95.671235	119.589041	143.506849	167.424658	191.342466	215.260274	02	05	07	10	12	14	17	19	22
4 . 287	23.931507	47.863014	71.794521	95.726027	119.657534	143.589041	167.520548	191.452055	215.383562	02	05	07	10	12	14	17	19	22
4 . 288	23.945205	47.890411	71.835616	95.780822	119.726027	143.671233	167.616438	191.561644	215.506849	02	05	07	10	12	14	17	19	22
4 . 289	23.958904	47.917808	71.876712	95.835616	119.794521	143.753425	167.712329	191.671233	215.630137	02	05	07	10	12	14	17	19	22
4 . 290	23.972603	47.945205	71.917808	95.890411	119.863014	143.835616	167.808219	191.780822	215.753425	02	05	07	10	12	14	17	19	22
4 . 291	23.986301	47.972603	71.958904	95.945205	119.931507	143.917808	167.904110	191.890411	215.876712	02	05	07	10	12	14	17	19	22
4 . 292	24.000000	48.000000	72.000000	96.000000	120.000000	144.000000	168.000000	192.000000	216.000000	02	05	07	10	12	14	17	19	22
4 . 293	24.013699	48.027397	72.041096	96.054795	120.068493	144.082192	168.095890	192.109589	216.123288	02	05	07	10	12	14	17	19	22
4 . 294	24.027397	48.054795	72.082192	96.109589	120.136986	144.164384	168.191781	192.219178	216.246575	02	05	07	10	12	14	17	19	22
4 . 295	24.041096	48.082192	72.123288	96.164384	120.205479	144.246575	168.287671	192.328767	216.369863	02	05	07	10	12	14	17	19	22
4 . 296	24.054795	48.109589	72.164384	96.219178	120.273973	144.328767	168.383562	192.438356	216.493151	02	05	07	10	12	14	17	19	22

TEMPS. ANS.JOURS.	CAPITAUX 100 fr.	200 fr.	300 fr.	400 fr.	500 fr.	600 fr.	700 fr.	800 fr.	900 fr.	CENTIMES 10	20	30	40	50	60	70	80	90
	fr.	fr.	fr.	fr.	fr.	fr.	fr.	fr.	fr.									
4.297	24.068493	48.136986	72.205479	96.273973	120.342466	144.410959	168.479452	192.547945	216.616438	02	05	07	10	12	14	17	19	22
4.298	24.082192	48.164384	72.246575	96.328767	120.410959	144.493151	168.575342	192.657534	216.739726	02	05	07	10	12	14	17	19	22
4.299	24.095890	48.191781	72.287671	96.383562	120.479452	144.575342	168.671233	192.767123	216.863014	02	05	07	10	12	14	17	19	22
4.300	24.109589	48.219178	72.328767	96.438356	120.547945	144.657534	168.767123	192.876712	216.986301	02	05	07	10	12	14	17	19	22
4.301	24.123288	48.246575	72.369863	96.493151	120.616438	144.739726	168.863014	192.986301	217.109589	02	05	07	10	12	14	17	19	22
4.302	24.136986	48.273973	72.410959	96.547945	120.684932	144.821918	168.958904	193.093890	217.232877	02	05	07	10	12	14	17	19	22
4.303	24.150685	48.301370	72.452055	96.602740	120.753425	144.904110	169.054795	193.205479	217.356164	02	05	07	10	12	14	17	19	22
4.304	24.164384	48.328767	72.493151	96.657534	120.821918	144.986301	169.150685	193.315068	217.479452	02	05	07	10	12	14	17	19	22
4.305	24.178082	48.356164	72.534247	96.712329	120.890411	145.068493	169.246575	193.424658	217.602740	02	05	07	10	12	15	17	19	22
4.306	24.191781	48.383562	72.575342	96.767123	120.958904	145.150685	169.342466	193.534247	217.726027	02	05	07	10	12	15	17	19	22
4.307	24.205479	48.410959	72.616438	96.821918	121.027397	145.232877	169.438356	193.643836	217.849315	02	05	07	10	12	15	17	19	22
4.308	24.219178	48.438356	72.657534	96.876712	121.095890	145.315068	169.534247	193.753425	217.972603	02	05	07	10	12	15	17	19	22
4.309	24.232877	48.465753	72.698630	96.931507	121.164384	145.397260	169.630137	193.863014	218.095890	02	05	07	10	12	15	17	19	22
4.310	24.246575	48.493151	72.739726	96.986301	121.232877	145.479452	169.726027	193.972603	218.219178	02	05	07	10	12	15	17	19	22
4.311	24.260274	48.520548	72.780822	97.041096	121.301370	145.561644	169.821918	194.082192	218.342466	02	05	07	10	12	15	17	19	22
4.312	24.273973	48.547945	72.821918	97.095890	121.369863	145.643836	169.917808	194.191781	218.465753	02	05	07	10	12	15	17	19	22
4.313	24.287671	48.575342	72.863014	97.150685	121.438356	145.726027	170.013699	194.301370	218.589041	02	05	07	10	12	15	17	19	22
4.314	24.301370	48.602740	72.904110	97.205479	121.506849	145.808219	170.109589	194.410959	218.712329	02	05	07	10	12	15	17	19	22
4.315	24.315068	48.630137	72.945205	97.260274	121.575342	145.890411	170.205479	194.520548	218.835616	02	05	07	10	12	15	17	19	22
4.316	24.328767	48.657534	72.986301	97.315068	121.643836	145.972603	170.301370	194.630137	218.958904	02	05	07	10	12	15	17	19	22
4.317	24.342466	48.684932	73.027397	97.369863	121.712329	146.054795	170.397260	194.739726	219.082192	02	05	07	10	12	15	17	19	22
4.318	24.356164	48.712329	73.068493	97.424658	121.780822	146.136986	170.493151	194.849315	219.205479	02	05	07	10	12	15	17	19	22
4.319	24.369863	48.739726	73.109589	97.479452	121.849315	146.219178	170.589041	194.958904	219.328767	02	05	07	10	12	15	17	20	22
4.320	24.383562	48.767123	73.150685	97.534247	121.917808	146.301370	170.684932	195.068493	219.452055	02	05	07	10	12	15	17	20	22
4.321	24.397260	48.794521	73.191781	97.589041	121.986301	146.383562	170.780822	195.178082	219.575342	02	05	07	10	12	15	17	20	22
4.322	24.410959	48.821918	73.232877	97.643836	122.054795	146.465753	170.876712	195.287671	219.698630	02	05	07	10	12	15	17	20	22
4.323	24.424658	48.849315	73.273973	97.698630	122.123288	146.547945	170.972603	195.397260	219.821918	02	05	07	10	12	15	17	20	22
4.324	24.438356	48.876712	73.315068	97.753425	122.191781	146.630137	171.068493	195.506849	219.945205	02	05	07	10	12	15	17	20	22
4.325	24.452055	48.904110	73.356164	97.808219	122.260274	146.712329	171.164384	195.616438	220.068493	02	05	07	10	12	15	17	20	22
4.326	24.465753	48.931507	73.397260	97.863014	122.328767	146.794521	171.260274	195.726027	220.191781	02	05	07	10	12	15	17	20	22
4.327	24.479452	48.958904	73.438356	97.917808	122.397260	146.876712	171.356164	195.835616	220.315068	02	05	07	10	12	15	17	20	22
4.328	24.493151	48.986301	73.479452	97.972603	122.465753	146.958904	171.452055	195.945205	220.438356	02	05	07	10	12	15	17	20	22
4.329	24.506849	49.013699	73.520548	98.027397	122.534247	147.041096	171.547945	196.054795	220.561644	02	05	07	10	12	15	17	20	22
4.330	24.520548	49.041096	73.561644	98.082192	122.602740	147.123288	171.643836	196.164384	220.684932	02	05	07	10	12	15	17	20	22
4.331	24.534247	49.068493	73.602740	98.136986	122.671233	147.205479	171.739726	196.273973	220.808219	02	05	07	10	12	15	17	20	22
4.332	24.547945	49.095890	73.643836	98.191781	122.739726	147.287671	171.835616	196.383562	220.931507	02	05	07	10	12	15	17	20	22
4.333	24.561644	49.123288	73.684932	98.246575	122.808219	147.369863	171.931507	196.493151	221.054795	02	05	07	10	12	15	17	20	22

TEMPS.	CAPITAUX.									CENTIMES.								
ANS . JOURS	100 fr.	200 fr.	300 fr.	400 fr.	500 fr.	600 fr.	700 fr.	800 fr.	900 fr.	10	20	30	40	50	60	70	80	90
	fr.	fr.	fr.	fr.	fr.	fr.	fr.	fr.	fr.									
4 . 334	24.575342	49.150685	73.726027	98.301370	122.876712	147.452055	172.027397	196.602740	221.178082	02	05	07	10	12	15	17	20	22
4 . 335	24.580041	49.178082	73.767123	98.356164	122.945205	147.534247	172.123388	196.712329	221.301370	02	05	07	10	12	15	17	20	22
4 . 336	24.602740	49.205479	73.808219	98.410959	123.013699	147.616438	172.219178	196.821918	221.424658	02	05	07	10	12	15	17	20	22
4 . 337	24.616438	49.232877	73.849315	98.465753	123.082192	147.698630	172.315068	196.931507	221.547945	02	05	07	10	12	15	17	20	22
4 . 338	24.630137	49.260274	73.890411	98.520548	123.150685	147.780822	172.410959	197.041096	221.671233	02	05	07	10	12	15	17	20	22
4 . 339	24.643836	49.287671	73.931507	98.575342	123.219178	147.863014	172.506849	197.150685	221.794521	02	05	07	10	12	15	17	20	22
4 . 340	24.657534	49.315068	73.972603	98.630137	123.287671	147.945205	172.602740	197.260274	221.917808	02	05	07	10	12	15	17	20	22
4 . 341	24.671233	49.342466	74.013699	98.684932	123.356164	148.027397	172.698630	197.369863	222.041096	02	05	07	10	12	15	17	20	22
4 . 342	24.684932	49.369863	74.054795	98.739726	123.424658	148.109589	172.794521	197.479452	222.164384	02	05	07	10	12	15	17	20	22
4 . 343	24.698630	49.397260	74.095890	98.794521	123.493151	148.191781	172.890411	197.589041	222.287671	02	05	07	10	12	15	17	20	22
4 . 344	24.712329	49.424658	74.136986	98.849315	123.561644	148.273973	172.986301	197.698630	222.410959	02	05	07	10	12	15	17	20	22
4 . 345	24.726027	49.452055	74.178082	98.904110	123.630137	148.356164	173.082192	197.808219	222.534247	02	05	07	10	12	15	17	20	22
4 . 346	24.739726	49.479452	74.219178	98.958904	123.698630	148.438356	173.178082	197.917808	222.657534	02	05	07	10	12	15	17	20	22
4 . 347	24.753425	49.506849	74.260274	99.013699	123.767123	148.520548	173.273973	198.027397	222.780822	02	05	07	10	12	15	17	20	22
4 . 348	24.767123	49.534247	74.301370	99.068493	123.835616	148.602740	173.369863	198.136986	222.904110	02	05	07	10	12	15	17	20	22
4 . 349	24.780822	49.561644	74.342466	99.123288	123.904110	148.684932	173.465753	198.246575	223.027397	02	05	07	10	12	15	17	20	22
4 . 350	24.794521	49.589041	74.383562	99.178082	123.972603	148.767123	173.561644	198.356164	223.150685	02	05	07	10	12	15	17	20	22
4 . 351	24.808219	49.616438	74.424658	99.232877	124.041096	148.849315	173.657534	198.465753	223.273973	02	05	07	10	12	15	17	20	22
4 . 352	24.821918	49.643836	74.465753	99.287671	124.109589	148.931507	173.753425	198.575342	223.397260	02	05	07	10	12	15	17	20	22
4 . 353	24.835616	49.671233	74.506849	99.342466	124.178082	149.013699	173.849315	198.684932	223.520548	02	05	07	10	12	15	17	20	22
4 . 354	24.849315	49.698630	74.547945	99.397260	124.246575	149.095890	173.945205	198.794521	223.643836	02	05	07	10	12	15	17	20	22
4 . 355	24.863014	49.726027	74.589041	99.452055	124.315068	149.178082	174.041096	198.904110	223.767123	02	05	07	10	12	15	17	20	22
4 . 356	24.876712	49.753425	74.630137	99.506849	124.383562	149.260274	174.136986	199.013699	223.890411	02	05	07	10	12	15	17	20	22
4 . 357	24.890411	49.780822	74.671233	99.561644	124.452055	149.342466	174.232877	199.123288	224.013699	02	05	07	10	12	15	17	20	22
4 . 358	24.904110	49.808219	74.712329	99.616438	124.520548	149.424658	174.328767	199.232877	224.136986	02	05	07	10	12	15	17	20	22
4 . 359	24.917808	49.835616	74.753425	99.671233	124.589041	149.506849	174.424658	199.342466	224.260274	02	05	07	10	12	15	17	20	22
4 . 360	24.931507	49.863014	74.794521	99.726027	124.657534	149.589041	174.520548	199.452055	224.383562	02	05	07	10	12	15	17	20	22
4 . 361	24.945205	49.890411	74.835616	99.780822	124.726027	149.671233	174.616438	199.561644	224.506849	02	05	07	10	12	15	17	20	22
4 . 362	24.958904	49.917808	74.876712	99.835616	124.794521	149.753425	174.712329	199.671233	224.630137	02	05	07	10	12	15	17	20	22
4 . 363	24.972603	49.945205	74.917808	99.890411	124.863014	149.835616	174.808219	199.780822	224.753425	02	05	07	10	12	15	17	20	22
4 . 364	24.986301	49.972603	74.958904	99.945205	124.931507	149.917808	174.904110	199.890411	224.876712	02	05	07	10	12	15	17	20	22
5	25.000000	50.000000	75.000000	100.000000	125.000000	150.000000	175.000000	200.000000	225.000000	03	05	07	10	13	15	18	20	23

TEMPS.		CAPITAUX.									CENTIMES.								
ANS . JOURS.	100 fr.	200 fr.	300 fr.	400 fr.	500 fr.	600 fr.	700 fr.	800 fr.	900 fr.	10	20	30	40	50	60	70	80	90
	fr.	fr.	fr.	fr.	fr.	fr.	fr.	fr.	fr.									
0 . 1	0.016438	0.032877	0.049315	0.065753	0.082192	0.098630	0.115068	0.131507	0.147945									
0 . 2	0.032877	0.065753	0.098630	0.131507	0.164384	0.197260	0.230137	0.263014	0.295890									
0 . 3	0.049315	0.098630	0.147945	0.197260	0.246575	0.295890	0.345205	0.394521	0.443836									
0 . 4	0.065753	0.131507	0.197260	0.263014	0.328767	0.394521	0.460274	0.526027	0.591781									
0 . 5	0.082192	0.164384	0.246575	0.328767	0.410959	0.493151	0.575342	0.657534	0.738726									
0 . 6	0.098630	0.197260	0.295890	0.394521	0.493151	0.591781	0.690411	0.789041	0.887671									
0 . 7	0.115068	0.230137	0.345205	0.460274	0.575342	0.690411	0.805479	0.920548	1.035616									
0 . 8	0.131507	0.263014	0.394521	0.526027	0.657534	0.789041	0.920548	1.052055	1.183562									
0 . 9	0.147945	0.295890	0.443836	0.591781	0.739726	0.887671	1.035616	1.183502	1.331507									
0 . 10	0.164384	0.328767	0.493151	0.657534	0.821918	0.986301	1.150685	1.315068	1.479452									
0 . 11	0.180822	0.361644	0.542466	0.723288	0.904110	1.084932	1.265753	1.446575	1.627397									
0 . 12	0.197260	0.394521	0.591781	0.789041	0.986301	1.183562	1.380822	1.578082	1.775342									
0 . 13	0.213699	0.427397	0.641096	0.854795	1.068493	1.282192	1.495890	1.709589	1.923288									
0 . 14	0.230137	0.460274	0.690411	0.920548	1.150685	1.380822	1.610959	1.841096	2.071233									
0 . 15	0.246575	0.493151	0.739726	0.986301	1.232877	1.479452	1.726027	1.972603	2.219178									
0 . 16	0.263014	0.526027	0.789041	1.052055	1.315068	1.578082	1.841096	2.104110	2.367123									
0 . 17	0.279452	0.558904	0.838356	1.117808	1.397260	1.676712	1.956164	2.235616	2.515068									
0 . 18	0.295890	0.591781	0.887671	1.183562	1.479452	1.775342	2.071233	2.367123	2.663014									
0 . 19	0.312329	0.624658	0.936986	1.249315	1.561644	1.873973	2.186301	2.498630	2.810959									
0 . 20	0.328767	0.657534	0.986301	1.315068	1.643836	1.972603	2.301370	2.630137	2.958904									
0 . 21	0.345205	0.690411	1.035616	1.380822	1.726027	2.071233	2.410438	2.761644	3.106849									
0 . 22	0.361644	0.723288	1.084932	1.446575	1.808219	2.160863	2.531507	2.893151	3.254795									
0 . 23	0.378082	0.756164	1.134247	1.512329	1.890411	2.268493	2.646575	3.024558	3.402740									
0 . 24	0.394521	0.789041	1.183562	1.578082	1.972603	2.367123	2.761644	3.156164	3.550685									
0 . 25	0.410959	0.821918	1.232877	1.643836	2.054795	2.465753	2.876712	3.287671	3.698630									
0 . 26	0.427397	0.854795	1.282192	1.709589	2.136986	2.564384	2.991781	3.419178	3.846575									
0 . 27	0.443836	0.887671	1.331507	1.775342	2.219178	2.663014	3.106849	3.550685	3.944521									
0 . 28	0.460274	0.920548	1.380822	1.841096	2.301370	2.761644	3.221918	3.682192	4.142466									
0 . 29	0.476712	0.953425	1.430137	1.906849	2.383562	2.800274	3.336986	3.813699	4.290411									
0 . 30	0.493151	0.986301	1.479452	1.972603	2.465753	2.958904	3.452055	3.945205	4.438356									
0 . 31	0.509589	1.019178	1.528767	2.038356	2.547945	3.057534	3.567123	4.076712	4.586301									
0 . 32	0.526027	1.052055	1.578082	2.104110	2.630137	3.156164	3.682192	4.208819	4.734247									
0 . 33	0.542466	1.084932	1.627397	2.109863	2.712329	3.254795	3.797260	4.339726	4.882192									
0 . 34	0.558904	1.117808	1.676712	2.235616	2.794521	3.353425	3.912329	4.471333	5.030137									01
0 . 35	0.575342	1.150685	1.726027	2.301370	2.876712	3.452055	4.027397	4.602740	5.178082									01
0 . 36	0.591781	1.183562	1.775342	2.367123	2.958904	3.550685	4.142466	4.734247	5.326027									01
0 . 37	0.608219	1.216438	1.824658	2.432877	3.041096	3.649315	4.257534	4.865753	5.473973									01

17

TEMPS.	CAPITAUX.									CENTIMES.								
ANS . JOURS.	100 fr.	200 fr.	300 fr.	400 fr.	500 fr.	600 fr.	700 fr.	800 fr.	900 fr.	10	20	30	40	50	60	70	80	90
	fr.	fr.	fr.	fr.	fr.	fr.	fr.	fr.	fr.									
0 . 38	0.624658	1.249315	1.873973	2.498630	3.123288	3.747945	4.372603	4.997260	5.621918	"	"	"	"	"	"	"	"	01
0 . 39	0.641096	1.282192	1.923288	2.564384	3.205479	3.846575	4.487671	5.128767	5.769863	"	"	"	"	"	"	"	01	01
0 . 40	0.657534	1.315068	1.972603	2.630137	3.287671	3.945205	4.602740	5.260274	5.917808	"	"	"	"	"	"	"	01	01
0 . 41	0.673973	1.347945	2.021918	2.695890	3.369863	4.043836	4.717808	5.391781	6.065753	"	"	"	"	"	"	"	01	01
0 . 42	0.690411	1.380822	2.071233	2.761644	3.452055	4.142466	4.832877	5.523288	6.213699	"	"	"	"	"	"	"	01	01
0 . 43	0.706849	1.413699	2.120548	2.827397	3.534247	4.241096	4.947945	5.654795	6.361644	"	"	"	"	"	"	"	01	01
0 . 44	0.723288	1.446575	2.169863	2.893151	3.616438	4.339726	5.063014	5.786301	6.509589	"	"	"	"	"	"	01	01	01
0 . 45	0.739726	1.479452	2.219178	2.958904	3.698630	4.438356	5.178082	5.917808	6.657534	"	"	"	"	"	"	01	01	01
0 . 46	0.756164	1.512329	2.268493	3.024658	3.780822	4.536986	5.293151	6.049315	6.805479	"	"	"	"	"	"	01	01	01
0 . 47	0.772603	1.545205	2.347808	3.090411	3.863014	4.635616	5.408219	6.180822	6.953425	"	"	"	"	"	"	01	01	01
0 . 48	0.789041	1.578082	2.367123	3.156164	3.945205	4.734247	5.523288	6.312329	7.101370	"	"	"	"	"	"	01	01	01
0 . 49	0.805479	1.610959	2.416438	3.221918	4.027397	4.832877	5.638356	6.443836	7.249315	"	"	"	"	"	"	01	01	01
0 . 50	0.821918	1.643836	2.465753	3.287671	4.109589	4.931507	5.753425	6.575342	7.397260	"	"	"	"	"	01	01	01	01
0 . 51	0.838356	1.676712	2.515068	3.353425	4.191781	5.030137	5.868493	6.706849	7.545205	"	"	"	"	"	01	01	01	01
0 . 52	0.854795	1.709589	2.564384	3.419178	4.273973	5.128767	5.983562	6.838356	7.693151	"	"	"	"	"	01	01	01	01
0 . 53	0.871233	1.742466	2.613699	3.484932	4.356164	5.227397	6.098630	6.969863	7.841096	"	"	"	"	"	01	01	01	01
0 . 54	0.887671	1.775342	2.663014	3.550685	4.438356	5.326027	6.213699	7.101370	7.989041	"	"	"	"	"	01	01	01	01
0 . 55	0.904110	1.808219	2.712329	3.616438	4.520548	5.424658	6.328767	7.232877	8.136986	"	"	"	"	"	01	01	01	01
0 . 56	0.920548	1.841096	2.761644	3.682192	4.602740	5.523288	6.443836	7.364384	8.284932	"	"	"	"	"	01	01	01	01
0 . 57	0.936986	1.873973	2.810959	3.747945	4.684932	5.621918	6.558904	7.495890	8.432877	"	"	"	"	"	01	01	01	01
0 . 58	0.953425	1.906849	2.860274	3.813699	4.767123	5.720548	6.673973	7.627397	8.580822	"	"	"	"	"	01	01	01	01
0 . 59	0.969863	1.939726	2.909589	3.879452	4.849315	5.819178	6.789041	7.758904	8.728767	"	"	"	"	"	01	01	01	01
0 . 60	0.986301	1.972603	2.958904	3.945206	4.931507	5.917808	6.904110	7.890411	8.876712	"	"	"	"	"	01	01	01	01
0 . 61	1.002740	2.005479	3.008219	4.010959	5.013699	6.016438	7.019178	8.021918	9.024658	"	"	"	"	01	01	01	01	01
0 . 62	1.019178	2.038356	3.057534	4.076712	5.095890	6.115069	7.134247	8.153425	9.172603	"	"	"	"	01	01	01	01	01
0 . 63	1.035616	2.071233	3.106849	4.142466	5.178082	6.213699	7.249315	8.284932	9.320548	"	"	"	"	01	01	01	01	01
0 . 64	1.052055	2.104110	3.156164	4.208219	5.260274	6.312329	7.364384	8.416438	9.468493	"	"	"	"	01	01	01	01	01
0 . 65	1.068493	2.136986	3.205479	4.273973	5.342466	6.410959	7.479452	8.547945	9.616438	"	"	"	"	01	01	01	01	01
0 . 66	1.084932	2.169863	3.254795	4.339726	5.424658	6.509589	7.594521	8.679452	9.764384	"	"	"	"	01	01	01	01	01
0 . 67	1.101370	2.202740	3.304110	4.405479	5.506849	6.608219	7.709589	8.810959	9.912329	"	"	"	"	01	01	01	01	01
0 . 68	1.117808	2.235616	3.353495	4.471233	5.589041	6.706849	7.824658	8.942466	10.060274	"	"	"	"	01	01	01	01	01
0 . 69	1.134247	2.268493	3.402740	4.536986	5.671233	6.805479	7.930726	9.073973	10.208219	"	"	"	"	01	01	01	01	01
0 . 70	1.150685	2.301370	3.452055	4.602740	5.753425	6.904110	8.054795	9.205479	10.356164	"	"	"	"	01	01	01	01	01
0 . 71	1.167123	2.334247	3.501370	4.668493	5.835616	7.002740	8.169863	9.336986	10.504110	"	"	"	"	01	01	01	01	01
0 . 72	1.183562	2.367123	3.550685	4.734247	5.917808	7.101370	8.284932	9.468493	10.652055	"	"	"	"	01	01	01	01	01
0 . 73	1.200000	2.400000	3.600000	4.800000	6.000000	7.200000	8.400000	9.600000	10.800000	"	"	"	"	01	01	01	01	01
0 . 74	1.216438	2.432877	3.649315	4.865753	6.082192	7.298630	8.515068	9.731507	10.947945	"	"	"	"	01	01	01	01	01

TEMPS.	CAPITAUX.									CENTIMES.								
ANS . JOURS.	100 fr.	200 fr.	300 fr.	400 fr.	500 fr.	600 fr.	700 fr.	800 fr.	900 fr.	10	20	30	40	50	60	70	80	90
	fr.	fr.	fr.	fr.	fr.	fr.	fr.	fr.	fr.									
0 . 75	1.232877	2.465753	3.698630	4.931507	6.164384	7.397260	8.630137	9.863014	11.095890	"	"	"	"	01	01	01	01	01
0 . 76	1.249315	2.498630	3.747945	4.997260	6.246575	7.495890	8.745205	9.994521	11.243836	"	"	"	"	01	01	01	01	01
0 . 77	1.265753	2.531507	3.797260	5.063014	6.328767	7.594521	8.860274	10.126027	11.391781	"	"	01	01	01	01	01	01	01
0 . 78	1.282192	2.564384	3.846575	5.128767	6.410959	7.693151	8.975342	10.257534	11.530726	"	"	01	01	01	01	01	01	01
0 . 79	1.298630	2.597260	3.895890	5.194521	6.493151	7.791781	9.090411	10.389041	11.687671	"	"	01	01	01	01	01	01	01
0 . 80	1.315068	2.630137	3.945205	5.260274	6.575342	7.890411	9.205479	10.520548	11.835616	"	"	01	01	01	01	01	01	01
0 . 81	1.331507	2.663014	3.994521	5.326027	6.657534	7.989041	9.320548	10.652055	11.983562	"	"	01	01	01	01	01	01	01
0 . 82	1.347945	2.695890	4.043836	5.391781	6.739726	8.087671	9.435616	10.783562	12.131507	"	"	01	01	01	01	01	01	01
0 . 83	1.364384	2.728767	4.093151	5.457534	6.821918	8.186301	9.550685	10.915068	12.279452	"	"	01	01	01	01	01	01	01
0 . 84	1.380822	2.761644	4.142466	5.523288	6.904110	8.284932	9.665753	11.046575	12.427397	"	"	01	01	01	01	01	01	01
0 . 85	1.397260	2.794521	4.191781	5.589041	6.986301	8.383562	9.780822	11.178082	12.575342	"	"	01	01	01	01	01	01	01
0 . 86	1.413699	2.827397	4.241096	5.654795	7.068493	8.482192	9.895890	11.309589	12.723288	"	"	01	01	01	01	01	01	01
0 . 87	1.430137	2.860274	4.290411	5.720548	7.150685	8.580822	10.010959	11.441096	12.871233	"	"	01	01	01	01	01	01	01
0 . 88	1.446575	2.893151	4.339726	5.786301	7.232877	8.679452	10.126027	11.572603	13.019178	"	"	01	01	01	01	01	01	01
0 . 89	1.463014	2.926027	4.389041	5.852055	7.315009	8.778082	10.241096	11.704110	13.167123	"	"	01	01	01	01	01	01	01
0 . 90	1.479452	2.958904	4.438356	5.917808	7.397260	8.876712	10.356164	11.835616	13.315068	"	"	01	01	01	01	01	01	01
0 . 91	1.495890	2.991781	4.487671	5.983562	7.479452	8.975342	10.471233	11.967123	13.463014	"	"	01	01	01	01	01	01	01
0 . 92	1.512329	3.024658	4.539786	6.049315	7.561644	9.073973	10.586301	12.098630	13.610959	"	"	01	01	01	01	01	01	01
0 . 93	1.528767	3.057534	4.586301	6.115068	7.643836	9.172603	10.701370	12.230137	13.758904	"	"	01	01	01	01	01	01	01
0 . 94	1.545205	3.090411	4.635616	6.180822	7.726027	9.271233	10.816438	12.361644	13.906849	"	"	01	01	01	01	01	01	01
0 . 95	1.561644	3.123288	4.684951	6.246575	7.808219	9.369863	10.931507	12.493151	14.054795	"	"	01	01	01	01	01	01	01
0 . 96	1.578082	3.156164	4.734247	6.312329	7.890411	9.468493	11.046575	12.624658	14.202740	"	"	01	01	01	01	01	01	01
0 . 97	1.594521	3.189041	4.783562	6.378082	7.972603	9.567123	11.161644	12.756164	14.350685	"	"	01	01	01	01	01	01	01
0 . 98	1.610959	3.221918	4.832877	6.443836	8.054795	9.665753	11.276712	12.887671	14.498630	"	"	01	01	01	01	01	01	01
0 . 99	1.627397	3.254795	4.882192	6.509589	8.136986	9.764384	11.391781	13.019178	14.646575	"	"	01	01	01	01	01	01	01
0 . 100	1.643836	3.287671	4.931507	6.575342	8.219178	9.863014	11.506849	13.150685	14.794521	"	"	01	01	01	01	01	01	01
0 . 101	1.660274	3.320548	4.980822	6.641096	8.301370	9.961644	11.621918	13.282192	14.942466	"	"	01	01	01	01	01	01	01
0 . 102	1.676712	3.353425	5.030137	6.706849	8.383562	10.060274	11.736986	13.413699	15.090411	"	"	01	01	01	01	01	01	02
0 . 103	1.693151	3.386301	5.079452	6.772603	8.465753	10.158904	11.852055	13.545205	15.238356	"	"	01	01	01	01	01	01	02
0 . 104	1.709589	3.419178	5.128767	6.838356	8.547945	10.257534	11.967123	13.676712	15.386301	"	"	01	01	01	01	01	01	02
0 . 105	1.726027	3.452055	5.178082	6.904110	8.630137	10.356164	12.082192	13.808219	15.534247	"	"	01	01	01	01	01	01	02
0 . 106	1.742466	3.484932	5.227397	6.969863	8.712329	10.454795	12.197260	13.939726	15.682192	"	"	01	01	01	01	01	01	02
0 . 107	1.758904	3.517808	5.276712	7.035616	8.794521	10.553425	12.312329	14.071233	15.830137	"	"	01	01	01	01	01	01	02
0 . 108	1.775342	3.550685	5.326027	7.101370	8.876712	10.652055	12.427397	14.202740	15.978082	"	"	01	01	01	01	01	01	02
0 . 109	1.791781	3.583562	5.375342	7.167123	8.958904	10.750685	12.542466	14.334247	16.126027	"	"	01	01	01	01	01	01	02
0 . 110	1.808219	3.616438	5.424658	7.232877	9.041096	10.849315	12.657534	14.465753	16.273973	"	"	01	01	01	01	01	01	02
0 . 111	1.824658	3.649315	5.473973	7.298630	9.123288	10.947945	12.772603	14.597260	16.421918	"	"	01	01	01	01	01	01	02

TEMPS.		CAPITAUX.									CENTIMES.								
ANS . JOURS.	100 fr.	200 fr.	300 fr.	400 fr.	500 fr.	600 fr.	700 fr.	800 fr.	900 fr.	10	20	30	40	50	60	70	80	90
	fr.	fr.	fr.	fr.	fr.	fr.	fr.	fr.	fr.									
0 . 112	1.841096	3.682192	5.523288	7.364384	9.205479	11.046575	12.887671	14.728767	16.569863	»	»	01	01	01	01	01	01	02
0 . 113	1.855534	3.715066	5.572603	7.430137	9.287671	11.145205	13.002740	14.860274	16.717808	»	01	01	01	01	01	01	01	02
0 . 114	1.873973	3.747945	5.621918	7.495890	9.369863	11.243836	13.117808	14.991781	16.865753	»	01	01	01	01	01	01	01	02
0 . 115	1.890411	3.780822	5.671233	7.561644	9.452055	11.342466	13.232877	15.123288	17.013699	»	»	01	01	01	01	01	02	02
0 . 116	1.906849	3.813699	5.720548	7.627397	9.534247	11.441096	13.347945	15.254795	17.161644	»	01	01	01	01	01	01	02	02
0 . 117	1.923288	3.846575	5.769863	7.693151	9.616438	11.539726	13.463014	15.386301	17.309589	»	01	01	01	01	01	01	02	02
0 . 118	1.939726	3.879452	5.819178	7.758904	9.698630	11.638356	13.578082	15.517808	17.457534	»	01	01	01	01	01	01	02	02
0 . 119	1.956164	3.912329	5.868493	7.824658	9.780822	11.736986	13.693151	15.649315	17.605479	»	01	01	01	01	01	01	02	02
0 . 120	1.972603	3.945205	5.917808	7.890411	9.863014	11.835616	13.808219	15.780822	17.753425	»	01	01	01	01	01	01	02	02
0 . 121	1.989041	3.978082	5.967123	7.956164	9.945205	11.934247	13.923288	15.912329	17.901370	»	01	01	01	01	01	01	02	02
0 . 122	2.005479	4.010959	6.016438	8.021918	10.027397	12.032877	14.038356	16.043836	18.049315	»	01	01	01	01	01	01	02	02
0 . 123	2.021918	4.043836	6.065753	8.087671	10.109589	12.131507	14.153425	16.175342	18.197260	»	01	01	01	01	01	01	02	02
0 . 124	2.038356	4.076712	6.115068	8.153425	10.191781	12.230137	14.268493	16.306849	18.345205	»	01	01	01	01	01	01	02	02
0 . 125	2.054795	4.109589	6.164384	8.219178	10.273973	12.328767	14.383562	16.438356	18.493151	»	01	01	01	01	01	01	02	02
0 . 126	2.071233	4.142466	6.213699	8.284932	10.356164	12.421397	14.498630	16.569863	18.641096	»	01	01	01	02	01	01	02	02
0 . 127	2.087671	4.175342	6.263014	8.350685	10.438356	12.526027	14.613699	16.701370	18.789041	»	01	01	01	01	01	01	02	02
0 . 128	2.104110	4.208219	6.312329	8.416438	10.520548	12.624658	14.728767	16.832877	18.936986	»	01	01	01	01	01	01	02	02
0 . 129	2.120548	4.241096	6.361644	8.482192	10.602740	12.723288	14.843836	16.964384	19.084932	»	01	01	01	01	01	01	02	02
0 . 130	2.136986	4.273973	6.410959	8.547945	10.684932	12.821918	14.958904	17.095890	19.232877	»	01	01	01	01	01	02	02	02
0 . 131	2.153425	4.306849	6.460274	8.613699	10.767123	12.920548	15.073973	17.227397	19.380822	»	01	01	01	01	01	02	02	02
0 . 132	2.169863	4.339726	6.509589	8.679452	10.849315	13.019178	15.189041	17.358904	19.528767	»	01	01	01	01	01	02	02	02
0 . 133	2.186301	4.372603	6.558904	8.745205	10.931507	13.117808	15.304110	17.490411	19.676712	»	01	01	01	01	01	02	02	02
0 . 134	2.202740	4.405479	6.608219	8.810930	11.013699	13.216438	15.419178	17.621918	19.824658	»	01	01	01	01	01	02	02	02
0 . 135	2.219178	4.438356	6.657524	8.876712	11.095890	13.315069	15.534247	17.753425	19.972603	»	01	01	01	01	01	02	02	02
0 . 136	2.235616	4.471233	6.706849	8.942466	11.178082	13.413699	15.649315	17.884932	20.120548	»	01	01	01	01	01	02	02	02
0 . 137	2.252055	4.504110	6.756164	9.008219	11.260274	13.512329	15.764384	18.016438	20.268493	»	01	01	01	01	01	02	02	02
0 . 138	2.268493	4.536986	6.805479	9.073973	11.342466	13.610959	15.879452	18.147945	20.416438	»	01	01	01	01	01	02	02	02
0 . 139	2.284932	4.569863	6.854795	9.139727	11.424658	13.700589	15.994521	18.279452	20.564384	»	01	01	01	01	01	02	02	02
0 . 140	2.301370	4.602740	6.904110	9.205479	11.506849	13.808219	16.109589	18.410959	20.712329	»	01	01	01	01	01	02	02	02
0 . 141	2.317808	4.635616	6.953425	9.271233	11.589041	13.906849	16.224658	18.542466	20.860274	»	01	01	01	01	01	02	02	02
0 . 142	2.334247	4.668493	7.002740	9.336986	11.671233	14.005479	16.337736	18.673973	21.008219	»	01	01	01	01	01	02	02	02
0 . 143	2.350685	4.701370	7.052055	9.402740	11.753425	14.104110	16.454795	18.805479	21.156164	»	01	01	01	01	01	02	02	02
0 . 144	2.367123	4.734247	7.101370	9.468493	11.835616	14.202740	16.569863	18.936986	21.304110	»	01	01	01	01	01	02	02	02
0 . 145	2.383562	4.767123	7.150685	9.534247	11.917808	14.301370	16.684932	19.068493	21.452055	»	01	01	01	01	02	02	02	02
0 . 146	2.400000	4.800000	7.200000	9.600000	12.000000	14.400000	16.800000	19.200000	21.600000	»	01	01	01	01	02	02	02	02
0 . 147	2.416438	4.832877	7.249315	9.665753	12.082192	14.498630	16.915068	19.331507	21.747945	»	01	01	01	01	02	02	02	02
0 . 148	2.432877	4.865753	7.298630	9.731507	12.164384	14.597260	17.030137	19.463014	21.895890	»	01	01	01	02	02	02	02	02

TEMPS. ANS . JOURS.	CAPITAUX. 100 fr.	200 fr.	300 fr.	400 fr.	500 fr.	600 fr.	700 fr.	800 fr.	900 fr.	CENTIMES. 10	20	30	40	50	60	70	80	90
	fr.	fr.	fr.	fr.	fr.	fr.	fr.	fr.	fr.									
0 . 149	2.449315	4.898630	7.347945	9.797260	12.246575	14.695890	17.145205	19.594521	22.043836	»	»	01	01	01	01	02	02	02
0 . 150	2.465753	4.931507	7.397260	9.863014	12.328767	14.794521	17.260274	19.726027	22.191781	»	»	01	01	01	01	02	02	02
0 . 151	2.482192	4.964384	7.446575	9.928767	12.410959	14.893151	17.375342	19.857534	22.339726	»	01	01	01	01	01	02	02	02
0 . 152	2.498630	4.997260	7.495890	9.994521	12.493151	14.991781	17.490411	19.989041	22.487671	»	01	01	01	01	02	02	02	02
0 . 153	2.513068	5.030137	7.545205	10.060274	12.575342	15.090411	17.605479	20.120548	22.635616	01	01	01	01	02	02	02	02	02
0 . 154	2.531507	5.063014	7.594521	10.126027	12.657534	15.189041	17.720548	20.252055	22.783562	01	01	01	01	02	02	02	02	02
0 . 155	2.547945	5.095890	7.643836	10.191781	12.739726	15.287671	17.835616	20.383562	22.931507	01	01	01	01	02	02	02	02	02
0 . 156	2.564384	5.128767	7.693151	10.257534	12.821918	15.386301	17.950685	20.515068	23.079452	01	01	01	01	02	02	02	02	02
0 . 157	2.580822	5.161644	7.742466	10.323288	12.904110	15.484932	18.065753	20.646575	23.227397	01	01	01	01	02	02	02	02	02
0 . 158	2.597260	5.194521	7.791781	10.389041	12.986301	15.583562	18.180822	20.778082	23.375342	01	01	01	01	02	02	02	02	02
0 . 159	2.613699	5.227397	7.841096	10.454795	13.068493	15.682192	18.295890	20.909589	23.523288	01	01	01	01	02	02	02	02	02
0 . 160	2.630137	5.260274	7.890411	10.520548	13.150685	15.780822	18.410959	21.041096	23.671233	01	01	01	01	02	02	02	02	02
0 . 161	2.646575	5.293151	7.939726	10.586301	13.232877	15.879452	18.526027	21.172603	23.819178	01	01	01	01	02	02	02	02	02
0 . 162	2.663014	5.326027	7.989041	10.652055	13.315068	15.978082	18.641096	21.304110	23.967123	01	01	01	01	02	02	02	02	02
0 . 163	2.679452	5.358904	8.038356	10.717808	13.397260	16.076712	18.756164	21.435616	24.115068	01	01	01	01	02	02	02	02	02
0 . 164	2.693890	5.391781	8.087671	10.783562	13.479452	16.175342	18.871233	21.567123	24.263014	01	01	01	01	02	02	02	02	02
0 . 165	2.712329	5.424658	8.136986	10.849315	13.561644	16.273973	18.986301	21.698630	24.410959	01	01	01	01	02	02	02	02	02
0 . 166	2.728767	5.457534	8.186301	10.915068	13.643836	16.372603	19.101370	21.830137	24.558904	01	01	01	01	02	02	02	02	02
0 . 167	2.745205	5.490411	8.235616	10.980822	13.726027	16.471233	19.216438	21.961644	24.706849	01	01	01	01	02	02	02	02	02
0 . 168	2.761644	5.523288	8.284932	11.046575	13.808219	16.569863	19.331507	22.093151	24.854795	01	01	01	01	02	02	02	02	02
0 . 169	2.778082	5.556164	8.334247	11.112329	13.890411	16.668493	19.446575	22.224658	25.002740	01	01	01	01	02	02	02	02	02
0 . 170	2.794521	5.589041	8.383562	11.178082	13.972603	16.767123	19.561644	22.356164	25.150685	01	01	01	01	02	02	02	02	03
0 . 171	2.810959	5.621918	8.432877	11.243836	14.054795	16.865753	19.676712	22.487671	25.298630	01	01	01	01	02	02	02	02	03
0 . 172	2.827397	5.654795	8.482192	11.309589	14.136986	16.964384	19.791781	22.619178	25.446575	01	01	01	01	02	02	02	02	03
0 . 173	2.843836	5.687671	8.531507	11.375342	14.219178	17.063014	19.906849	22.750685	25.594521	01	01	01	01	02	02	02	02	03
0 . 174	2.860274	5.720548	8.580822	11.441096	14.301370	17.161644	20.021918	22.882192	25.742466	01	01	01	01	02	02	02	02	03
0 . 175	2.876712	5.753425	8.630137	11.506849	14.383562	17.260274	20.136986	23.013699	25.890411	01	01	01	01	02	02	02	02	03
0 . 176	2.893151	5.786301	8.679452	11.572603	14.465753	17.358904	20.252055	23.145205	26.038356	01	01	01	01	02	02	02	02	03
0 . 177	2.909589	5.819178	8.728767	11.638356	14.547945	17.457534	20.367123	23.276712	26.186301	01	01	01	01	02	02	02	02	03
0 . 178	2.926027	5.852055	8.778082	11.704110	14.630137	17.556164	20.482192	23.408219	26.334247	01	01	01	01	02	02	02	02	03
0 . 179	2.942466	5.884932	8.827397	11.769863	14.712329	17.654795	20.597260	23.539726	26.482192	01	01	01	02	02	02	02	02	03
0 . 180	2.958904	5.917808	8.876712	11.835616	14.794521	17.753425	20.712329	23.671233	26.630137	01	01	01	02	02	02	02	02	03
0 . 181	2.975342	5.950685	8.926027	11.901370	14.876712	17.852055	20.827397	23.802740	26.778082	01	01	01	02	02	02	02	02	03
0 . 182	2.991781	5.983562	8.975342	11.967123	14.958904	17.950685	20.942466	23.934247	26.926027	01	01	01	02	02	02	02	02	03
0 . 183	3.008219	6.016438	9.024658	12.032877	15.041096	18.049315	21.057534	24.065753	27.073973	01	01	01	02	02	02	02	02	03
0 . 184	3.024658	6.049315	9.073973	12.098630	15.123288	18.147945	21.172603	24.197260	27.221918	01	01	01	02	02	02	02	02	03
0 . 185	3.041096	6.082192	9.123288	12.164384	15.205479	18.246575	21.287671	24.328767	27.369863	01	01	01	02	02	02	02	02	03

TEMPS. ANS. JOURS.	100 fr.	200 fr.	300 fr.	400 fr.	500 fr.	600 fr.	700 fr.	800 fr.	900 fr.	10	20	30	40	50	60	70	80	90
	fr.	fr.	fr.	fr.	fr.	fr.	fr.	fr.	fr.									
0 . 186	3.057534	6.115068	9.172603	12.230137	15.287671	18.345205	21.402740	24.460274	27.517808	»	01	01	01	02	02	02	02	03
0 . 187	3.073973	6.147945	9.221918	12.295890	15.369863	18.443836	21.517808	24.591781	27.665753	»	01	01	01	02	02	02	02	03
0 . 188	3.090411	6.180822	9.271233	12.361644	15.452055	18.542466	21.632877	24.723288	27.813699	»	01	01	01	02	02	02	02	03
0 . 189	3.108849	6.213699	9.320548	12.427397	15.534247	18.641096	21.747945	24.854795	27.961644	»	01	01	01	02	02	02	02	03
0 . 190	3.123088	6.246575	9.369863	12.493151	15.616438	18.739726	21.863014	24.986301	28.109589	»	01	01	01	02	02	02	02	03
0 . 191	3.139726	6.279452	9.419178	12.558904	15.698630	18.838356	21.978082	25.117808	28.257534	»	01	01	01	02	02	02	02	03
0 . 192	3.156164	6.312329	9.468493	12.624658	15.780822	18.936986	22.093151	25.249315	28.405479	»	01	01	01	02	02	02	03	03
0 . 193	3.172603	6.345205	9.517808	12.690411	15.863014	19.035616	22.208219	25.380822	28.553425	»	01	01	01	02	02	02	03	03
0 . 194	3.189041	6.378082	9.567123	12.756164	15.945205	19.134247	22.323288	25.512329	28.701370	»	01	01	01	02	02	02	03	03
0 . 195	3.205479	6.410959	9.616438	12.821918	16.027397	19.232877	22.438356	25.643836	28.849315	»	01	01	01	02	02	02	03	03
0 . 196	3.221918	6.443836	9.665753	12.887671	16.109589	19.331507	22.553425	25.775342	28.997260	»	01	01	01	02	02	02	03	03
0 . 197	3.238356	6.476712	9.715068	12.953425	16.191781	19.430137	22.668493	25.906849	29.145205	»	01	01	01	02	02	02	03	03
0 . 198	3.254795	6.509589	9.764384	13.019178	16.273973	19.528767	22.783562	26.038356	29.293151	»	01	01	01	02	02	03	03	03
0 . 199	3.271233	6.542466	9.813699	13.084932	16.356164	19.627397	22.898630	26.169863	29.441096	»	01	01	01	02	02	03	03	03
0 . 200	3.287671	6.575342	9.863014	13.150685	16.438356	19.726027	23.013699	26.301370	29.589041	»	01	01	01	02	02	03	03	03
0 . 201	3.304110	6.608219	9.912329	13.216438	16.520548	19.824658	23.128767	26.432877	29.736986	»	01	01	01	02	02	03	03	03
0 . 202	3.320548	6.641096	9.961644	13.282192	16.602740	19.923288	23.243836	26.564384	29.884932	»	01	01	01	02	02	03	03	03
0 . 203	3.336986	6.673973	10.010959	13.347945	16.684932	20.021918	23.358904	26.695890	30.032877	»	01	01	01	02	02	03	03	03
0 . 204	3.353425	6.706849	10.060274	13.413699	16.767123	20.120548	23.473973	26.827397	30.180822	»	01	01	01	02	02	03	03	03
0 . 205	3.369863	6.739726	10.109589	13.479452	16.849315	20.219178	23.589041	26.958904	30.328767	»	01	01	01	02	02	03	03	03
0 . 206	3.386301	6.772603	10.158904	13.545205	16.931507	20.317808	23.704110	27.090411	30.476712	»	01	01	01	02	02	03	03	03
0 . 207	3.402740	6.805479	10.208219	13.610959	17.013699	20.416438	23.819178	27.221918	30.624658	»	01	01	01	02	02	03	03	03
0 . 208	3.419178	6.838356	10.257534	13.676712	17.095890	20.515008	23.934247	27.353425	30.772603	»	01	01	01	02	02	03	03	03
0 . 209	3.435616	6.871233	10.306849	13.742466	17.178082	20.613699	24.049315	27.484932	30.920548	»	01	01	01	02	02	03	03	03
0 . 210	3.452055	6.904110	10.356164	13.808219	17.260274	20.712329	24.164384	27.616438	31.068493	»	01	01	02	02	02	03	03	03
0 . 211	3.468493	6.936986	10.405479	13.873973	17.342466	20.810959	24.279452	27.747945	31.216438	»	01	01	02	02	02	03	03	03
0 . 212	3.484932	6.969863	10.454795	13.939726	17.424658	20.909589	24.394521	27.879452	31.364384	»	01	01	02	02	02	03	03	03
0 . 213	3.501370	7.002740	10.504110	14.005479	17.506849	21.008219	24.509589	28.010959	31.512329	»	01	01	02	02	02	03	03	03
0 . 214	3.517808	7.035616	10.553425	14.071233	17.589041	21.108849	24.624658	28.142466	31.660274	»	01	01	02	02	02	03	03	03
0 . 215	3.534247	7.068493	10.602740	14.136986	17.671233	21.205479	24.739726	28.273973	31.808219	»	01	01	02	02	02	03	03	03
0 . 216	3.550685	7.101370	10.652055	14.202740	17.753425	21.304110	24.854795	28.405479	31.956164	»	01	01	02	02	02	03	03	03
0 . 217	3.567123	7.134247	10.701370	14.268493	17.835616	21.402740	24.969863	28.536986	32.104110	»	01	01	02	02	02	03	03	03
0 . 218	3.583562	7.167123	10.750685	14.334247	17.917808	21.501370	25.084931	28.668493	32.252055	»	01	01	02	02	03	03	03	03
0 . 219	3.600000	7.200000	10.800000	14.400000	18.000000	21.600000	25.200000	28.800000	32.400000	»	01	01	02	02	03	03	03	03
0 . 220	3.616438	7.232877	10.849315	14.465753	18.082192	21.698630	25.315008	28.931507	32.547945	»	01	01	02	02	03	03	03	03
0 . 221	3.632877	7.265753	10.898630	14.531507	18.164384	21.797260	25.430137	29.063014	32.695890	»	01	01	02	02	03	03	03	03
0 . 222	3.649315	7.298630	10.947945	14.597260	18.246575	21.895890	25.545205	29.194521	32.843836	»	01	01	02	02	03	03	03	03

TEMPS.	CAPITAUX.									CENTIMES.								
ANS . JOURS.	100 fr.	200 fr.	300 fr.	400 fr.	500 fr.	600 fr.	700 fr.	800 fr.	900 fr.	10	20	30	40	50	60	70	80	90
	fr.	fr.	fr.	fr.	fr.	fr.	fr.	fr.	fr.									
0 . 223	3.665753	7.331507	10.997260	14.663014	18.328767	21.994521	25.660274	29.326027	32.991781	»	01	01	01	02	02	03	03	03
0 . 224	3.682192	7.364384	11.046575	14.728767	18.410959	22.093151	25.775342	29.457534	33.139726	»	01	01	01	02	02	03	03	03
0 . 225	3.698630	7.397260	11.095890	14.794521	18.493151	22.191781	25.890411	29.589041	33.287671	»	01	01	01	02	02	03	03	03
0 . 226	3.715068	7.430137	11.145205	14.860274	18.575342	22.290411	26.005479	29.720548	33.435616	»	01	01	01	02	02	03	03	03
0 . 227	3.731507	7.463014	11.194521	14.926027	18.657534	22.389041	26.120548	29.852055	33.683562	»	01	01	01	02	02	03	03	03
0 . 228	3.747945	7.495890	11.243836	14.991781	18.739726	22.487671	26.235616	29.983562	33.731507	»	01	01	01	02	02	03	03	03
0 . 229	3.764384	7.528767	11.293151	15.057534	18.821918	22.586301	26.350685	30.115069	33.879452	»	01	01	02	02	02	03	03	03
0 . 230	3.780822	7.561644	11.342466	15.123288	18.904110	22.684932	26.465753	30.246575	34.027397	»	01	01	02	02	02	03	03	03
0 . 231	3.797260	7.594521	11.391781	15.189041	18.986301	22.783562	26.580822	30.378082	34.175342	»	01	01	02	02	02	03	03	03
0 . 232	3.813699	7.627397	11.441096	15.254795	19.068493	22.882192	26.695890	30.509589	34.323288	»	01	01	02	02	02	03	03	03
0 . 233	3.830137	7.660274	11.490411	15.320548	19.150685	22.980822	26.810959	30.641096	34.471233	»	01	01	02	02	02	03	03	03
0 . 234	3.846575	7.693151	11.539726	15.386301	19.232877	23.079452	26.926027	30.772603	34.619178	»	01	01	02	02	02	03	03	03
0 . 235	3.863014	7.726027	11.589041	15.452055	19.315069	23.178082	27.041096	30.904110	34.767123	»	01	01	02	02	02	03	03	03
0 . 236	3.879452	7.758904	11.638356	15.517808	19.397260	23.276712	27.156164	31.035616	34.915069	»	01	01	02	02	02	03	03	03
0 . 237	3.895890	7.791781	11.687671	15.583562	19.479452	23.375342	27.271233	31.167123	35.063014	»	01	01	02	02	02	03	03	04
0 . 238	3.912329	7.824658	11.736986	15.649315	19.561644	23.473973	27.386301	31.298630	35.210959	»	01	01	02	02	02	03	03	04
0 . 239	3.928767	7.857534	11.786301	15.715068	19.643836	23.572603	27.501370	31.430137	35.358904	»	01	01	02	02	02	03	03	04
0 . 240	3.945205	7.890411	11.835616	15.780822	19.726027	23.671233	27.616438	31.561644	35.506849	»	01	01	02	02	02	03	03	04
0 . 241	3.961644	7.923288	11.884932	15.846575	19.808819	23.769863	27.731507	31.693151	35.654795	»	01	01	02	02	02	03	03	04
0 . 242	3.978082	7.956164	11.934247	15.912329	19.890411	23.868493	27.846575	31.824658	35.802740	»	01	01	02	02	02	03	03	04
0 . 243	3.994521	7.989041	11.983562	15.978082	19.972603	23.967123	27.961644	31.956164	35.950685	»	01	01	02	02	02	03	03	04
0 . 244	4.010959	8.021918	12.032877	16.043836	20.054795	24.065753	28.076712	32.087671	36.098630	»	01	01	02	02	02	03	03	04
0 . 245	4.027397	8.054795	12.182192	16.109589	20.136986	24.164384	28.191781	32.219178	36.246575	»	01	01	02	02	02	03	03	04
0 . 246	4.043836	8.087671	12.131507	16.175342	20.219178	24.263014	28.306849	32.350685	36.394521	»	01	01	02	02	02	03	03	04
0 . 247	4.060274	8.120548	12.180822	16.241096	20.301370	24.361644	28.421918	32.482192	36.542466	»	01	01	02	02	02	03	03	04
0 . 248	4.076712	8.153425	12.230137	16.306849	20.383562	24.460274	28.536986	32.613699	36.690411	»	01	01	02	02	02	03	03	04
0 . 249	4.093151	8.186301	12.279452	16.372603	20.465753	24.558904	28.652055	32.745205	36.838356	»	01	01	02	02	02	03	03	04
0 . 250	4.109589	8.219178	12.328767	16.438356	20.547945	24.657534	28.767123	32.876712	36.986301	»	01	01	02	02	02	03	03	04
0 . 251	4.126027	8.252055	12.378082	16.504110	20.630137	24.756164	28.882192	33.008219	37.134247	»	01	01	02	02	02	03	03	04
0 . 252	4.142466	8.284932	12.427397	16.569863	20.712329	24.854795	28.997260	33.139726	37.282192	»	01	01	02	02	02	03	03	04
0 . 253	4.158904	8.317808	12.476712	16.635616	20.794521	24.953425	29.112329	33.271233	37.430137	»	01	01	02	02	03	03	03	04
0 . 254	4.175342	8.350685	12.526027	16.701370	20.876712	25.052055	29.227397	33.402740	37.578082	»	01	01	02	02	03	03	03	04
0 . 255	4.191781	8.383562	12.575342	16.767123	20.958904	25.150685	29.342466	33.534247	37.726027	»	01	01	02	02	03	03	03	04
0 . 256	4.208219	8.416438	12.624658	16.832877	21.041096	25.249315	29.457534	33.665753	37.873973	»	01	01	02	02	03	03	03	04
0 . 257	4.224658	8.449315	12.673973	16.898630	21.123288	25.347945	29.572603	33.797260	38.021918	»	01	01	02	02	03	03	03	04
0 . 258	4.241096	8.482192	12.723288	16.964384	21.205479	25.446575	29.687671	33.928767	38.169863	»	01	01	02	02	03	03	03	04
0 . 259	4.257534	8.515068	12.772603	17.030137	21.287671	25.545205	29.802740	34.060274	38.317808	»	01	01	02	02	03	03	03	04

INTÉRÊT AU 6 POUR 100.

TEMPS. ABS. JOURS.	100 fr.	200 fr.	300 fr.	400 fr.	500 fr.	600 fr.	700 fr.	800 fr.	900 fr.	10	20	30	40	50	60	70	80	90
	fr.	fr.	fr.	fr.	fr.	fr.	fr.	fr.	fr.									
0 . 260	4.273973	8.547945	12.821918	17.095890	21.369863	25.643836	29.917808	34.191781	38.465753	"	01	01	02	02	03	03	03	04
0 . 261	4.290411	8.580822	12.871233	17.161644	21.452055	25.742466	30.032877	34.323288	38.613699	"	01	01	02	02	03	03	03	04
0 . 262	4.306849	8.613699	12.920548	17.227397	21.534247	25.841096	30.147945	34.454795	38.761644	"	01	01	02	02	03	03	03	04
0 . 263	4.313288	8.646575	12.969863	17.293151	21.616438	25.939726	30.263014	34.586301	38.909589	"	01	01	02	02	03	03	03	04
0 . 264	4.339726	8.679452	13.019178	17.358904	21.698630	26.038356	30.378082	34.717808	39.057534	"	01	01	02	02	03	03	03	04
0 . 265	4.353164	8.712329	13.068493	17.424658	21.780822	26.136986	30.493151	34.849315	39.205479	"	01	01	02	02	03	03	03	04
0 . 266	4.372603	8.745205	13.117808	17.490411	21.863014	26.235616	30.608219	34.980822	39.353425	"	01	01	02	02	03	03	03	04
0 . 267	4.389041	8.778082	13.167123	17.556164	21.945205	26.334247	30.723288	35.112329	39.501370	"	01	01	02	02	03	03	03	04
0 . 268	4.405479	8.810959	13.216438	17.621918	22.027397	26.432877	30.838356	35.243836	39.649315	"	01	01	02	02	03	03	04	04
0 . 269	4.421918	8.843836	13.265753	17.687671	22.109589	26.531507	30.953425	35.375342	39.797260	"	01	01	02	02	03	03	04	04
0 . 270	4.438356	8.876712	13.315068	17.753425	22.191781	26.630137	31.068493	35.506849	39.945205	"	01	01	02	02	03	03	04	04
0 . 271	4.454795	8.909589	13.364384	17.819178	22.273973	26.728767	31.183502	35.638356	40.093151	"	01	01	02	02	03	03	04	04
0 . 272	4.471233	8.942466	13.413699	17.684931	22.356164	26.827397	31.298630	35.769863	40.241096	"	01	01	02	02	03	03	04	04
0 . 273	4.487671	8.975342	13.463014	17.950685	22.438356	26.926027	31.413699	35.901370	40.389041	"	01	01	02	02	03	03	04	04
0 . 274	4.504110	9.008219	13.512329	18.016438	22.520548	27.024658	31.528767	36.032877	40.536986	"	01	01	02	02	03	03	04	04
0 . 275	4.520548	9.041096	13.561644	18.082192	22.602740	27.123288	31.643836	36.164384	40.684932	"	01	01	02	02	03	03	04	04
0 . 276	4.536986	9.073973	13.610959	18.147945	22.684932	27.221918	31.758904	36.295890	40.832877	"	01	01	02	02	03	03	04	04
0 . 277	4.553425	9.106849	13.660274	18.213699	22.767123	27.320548	31.873973	36.427397	40.980822	"	01	01	02	02	03	03	04	04
0 . 278	4.569863	9.139726	13.709589	18.279452	22.849315	27.419178	31.989041	36.658904	41.128767	"	01	01	02	02	03	03	04	04
0 . 279	4.586301	9.172603	13.758904	18.345205	22.931507	27.517808	32.104110	36.690411	41.276712	"	01	01	02	02	03	03	04	04
0 . 280	4.602740	9.205479	13.808219	18.410959	23.013699	27.616438	32.219178	36.821918	41.424658	"	01	01	02	02	03	03	04	04
0 . 281	4.619178	9.238356	13.857534	18.476712	23.095890	27.715069	32.334247	36.953425	41.572603	"	01	01	02	02	03	03	04	04
0 . 282	4.635616	9.271233	13.906849	18.542466	23.178082	27.813099	32.449315	37.084932	41.720548	"	01	01	02	02	03	03	04	04
0 . 283	4.652055	9.304110	13.956164	18.608219	23.260274	27.912329	32.564384	37.216438	41.868493	"	01	01	02	02	03	03	04	04
0 . 284	4.668493	9.336986	14.005479	18.673973	23.342466	28.010959	32.679452	37.347945	42.016438	"	01	01	02	02	03	03	04	04
0 . 285	4.684932	9.369863	14.054795	18.739726	23.424658	28.109589	32.794521	37.479452	42.164384	"	01	01	02	02	03	03	04	04
0 . 286	4.701370	9.402740	14.104110	18.805479	23.506849	28.208219	32.909589	37.610959	42.312329	"	01	01	02	02	03	03	04	04
0 . 287	4.717808	9.435616	14.153425	18.871233	23.589041	28.306849	33.024658	37.742466	42.460274	"	01	01	02	02	03	03	04	04
0 . 288	4.734247	9.468493	14.202740	18.936986	23.671233	28.405479	33.139726	37.873973	42.608219	"	01	01	02	02	03	03	04	04
0 . 289	4.750685	9.501370	14.252055	19.002740	23.753425	28.504110	33.254795	38.005479	42.756164	"	01	01	02	02	03	03	04	04
0 . 290	4.767123	9.534247	14.301370	19.068493	23.835616	28.602740	33.369863	38.136986	42.904110	"	01	01	02	02	03	03	04	04
0 . 291	4.783562	9.567123	14.350685	19.134247	23.917808	28.701370	33.484932	38.268493	43.052055	"	01	01	02	02	03	03	04	04
0 . 292	4.800000	9.600000	14.400000	19.200000	24.000000	28.800000	33.600000	38.400000	43.200000	"	01	01	02	02	03	03	04	04
0 . 293	4.816438	9.632877	14.449315	19.265753	24.082192	28.898630	33.715068	38.531507	43.347945	"	01	01	02	02	03	03	04	04
0 . 294	4.832877	9.665753	14.498630	19.331507	24.164384	28.997260	33.830137	38.663014	43.495890	"	01	01	02	02	03	03	04	04
0 . 295	4.849315	9.698630	14.547945	19.391260	24.246575	29.095890	33.945205	38.794521	43.643836	"	01	01	02	02	03	03	04	04
0 . 296	4.865753	9.731507	14.597260	19.463014	24.328767	29.194521	34.060274	38.926027	43.791781	"	01	02	02	03	03	04	04	

TEMPS. ANS . JOURS	CAPITAUX 100 fr.	200 fr.	300 fr.	400 fr.	500 fr.	600 fr.	700 fr.	800 fr.	900 fr.	CENTIMES 10	20	30	40	50	60	70	80	90
0 . 297	4.882192	9.764384	14.646575	19.528767	24.410959	29.293151	34.175342	39.057534	43.939726	»	01	01	02	02	03	03	04	04
0 . 298	4.898630	9.797260	14.695890	19.594521	24.493151	29.391781	34.290411	39.189041	44.087671	»	01	01	02	02	03	03	04	04
0 . 299	4.915069	9.830137	14.745205	19.660274	24.575342	29.490411	34.405479	39.320548	44.235616	»	01	01	02	02	03	03	04	04
0 . 300	4.931507	9.863014	14.794521	19.726027	24.657534	29.589041	34.520548	39.452055	44.383562	»	01	01	02	02	03	03	04	04
0 . 301	4.947945	9.895890	14.843836	19.791781	24.739726	29.687671	34.635616	39.583562	44.531507	»	01	01	02	02	03	03	04	04
0 . 302	4.964384	9.928767	14.893151	19.857534	24.821918	29.786301	34.750685	39.715068	44.679452	»	01	01	02	02	03	03	04	04
0 . 303	4.980822	9.961644	14.942466	19.923288	24.904110	29.884932	34.865753	39.846575	44.827397	»	01	01	02	02	03	03	04	04
0 . 304	4.997260	9.994521	14.991781	19.989041	24.986301	29.983562	34.980822	39.978082	44.975342	»	01	01	02	02	03	03	04	04
0 . 305	5.013699	10.027397	15.041096	20.054795	25.068493	30.082192	35.095890	40.109389	45.123288	01	01	02	02	03	03	04	04	05
0 . 306	5.030137	10.060274	15.090411	20.120548	25.150685	30.180822	35.210959	40.241096	45.271233	01	01	02	02	03	03	04	04	05
0 . 307	5.046575	10.093151	15.139726	20.186301	25.232877	30.279452	35.326027	40.372603	45.419178	01	01	02	02	03	03	04	04	05
0 . 308	5.063014	10.126027	15.189041	20.252055	25.315068	30.378082	35.441096	40.504110	45.567123	01	01	02	02	03	03	04	04	05
0 . 309	5.079452	10.158904	15.238356	20.317808	25.397260	30.476712	35.556164	40.635616	45.715069	01	01	02	02	03	03	04	04	05
0 . 310	5.095890	10.191781	15.287671	20.383562	25.479452	30.575342	35.671233	40.767123	45.863014	01	01	02	02	03	03	04	04	05
0 . 311	5.112329	10.224658	15.336986	20.449315	25.561644	30.673973	35.786301	40.898630	46.010959	01	01	02	02	03	03	04	04	05
0 . 312	5.128767	10.257534	15.386301	20.515068	25.643836	30.772603	35.901370	41.030137	46.158904	01	01	02	02	03	03	04	04	05
0 . 313	5.145205	10.290411	15.435616	20.580822	25.726027	30.871233	36.016438	41.161644	46.306849	01	01	02	02	03	03	04	04	05
0 . 314	5.161644	10.323288	15.484932	20.646575	25.808219	30.969863	36.131507	41.293151	46.454795	01	01	02	02	03	03	04	04	05
0 . 315	5.178082	10.356164	15.534247	20.712329	25.890411	31.058493	36.246575	41.424658	46.602740	01	01	02	02	03	03	04	04	05
0 . 316	5.194521	10.389041	15.583562	20.778082	25.972603	31.167123	36.361644	41.556164	46.750685	01	01	02	02	03	03	04	04	05
0 . 317	5.210959	10.421918	15.632877	20.843836	26.054795	31.265753	36.476712	41.687671	46.898630	01	01	02	02	03	03	04	04	05
0 . 318	5.227397	10.454795	15.682192	20.909589	26.136986	31.364384	36.591781	41.819178	47.046575	01	01	02	02	03	03	04	04	05
0 . 319	5.243836	10.487671	15.731507	20.975342	26.219178	31.463014	36.706849	41.950685	47.194521	01	01	02	02	03	03	04	04	05
0 . 320	5.260274	10.520548	15.780822	21.041096	26.301370	31.561644	36.821918	42.082192	47.342466	01	01	02	02	03	03	04	04	05
0 . 321	5.276712	10.553425	15.830137	21.106849	26.383562	31.660274	36.936986	42.213699	47.490411	01	01	02	02	03	03	04	04	05
0 . 322	5.293151	10.586301	15.879452	21.172603	26.465753	31.758904	37.052055	42.345205	47.638356	01	01	02	02	03	03	04	04	05
0 . 323	5.309589	10.619178	15.928767	21.238356	26.547945	31.857534	37.167123	42.476712	47.786301	01	01	02	02	03	03	04	04	05
0 . 324	5.326027	10.652055	15.978082	21.304110	26.630137	31.956164	37.282192	42.608219	47.934247	01	01	02	02	03	03	04	04	05
0 . 325	5.342466	10.684932	16.027397	21.369863	26.712329	32.054795	37.397260	42.739726	48.082192	01	01	02	02	03	03	04	04	05
0 . 326	5.358904	10.717808	16.076712	21.435616	26.794521	32.153425	37.512329	42.871233	48.230137	01	01	02	02	03	03	04	04	05
0 . 327	5.375342	10.750685	16.126027	21.501370	26.876712	32.252055	37.627397	43.002740	48.378082	01	01	02	02	03	03	04	04	05
0 . 328	5.391781	10.783562	16.175342	21.567123	26.958904	32.350685	37.742466	43.134247	48.526027	01	01	02	02	03	03	04	04	05
0 . 329	5.408219	10.816438	16.224658	21.632877	27.041096	32.449315	37.857534	43.265753	48.673973	01	01	02	02	03	03	04	04	05
0 . 330	5.424658	10.849315	16.273973	21.698630	27.123288	32.547945	37.972603	43.397260	48.821918	01	01	02	02	03	03	04	04	05
0 . 331	5.441096	10.882192	16.323288	21.764384	27.205479	32.646575	38.087671	43.528767	48.969863	01	01	02	02	03	03	04	04	05
0 . 332	5.457534	10.915068	16.372603	21.830137	27.287671	32.745205	38.202740	43.660274	49.117808	01	01	02	02	03	03	04	04	05
0 . 333	5.473973	10.947945	16.421918	21.895890	27.369863	32.843836	38.317808	43.791781	49.265753	01	01	02	02	03	03	04	04	05

TEMPS.		CAPITAUX.									CENTIMES.								
ANS . JOURS.	100 fr.	200 fr.	300 fr.	400 fr.	500 fr.	600 fr.	700 fr.	800 fr.	900 fr.	10	20	30	40	50	60	70	80	90
	fr.	fr.	fr.	fr.	fr.	fr.	fr.	fr.	fr.									
0 . 334	5.490411	10.980822	16.471233	21.961644	27.452055	32.942466	38.432877	43.923288	49.413699	01	01	02	02	03	03	04	04	05
0 . 335	5.506849	11.013699	16.520548	22.027397	27.534247	33.041096	38.547945	44.054795	49.561644	01	01	02	02	03	03	04	04	05
0 . 336	5.523288	11.046575	16.569863	22.093151	27.616438	33.139726	38.663014	44.186301	49.709589	01	01	02	02	03	03	04	04	05
0 . 337	5.539726	11.079452	16.619178	22.158904	27.698630	33.238356	38.778082	44.317808	49.857534	01	01	02	02	03	03	04	04	05
0 . 338	5.556164	11.112329	16.668493	22.224658	27.780822	33.336986	38.893151	44.449315	50.005479	01	01	02	02	03	03	04	04	05
0 . 339	5.572603	11.145205	16.717808	22.290411	27.863014	33.435616	39.008219	44.580822	50.153425	01	01	02	02	03	03	04	04	05
0 . 340	5.589041	11.178082	16.767123	22.356164	27.945205	33.534247	39.123888	44.712329	50.301370	01	01	02	02	03	03	04	04	05
0 . 341	5.605479	11.210959	16.816438	22.421918	28.027397	33.632877	39.238356	44.843836	50.449315	01	01	02	02	03	03	04	04	05
0 . 342	5.621918	11.243836	16.865753	22.487671	28.109589	33.731507	39.353425	44.975342	50.597260	01	01	02	02	03	03	04	04	05
0 . 343	5.638356	11.276712	16.915088	22.553425	28.191781	33.830137	39.468493	45.106849	50.743205	01	01	02	02	03	03	04	05	05
0 . 344	5.654795	11.309589	16.964384	22.619178	28.273973	33.928767	39.583562	45.238356	50.893151	01	01	02	02	03	03	04	05	05
0 . 345	5.671233	11.342466	17.013699	22.684932	28.356164	34.027397	39.698630	45.369863	51.041096	01	01	02	02	03	03	04	05	05
0 . 346	5.687671	11.375342	17.003014	22.750685	28.438356	34.126027	39.813699	45.501370	51.189041	01	01	02	02	03	03	04	05	05
0 . 347	5.704110	11.408219	17.112329	22.816438	28.520548	34.224658	39.928767	45.632877	51.336986	01	01	02	02	03	03	04	05	05
0 . 348	5.720548	11.441096	17.161644	22.882192	28.602740	34.323288	40.043836	45.764384	51.484932	01	01	02	02	03	03	04	05	05
0 . 349	5.736986	11.473973	17.210959	22.947945	28.684932	34.421918	40.158904	45.895890	51.632877	01	01	02	02	03	03	04	05	05
0 . 350	5.753425	11.506849	17.260274	23.013699	28.767123	34.520548	40.273973	46.027397	51.780822	01	01	02	02	03	03	04	05	05
0 . 351	5.769863	11.539726	17.309589	23.079452	28.849315	34.619178	40.389041	46.158904	51.928767	01	01	02	02	03	03	04	05	05
0 . 352	5.786301	11.572603	17.358904	23.145205	28.931507	34.717808	40.504110	46.290411	52.076712	01	01	02	02	03	03	04	05	05
0 . 353	5.802740	11.605479	17.408219	23.210959	29.013699	34.816438	40.619178	46.421918	52.224658	01	01	02	02	03	03	04	05	05
0 . 354	5.819178	11.638356	17.457534	23.276712	29.095890	34.915068	40.734247	46.553425	52.372603	01	01	02	02	03	03	04	05	05
0 . 355	5.835616	11.671233	17.506849	23.342466	29.178082	35.013699	40.849315	46.684932	52.520548	01	01	02	02	03	04	04	05	05
0 . 356	5.852055	11.704110	17.556164	23.408219	29.260274	35.112329	40.964384	46.816438	52.668493	01	01	02	02	03	04	04	05	05
0 . 357	5.868493	11.736986	17.605479	23.473973	29.342466	35.210959	41.079452	46.947945	52.816438	01	01	02	02	03	04	04	05	05
0 . 358	5.884932	11.769863	17.654795	23.530726	29.424658	35.309589	41.194521	47.079452	52.964384	01	01	02	02	03	04	04	05	05
0 . 359	5.901370	11.802740	17.704110	23.605479	29.506849	35.408219	41.309589	47.210959	53.112329	01	01	02	02	03	04	04	05	05
0 . 360	5.917808	11.835616	17.753425	23.671233	29.589041	35.506849	41.424658	47.342466	53.260274	01	01	02	02	03	04	04	05	05
0 . 361	5.934247	11.868493	17.802740	23.736986	29.671233	35.605479	41.539726	47.473973	53.408219	01	01	02	02	03	04	04	05	05
0 . 362	5.950685	11.901370	17.852055	23.802740	29.753425	35.704110	41.654795	47.605479	53.556164	01	01	02	02	03	04	04	05	05
0 . 363	5.967123	11.934247	17.901370	23.868493	29.835616	35.802740	41.769863	47.736986	53.704110	01	01	02	02	03	04	04	05	05
0 . 364	5.983562	11.967123	17.950685	23.934247	29.917808	35.901370	41.884932	47.868493	53.852055	01	01	02	02	03	04	04	05	05
1 . . .	6.000000	12.000000	18.000000	24.000000	30.000000	36.000000	42.000000	48.000000	54.000000	01	01	02	02	03	04	04	05	06
2 . . .	12.000000	24.000000	36.000000	48.000000	60.000000	72.000000	84.000000	96.000000	108.000000	01	02	04	05	06	07	08	10	11
3 . . .	18.000000	36.000000	54.000000	72.000000	90.000000	108.000000	126.000000	144.000000	162.000000	02	04	05	07	09	11	13	14	16
4 . . .	24.000000	48.000000	72.000000	96.000000	120.000000	144.000000	168.000000	192.000000	216.000000	02	05	07	10	12	14	17	19	22
5 . . .	30.000000	60.000000	90.000000	120.000000	150.000000	180.000000	210.000000	240.000000	270.000000	03	06	09	12	15	18	21	24	27

TABLE DES MATIÈRES,

SELON LEUR ORDRE NATUREL.

FIN DE LA TABLE.

TYPOGRAPHIE DE J. PINARD, IMPRIMEUR DU ROI,
rue d'Anjou-Dauphine, n° 8, à Paris.

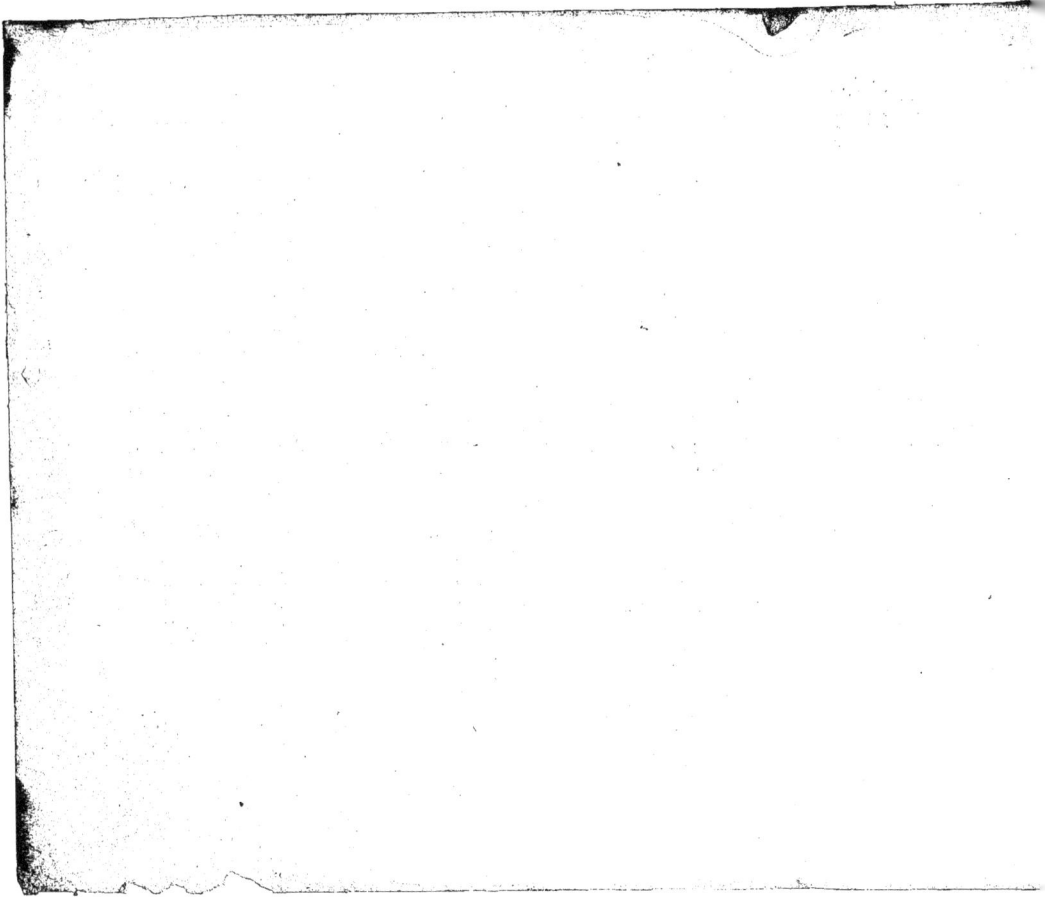

www.ingramcontent.com/pod-product-compliance
Lightning Source LLC
Chambersburg PA
CBHW060626200326
41521CB00007B/918